Arnold von Lasaulx

Aus Irland

Reiseskizzen und Studien

Arnold von Lasaulx

Aus Irland
Reiseskizzen und Studien

ISBN/EAN: 9783743386150

Hergestellt in Europa, USA, Kanada, Australien, Japan

Cover: Foto ©Andreas Hilbeck / pixelio.de

Manufactured and distributed by brebook publishing software (www.brebook.com)

Arnold von Lasaulx

Aus Irland

AUS IRLAND.

REISESKIZZEN UND STUDIEN

VON

D̲R̲ ARNOLD von LASAULX,

PROFESSOR DER MINERALOGIE AN DER UNIVERSITÄT BRESLAU.

MIT 26 ABBILDUNGEN IN HOLZSCHNITT, 1 KARTE VON IRLAND
UND 1 TAFEL IN LICHTDRUCK.

BONN,
EMIL STRAUSS.
1878.

HERRN E. HULL

DIREKTOR DER GEOLOGISCHEN LANDESUNTERSUCHUNG VON IRLAND

DEM LIEBENSWÜRDIGEN, RATHGEBENDEN FÜHRER

UND

HERRN DR. FERD. RÖMER

GEH. BERGRATH UND PROFESSOR AN DER UNIVERSITÄT BRESLAU

DEM ALLZEIT ANREGENDEN REISEGEFÄHRTEN

IN FREUNDLICHER ERINNERUNG

ZUGEEIGNET.

Motto: Wenn du die Welt willst recht versteh'n
Musst du sie klaren Aug's ansch'n!

Mirza Schaffy's Nachlass.

VORWORT.

Die vorliegenden Skizzen und Studien entstammen den Auf-
zeichnungen eines Tagebuches, das ich während einer Reise durch
Irland und Westschottland im August und September des Jahres
1876 führte. Ich übergebe sie der Oeffentlichkeit, weil ich glaube, dass
sie einen wohl auch willkommenen Beitrag liefern mögen zur Kenntniss
des im Allgemeinen von continentalen Reisenden nur spärlich besuchten und auch von deutschen Geologen nur wenig gekannten Landes.
Was Alles, auch ausser dem Bereiche geologischer Forschung, die
der wesentlichste Reisezweck war, mir beachtenswerth, charakteristisch,
eigenthümlich und für weitere Kreise von Interesse erschien, ist hier
vereinigt, wie es sich im Verlaufe der Reise aneinanderfügte. Die
reiche Ausstattung, mit der mein Freund und Verleger Herr E. Strauss
die an sich anspruchslosen Skizzen hinaussendet, verdienen meinen
besten Dank und werden ihre allgemeinere Aufnahme erleichtern.
Illustrationen und vor allem die beigegebene Karte unterstützen in
angenehmer Weise die Orientirung und die Verfolgung der Reise.

Zu eigener Erinnerung, ein Ausdruck des Dankes den Freunden, die diese verschönen halfen, im Streben Selbstgesehenes und in jenem Lande Gelerntes auch Andern zur Anregung und vielleicht nützlichen Verwerthung zu bieten, schrieb ich die Blätter nieder. Möge zu dieser Schaffensfreude noch die Befriedigung sich mir gesellen, die Gabe wohlwollend entgegengenommen zu sehn.

Moresnet, im September 1877.

Der Verfasser.

INHALT.

—

I.

HOLYHEAD-DUBLIN.

Wenn man erst auf der Euston Station zu London, dem Ausgange der North-Western-Railway seinen Platz im Zuge gefunden
und dieser sich in Bewegung gesetzt hat, so wird man die 263½[1]) englische Meilen lange Strecke bis nach Holyhead an der Nordseite der
dicht westlich der Insel Anglesey vorliegenden Holyheadinsel im
wahren Sinne des Wortes wie der Pfeil von der Sehne geschossen.
In fünf Stunden ist die Strecke zurückgelegt, also mit einer Geschwindigkeit von über 50 engl. Meilen in der Stunde. Der London
Abends 8 Uhr verlassende Eilzug führt den Reisenden bis an die
Brücke der Postdampfer, welche um 1 Uhr in der Nacht nach Kingstown in Irland hinübersetzen. Die nur zweimal unterbrochene nächtliche Eisenbahnfahrt hat etwas unheimliches. Nur die Tonhöhe des
steten sausenden Getöses gibt Abwechselung in der Einförmigkeit des
Vorwärtsfliegens. Denn an dem Tone des Wagenrasselns hört man,
ob man noch in der Ebene sich bewegt, oder schon in den felsigen
Einschnitten von Nord Wales, ob man auf festem Boden oder auf
einer der vielen sich folgenden Brücken dahin eilt. Doch hat auch
solche Fahrt ihre Poesie und man gedenkt, ob auch die Figuren des
Bildes andere, doch der Worte Freiligrath's:

„Und wenn man Nachts auf langen Brücken fährt
Und dumpf ihr Holz vom Hufschlag murren hört,
Bis das Gespann urplötzlich wieder seinen
Huf klirrend auf das Pflaster setzt, dass glüh'
Die Funken fliegen, dann ist Poesie
Der erste Ton des Eisens auf den Steinen."

---

1) Die angegebenen Masse sind immer, wenn nicht ausdrücklich bemerkt, englische
Meilen und Fusse. 1 engl. M. = 1760 yards, 1 yard = 3 engl. F., 1 engl. F. = 0,305 Meter,
1 engl. M. = 4956 par. F. = ¼ geogr. Meile. 1 ☐M. = 640 acres, 1 fathom = 6 Fuss.

1

Plötzlich, wenn man am altehrwürdigen Chester vorüber den Deefluss überschritten, erblickt man zur Rechten die Leuchtfeuer der Küste, aber nur auf Augenblicke. Der felsige Einschnitt von Gwrych Castle, traurig bekannt durch den grausen Zusammenstoss des Postzuges mit Petroleumwaggons, nimmt uns auf; wie Leuchtkäfer flimmern die Lampen der Stationen Conway und Bangor vorüber, und dann beginnt ein Rasseln ganz eigener Art und von ganz aussergewöhnlicher Dauer. Man saust durch das viereckige Doppelrohr der berühmten Britannia Brücke (tubular bridge) hindurch, die in ihrem mittleren Pfeiler im Meere zu fussen scheint; denn nur die Ebbe entblösst den silurischen Felsensockel, auf dem derselbe gebaut ist. Die Insel Anglesey wird in einer halben Stunde in ihrer ganzen Länge durcheilt, man kreuzt den schmalen Meeresarm, der die Insel Holyhead trennt und endet an der klippenreichen Küste des alten römischen Lagerortes die Fahrt.

Holyhead ist einer der grossartigsten Hafenorte der westbritischen Küste. Der gewaltige Pier mit dem Triumphbogen Georgs IV. und mit granitenen Wellenbrechern von ganz riesigen Dimensionen hebt sich im matten Lichte der Mondscheinnacht nur in schattenhaften Umrissen hervor. Darüber hinaus leuchten die Feuer der Skerrieinseln, jener Felsenklippen, die schon so manchem Schiffe Verderben gebracht. Das nächtliche Bild lässt sich mit Ruhe betrachten, wenn man erst auf dem grossen, prächtig und bequem eingerichteten Dampfer der Northwestern Railway Company untergebracht ist. Der Dampfer Ulster trug uns hinüber; ihrer vier, genannt nach den irischen Provinzen (Ulster, Leinster, Connaught, Munster) versehen den Dienst. Als J. G. Kohl, dem wir eine der ersten ausführlichen, deutschen Reisebeschreibungen über Irland verdanken (Reisen in Irland, Dresden und Leipzig 1843), in der Nacht des 22. Sept. 1842 von Anglesey nach Dublin übersetzte, waren er und ein engl. Parlamentsmitglied die einzigen Passagiere auf Her Magesty's Mailpacket; wir mochten am 24. Aug. 1876 wohl 150 Passagiere allein in der ersten Kajüte zählen.

Wenn es von dem Georgscanal, in dessen Wogen wir nun dahinfuhren, heisst, dass er ein tückisch Wasser sei und wenn von ihm schon Solinus schreibt: „Mare, quod Hiberniam et Britanniam interluit, undosum, inquietumque, toto in anno non nisi paucis diebus est navigabile"[1]) — so hatten wir ohne Zweifel einen dieser wenigen Tage gerade getroffen; denn die Bootsleute sagten, es sei eine ganz aussergewöhnlich „splendid passage". Aber gerade darin konnte man doch auch wieder die stete Unruhe des Georgscanales erkennen. Das war keine spiegelglatte See, wie man sie zwischen Antwerpen und London findet, sondern ein immerhin noch mächtiges Wellenspiel. Der im engen Kanale, der zwischen Holyhead und Dublin und weiter südlich zwischen dem Mizenhead und der Bardsey Insel vor der südwestlichen Spitze von Caernarvon sich zwischen die britischen Inseln einklemmt, heftigere Zusammenstoss der auf- und abgehenden Flut- und Ebbeströmungen, interferirend mit dem nordöstlich gerichteten, vom Golfstrome herrührenden Wellengange, bedingt diese stete Unruhe der Wasser. Es bedarf nur einer ganz kleinen Brise, um sie hoch gehen zu lassen.

Man sollte nicht anders als gen Morgen sich der irischen Küste nähern. Von Osten her steigt der erste Sonnenstrahl dem Lande entgegen und zeigt dem noch in der Dämmerung liegenden Meere die vergoldeten Gipfel der Insel. Auch uns gestattete der klare Himmel des Morgens, an dem wir übersetzten, unbehindert das von der Morgensonne beleuchtete Profil des auftauchenden Irland zu betrachten. Da hatte es denn etwas überraschendes, wenn man immer von den grossen, vertorften Ebenen Irland's gehört, dieses als ein Gebirgsland aus dem Meere steigen zu sehen. Links erheben sich die Berge von Wicklow und Wexford, aus ihrer Mitte aufragend der granitische Gipfel des Lugnaquilla und mehr im Vordergrunde die beiden Zuckerhüte von Bray, vor uns liegt die Bay von Dublin, ein gewaltiger Halbkreis, südlich im Hügel von Killiney, nördlich im Kegel der Halbinsel Hawth abschliessend, weiter rechts die fernen Berge der Mourne Mountains, dem Mineralogen ein bekanntes, an edlen Mineralien reiches Gebiet, dessen höchster Gipfel der Slieve Donard (2796') deutlich am fernen Horizonte herübergrüsst. Das Schiff hält so ziemlich den Cours auf das Centrum der prächtigen

---

1) „Das Meer, welches Hibernia und Britannia trennt, ist wellenreich und unruhig und im ganzen Jahre nur an wenigen Tagen schiffbar."

Bay gerichtet. Links naht jetzt die Insel Dalkey, eine von dem Granit des Festlandes durch die Brandung gelöste, felsige Klippe; rechts erscheint neben dem Kegel von Hawth die kleine Insel mit dem freundlichen Namen: Ireland's eye, in der That wie grüssend hinausschauend auf das Meer, welches Irland von England trennt und doch das beste Bindemittel für beide ist. Weiter nordwärts ragt die Insel Lambay auf, ein isolirter Felsen, dessen Gestein, ein quarzfreier Orthoklasporphyr, in smaragdgrüner Grundmasse grosse, weisse Feldspathkrystalle führt und an Schönheit der Farbe mit dem Verde Antico, an petrographischem Interesse mit dem Rhombenporphyre Skandinaviens wetteifern mag. Zu architektonischen Zwecken gewiss ein werthvolles Material; denn das Gestein polirt sich trefflich, wie ein gewaltiger Block zeigt, der im Museum des College of Sciences in Dublin ausgestellt ist. Aber bis jetzt hat das schöne Gestein nur eine ganz geringe Verwendung gefunden[1]).

Die Oeffnung der Bay von Dublin beträgt von Hawth nach Dalkey hinüber 6 engl. Meilen. Die Abhänge der Küste, die sich hinter Kingstown erheben, sind mit unzähligen Villen und Häusern bedeckt, die so im Sonnenschein ein recht lebendiges, freundliches Bild geben. Aber leider ist die günstige Beleuchtung selten, und meist liegen dunklere Lichter über der Landschaft. Am vorderen Lichte des Hafens von Kingstown vorbei, das wir in langsamen Intervallen von $\frac{1}{8}$ Minute schon sehr lange vor uns hatten leuchten sehen, nahen wir uns der Brücke und dem bereit stehenden Zuge nach Dublin.

Noch im Anfange des Jahrhunderts war Kingstown ein elendes Fischerdorf, jetzt ist es ein blühender, vielbesuchter Badeort von über 20,000 Einwohnern mit einem der besten Häfen von Grossbritannien. Der prächtige Pier ist aus dem Granit des Killiney Hill erbaut, den wir später besuchten. Lebhaft funkeln im Sonnenstrahl die grossen silberähnlichen Glimmerblätter im Gesteine, und die schönsten Zwillinge von Feldspath, die aus den Quadern des Hafendammes hervorsehen, begrüssen ganz besonders den landenden Geologen, ihm manche Ausbeute auf der von uns Deutschen so wenig gekannten Insel versprechend.

1) E. Hull, the building and ornamental Stones. London 1872, und Geol. Mag. 1871. Nr. 124. I. 449.

Hunderte von buntbewimpelten Barken wiegen sich auf dem Hafenbecken, jetzt noch ruhig vor Anker liegend, aber im Tage gewiss ein lebendig Spiel wetteifernden Sportes bietend.

Der Zug erreicht von hier in 20 Minuten Dublin, 11 Stunden nachdem man London verlassen. So erreicht man Irland, die westliche Insel Europa's, die auch die alten Einwohner Erin genannt haben, d. h. Westen. Der alte griechische Name der Insel war Jerna, wonach es Ptolemäus auf seiner Karte als Jouerna bezeichnete, und hieraus ist erst durch Corruption dieses Namens das spätere Hibernia entstanden. Die alten Briten nannten es Iverdon, die Saxen Jerland oder Ireland; es ist die Smaragdinsel der Dichter, das sacred Island, die Insel der Heiligen für den frommen Paddy.

Irland hat einen Flächeninhalt von 32518½ engl. Quadrat-Meilen, gleich einem Quadrate von 180 Meilen engl. Seitenlänge. An Grossbritannien tritt es im Fair- oder Benmore Head, der nordöstl. Spitze der Grafschaft Antrim am nächsten heran; denn nur 13 engl. Meilen breit liegt hier der Nordcanal zwischen Fairhead und dem Mull of Kintyre, der südl. Spitze der langgestreckten zur schottischen Grafschaft Argyllshire gehörigen Halbinsel Kintyre. Auf der westlichen Seite ist Slyne Head in der Grafschaft Galway der dem amerikanischen Continente nächste Punkt, der Hafen von Galway ist von St. Johns auf Newfoundland nur 1636 engl. Meilen entfernt. Die grösste Entfernung gegenüberliegender Küstenpunkte in Irland ist von Nordost nach Südwest, vom Fair Head bis nach Mizen Head etwa 300 Meilen, von Nordwest nach Südost, von dem Hornhead bis nach Carnsore Point nur 210 Meilen. Die grösste Breite in directer Linie liegt zwischen der Ostküste der Grafschaft Down, der Dundrum Bay und dem Achill Head in der Grafschaft Mayo an der Westküste. Die Küstenentwicklung von Irland ist eine ungeheure, besonders an seiner Westküste, wo der atlantische Ocean in vielfach wiederholten Zungen in das Land hineingreift, dasselbe stellenweise fjordenähnlich ausfransend. Die Länge der ganzen Küstenlinie Irlands ist etwa 2300 Meilen, das macht 1 Meile Küste auf 14 ☐M. Fläche. Nimmt man dagegen nur die Westküste von Malin Head, dem nördlichsten Ende der Grafschaft Derry bis nach Mizen Head, dem südwestlichsten Vorsprunge von Cork, so erhält man hier eine Küstenlänge von 1500

Meilen, das würde auf die Hälfte des Flächeninhaltes von Irland be-
rechnet, etwa 1 Meile Küste auf 10 □M. Oberfläche ergeben. Bei
keinem andern Lande Europa's, Griechenland und Skandinavien ausgenommen, tritt das Meer in so günstige Berührung mit dem Festlande. Für Griechenland ist das Verhältniss von Land zu Strand wie
11:1 und erreicht in der Halbinsel Morea die grösste Höhe für ganz
Europa überhaupt; denn hier kommt schon auf 3 □Meilen Land
1 Meile Strandlänge.

An grossen Süsswasserbecken im Innern ist ausserdem Irland
reicher, als irgend ein anderes Land Europa's. Der grösste dieser
Seen, der drittgrösste in Europa, ist der Lough Neagh in Ulster, der
eine Oberfläche von 98,255 Acres (153¹/₂ □M.) hat. Diesem an Grösse
zunächst steht der Lough Corrib bei Galway in Connaught mit 43,484
Acres Fläche, dann Lough Derg (Münster) mit 29,570 Acres, Lough
Erne (Ulster) 28,000, Lough Mask (Connaught) 22,219 Acres, Upper
Lough Erne 9300, Killarney lakes 611 Acres und die grosse Zahl
kleinerer, nicht erst erwähnenswerther Becken, die sich auf viele
Hunderte belaufen. Dagegen ist Irland arm an grösseren Flüssen.
Die meisten derselben sind lediglich peripherische und nur in ihren
zu Aestuarien erweiterten Mündungen schiffbar und bieten dort z. Th.
treffliche Hafenplätze. Nur ein einziger centraler Strom durchschneidet
einen grossen Theil Irland's, es ist der Shannon, von den Irländern
mit Stolz der königliche Strom genannt. Auf eine Gesammtlänge
von fast 224 Meilen ist er über 150 Meilen, von seiner Mündung bis
über den Lough Derg hinauf, schiffbar. Sein Lauf führt durch eine
ganze Reihe von Seen und gerade der Shannon gibt ein deutlich Bild
des Zusammenhanges solcher reihenweise hintereinanderliegender
Seebecken mit den Stromläufen. Es ist das Stadium jugendlicher
Entwicklung, in dem sich dort die Flüsse befinden, eine Zeit, die z. B.
der Rhein durchmachte, als noch die fruchtbaren Thalweitungen
von Honnef, Neuwied, Mainz grosse Wasserbecken bildeten, verbunden durch verhältnissmässig kurze Stromstrecken. Und so kann
man ganz im Allgemeinen die Stromarmuth und die zahlreichen Seen
Irland's als ein Zeichen ansehen, dass es in seiner jetzigen Form ein
junger Continent ist. Im Laufe der Zeit werden sich noch eine Reihe
seiner Becken entleeren und trocken werden, und durch die so ge-

bildeten Thalebenen hindurch dann mehr oder weniger kräftige Fluss-
läufe das Wasser zum Meere führen. Irland hat in dieser Beziehung
grosse Aehnlichkeit mit der Granitplatte Finnlands, die ebenfalls mit
tausenden von Seen bedeckt ist, die z. Th. in Gruppen vereinigt
liegen, die vollkommen einem künftigen Stromgebiete mit Seiten-
gewässern gleichen. Wenn die Zwischenwände dieser hydrographischen
Gefässe erst durchgenagt und sie untereinander in Verbindung gebracht sind, dann wird auch nach und nach der Abfluss sein Bett so
weit vertiefen, dass er die Sohlen dieser Becken trocken legt. Statt
einer Kette von schmalen Seen erhalten wir dann ein Flussgebiet[1]).
Fast auf der Grenze eines solchen Ueberganges stehen auch die Seen
von Erne in Irland, an die uns ein späterer Ausflug hinführte.

Die orographischen Verhältnisse von Irland sind im Grossen
und Ganzen ziemlich einfacher Art. Eine weite centrale Ebene, im
Osten zwischen Dublin und Dundalk bis an den Kanal hinanreichend
und von einer durchschnittlichen Erhebung von nur 100—300 Fuss
über Meer, ist fast ringsum von hügeligen Landschaften und z. Th.
mächtigen Gebirgsketten eingefasst. Ein Blick auf die Karte zeigt,
dass nur im Südosten und Nordwesten diese Gebirge bis über 2000
Fuss Seehöhe ansteigen und dass nur in vier dieser Gebirge einzelne
Gipfel über 3000' Höhe erreichen: der Brandon Hill an der Westküste
3127', die Macgillicuddy Reeks, Grafschaft Kerry mit dem 3414 Fuss
hohen Carantuohill, der Galtymore Mt. in der Grafschaft Tipperary
(3015') und der Lugnaquilla in der Grafschaft Wicklow mit 3039'. Es
hat uns der Besuch der einzelnen Gebiete des Landes noch manchen
interessanten Einblick in die Verhältnisse seiner Oberflächenbeschaffenheit gestattet. Wir werden im Einzelnen darauf zurückkommen.
Hier schien es uns nur geboten in kurzen Zügen die allgemeinen
Umrisse des Landes anzudeuten, dessen Hauptstadt wir uns nunmehr
genähert haben.

1) Vergl. O. Peschel, Probleme S. 143.

II.

DUBLIN.

Dublin liegt auf beiden Ufern des Liffey, der die Stadt mitten durchschneidet und dessen Schiffbarkeit kaum aufwärts über ihr Weichbild hinaus geht. Neun schöne Brücken verbinden die beiden Hälften der Stadt. Sie ist eine der ältesten Städte der vereinigten Königreiche: die alte Stadt der Eblanier, das Eblana des Ptolemäus. Die alten keltischen Einwohner nannten es: Drom-Col-Coille, d. i. Hügel der Haselstauden, von der grossen Zahl dieser Gesträuche, welche den Hügel bedeckten, der jetzt im Centrum der Stadt gelegen ist. Ein anderer alter Name ist: Bally-Ath-Cliath Duibliune, d. i. die Stadt der Hürdenfurth am schwarzen Wasser, nach einer aus Holzflechtwerk gebildeten Furth über die sumpfigen, von torfigen Wassern gebildeten Niederungen an der Mündung des Liffey. Der letzte Theil des Namens hat aller Wahrscheinlichkeit nach zu dem heutigen Namen Dublin Veranlassung gegeben. In einer alten lateinischen Handschrift, die das Leben des h. Kevin beschreibt, findet sich der Name Duibhlinn und wird mit nigra therma übersetzt, in den alten englischen und dänischen Urkunden sind dann nach einander die Namen Duvlin, Dyflin, Dulin gebraucht worden [1]).

Schnell, wie wenige Hauptstädte Europa's, im Laufe von kaum 200 Jahren, hat sich Dublin von einer kleinen Stadt von 25,000 Einwohnern zu einer Capitale ersten Ranges mit 300,000 Bewohnern emporgehoben. So konnte es denn noch im Jahre 1842 Kohl nur mit Berlin vergleichen. Aber dieses Wachsthum hat nicht Stand gehalten; denn seit jener Zeit hat keine Zunahme mehr stattgefunden,

---

1) Joyce: Irish Names; Dublin 1875. 4 Edit. I, 362. Dieses sehr interessante Werk hat uns über viele der seltsamen irischen Namen Auskunft gegeben und werden wir dasselbe noch mehrfach zu citiren haben.

die Stagnation und der Rückschritt sind im Gegentheil an die Stelle getreten, und Berlin, mit dem Dublin noch im Jahre 1842 rivalisiren konnte, ist jetzt mehr als 3 mal so gross. Die Bevölkerung von Dublin betrug im Jahre 1831: 265,000, im Jahre 1851: 300,000, im Jahre 1861: 318,437, im Jahre 1871: 295,841 und diese Abnahme der Bevölkerung schreitet noch fort. Die Hauptstadt bildet in diesem Punkte keine Ausnahme von dem allgemeinen Verhalten des Landes. Irland hatte im Jahre 1841: 8,175,125 Einwohner, 1851: 6,551,970, im Jahre 1861: 5,798,233, im Jahre 1871: 5,321,642. Es betrug mithin die Abnahme der Bevölkerung in den 30 Jahren von 1841—1871 nahezu 3 Millionen, eine Zahl, die erst dann in ihrer entsetzlichen Bedeutung verstanden werden mag, wenn wir bedenken, dass sie fast die Höhe der Bevölkerung der Rheinprovinz erreicht, die also bei gleicher numerischer Bevölkerungsabnahme vollkommen ihrer Bewohner beraubt worden wäre. Wenn es auch feststeht, dass England selbst einen grossen Theil der Schuld daran trägt, dass dem Iren sein Vaterland so gründlich verleidet ist, dass er in grossen Massen der Heimath den Rücken kehrt und in der neuen Welt ein anderes, in der Regel auch nicht viel besseres Dasein sich gründet, so sind doch die einzelnen, an dieser Entvölkerung mitwirkenden Faktoren nicht leicht ganz gerecht zu bestimmen. Es darf hierbei ein Punkt nicht vergessen werden, der vielleicht im allgemeinen zu wenig gewürdigt wird: dass ausser der Schuld Englands auch an der irischen Race selbst die Schuld liegt, die nicht derartige geistige und körperliche Kraft besitzt, um die Schicksalsfügungen, die im Gange der Geschichte über sie gekommen sind, zu tragen und in ausdauernder Arbeit zum Bessern zu wenden. Denn die irische, oder vielleicht richtiger keltische Race des Landes besitzt durchweg eine niedrige körperliche und geistige Entwicklung, einen Mangel an Energie und Arbeitslust, gepaart mit mangelnder Arbeitskraft, der in dem schweren Kampfe, den gerade dieser Stamm gegen die körperlich und geistig bevorzugten Angelsachsen zu führen hatte, nur mit der nicht abzuwendenden Niederlage und dem gänzlichen Ausgehen dieses Stammes endigen kann. Nur die Reste der alten Bevölkerung werden sich erhalten können, die in günstiger Assimilation mit dem fremden Eindringenden, neue Fähigkeiten zur Fortexistenz erwarben. Wenn auch in den schönen

Skizzen aus Irland von Huber (Berlin 1850) manche Züge, die darin
von Irländern erzählt werden, eine gewisse Kraft der Bewohner, etwas
wie alte Erinnerungen an Ossians Helden erkennen lassen, so ist
doch die ursprünglich edle und kräftige Natur in eine so traurige
Verwilderung und Verzerrung gesunken, dass es richtig erscheint,
was an einer andern Stelle jener Skizzen ausgesprochen wird, dass
mit den Irländern nun einmal nichts mehr anzufangen sei. Aus den
freien Gestalten der alten Sagen, die noch überall in den Bergen in
des Volkes Erinnerung leben, sind nach und nach zahme und fromme
Heiligenbilder geworden, denen der abergläubische Ire leider mehr
zutraut, als sich selber und auf die er sich mehr verlässt, als auf den
eigenen Willen und die eigene Arbeit. Und da sie ihm eben nicht
sichtbarlich helfen, so mischen sich die traurigen Klagen um Irlands
entschwundenen Heldenruhm mit der Hoffnungslosigkeit auf eine
bessere Zukunft. Allerdings tragen nun die Verhältnisse des Be-
sitzes, wie sie in Irland herrschen, die andere Hälfte der Schuld.
Aller Grundbesitz ist in den Händen englischer Aristokratie, die durch
Schenkung zu verschiedenen Zeiten für ihre gegen Irland selbst ge-
leisteten Dienste damit belohnt wurde. Der Ire selbst ist nur Farmer
und das bedeutet hier, wo es eine grosse Zahl Pachtungen gibt, die
nur wenige Morgen umfassen, etwa kaum mehr als Tagelöhner.
Freies, erwerbbares Land gibt es in ganz Irland nicht, hier, wie übrigens auch in England und Schottland, ist selbst der Boden, auf dem
das Wohnhaus steht, nicht Eigenthum des Hausbesitzers. Ein wohl-
habender Mittelstand, die einzige Bedingung einer erspriesslichen
Entwicklung eines Landes, kann sich hier nicht bilden. Denn der
grösste Reiz, die Möglichkeit, aus dem in Arbeit Erworbenen und
Ersparten ein eigen Besitzthum, eigenen Garten und Acker zu er-
werben, ist hier ganz ausgeschlossen. Wer wirklich Geld verdient
hat, zieht fort, und das Elend bleibt zurück, aber ohne Anhänglichkeit
an die Scholle, die ihm nicht gehört und ihm nichts trägt. Nur die
wenigen Centren der Industrie mögen hier eine Ausnahme machen.
Aber sie haben sich nur dort entwickelt, wo die alte irische Bevölkerung englischen oder schottischen Einwanderern gewichen ist. Was
Wunder, wenn die Verlockung nach dem nahen Amerika so gross
ist, nach dessen gepriesenen Ufern täglich Schiffe und Bote vor den

Augen der darbenden Bewohner die irischen Häfen verlassen. Alles, was der Irländer von drüben ankommen sieht, ist zudem gross, reich, selbstbewusst. Und wenn auch die eifrigen Bemühungen der englischen Regierung, die alten Sünden gegen Irland wieder gut zu machen, nicht ganz ohne Resultat geblieben sind, und die Auswanderung in den letzten Jahren erheblich abgenommen hat, noch führen die Schiffe die Irländer mit tausenden hinüber. So war es uns verständlich, dass unter dem Beifall einer dichtgedrängten, den untersten Ständen angehörigen Menge am Abend unserer Ankunft in Dublin ein sogen. Professor Donnelly eine Vorlesung hielt, die er später in allen Städten Irlands fortzusetzen gedachte: „to show, how the magority of the people of Ireland meight better their condition in the new world". Was aber von diesen Verbesserungen zu halten ist, darüber mag man irgend einen Nord-Amerikaner zu Rathe ziehen, um zu vernehmen, wie auch drüben ein grosser Theil der Irländer in Schmutz und Elend ein niedrig Dasein fristet. Dass auch die Landwirthschaft trotz mannichfacher darauf gerichteter Bemühungen Englands in Irland keinen Aufschwung nimmt, und die Kultur den klimatischen Satzungen sich nicht recht unterordnet, hat ebenfalls grossentheils in der ausserordentlichen Theilung und Zerstückelung der verpachteten Flächen seinen Grund, die eine einheitliche und nach den Erfahrungen der neueren, landwirthschaftlichen Theorien verbesserte Bewirthschaftung nicht zum Durchbruche kommen lässt. Darum verliert der Freiligrath'sche Ausruf: „Ja doch, bei Gottes Fluche: Sumpf und Wildniss vier Millionen Acker!" so gar langsam seine volle Wahrheit. Nur in den Distrikten, wo mit der Leinenindustrie der Flachsbau sich ausbreitet, gestalten sich auch diese Verhältnisse günstiger.

Wenn man nun auch in Dublin z. Th. in belebten Stadtvierteln geschlossenen und in Ruinen zerfallenden Häusern begegnet, deren frühere Besitzer verdorben davongegangen, ohne dass sich ein Nachfolger in ihrer Behausung gefunden, so ist die Hauptstadt doch eine elegante und hat breite, prächtige Strassen, wie wenige andere Städte von Grossbritannien. Eine besondere Zierde sind die grossen grünen Squares von Dublin, darunter der fast zwanzig Morgen grosse Stephens green, mitten im besten Theile der Stadt gelegen. Es fehlen die kleinen, engen Gässchen einer Altstadt, wie sie Edinburgh besitzt, oder das alte London kannte. Zahlreiche Pferdebahnlinien durchkreuzen die Stadt, und die Irland eigenthümlichen Cars, jene zweirädrigen Wagen, deren Sitze mit den Lehnen nach innen in der Längsaxe aneinanderstossen, so dass die Passagiere, die Füsse nach aussen, sich den Rücken kehren, fahren fast so gut, wie die gerühmten Handsomes in London, freilich lange nicht so bequem und da sie unbedeckt sind, nur unter steter Begleitung eines Regenschirmes praktikabel. Die mächtigen Seedampfer und Handelsschiffe kommen den Liffey aufwärts und ankern mitten in der Stadt an den Treppenstufen des monumentalen Zollhauses (Custom house). Aber die symbolische Bedeutung der stolzen Figuren des griechischen Portikus, — Neptun treibt vor der Britannia und Hibernia den Hunger und die Verzweiflung fort — will leider noch nicht ganz passen. Denn nirgendwo sieht man so viele elende Gestalten, trunkene Männer und Weiber, als gerade hier. Der Whiskey ist leider ein recht populäres Getränke. Ist es nicht eine bittere Ironie und ein bemerkenswerther Beitrag zur Statistik des Consums desselben, dass die beiden hervorragenden katholischen Kirchen, die alte Christ church und die St. Patrik's Kathedrale mit einem Aufwande von 200,000 resp. 120,000 L. durch Branntweinbrenner und Bierbrauer restaurirt wurden? Während die alte irische Kathedrale sich über der Stelle wölbt, wo dem h. Patrik die Quelle entgegensprudelte, aus der er das Wasser zur Taufe seiner Neubekehrten schöpfte, erstand der neue Tempel aus dem Ertrage der Whiskey- und Bierquellen, die der wohlthätige Erbauer seinen Mitmenschen verzapft hatte.

Vom mittelalterlichen Dublin ist nur das Castle übrig, an dem nicht viel zu sehen ist. Die Bank von Irland, das frühere Parlamentshaus der Irländer, ist ein Bauwerk von gutem, italienischem Geschmack; ein halbkreisförmiger Bau mit prächtiger Colonade aus jonischen und korinthischen Säulen, von einem vergessenen Italiener in den Jahren 1729—39 unter Leitung von Sir Edward Lovet Pearce erbaut. In den Räumen, in denen einst die Beredsamkeit eines Gratlan, Burke wiederhallte, werden jetzt die Werthpapiere ausgewechselt. Interessant ist der Besuch der Druckerei der Bank, in der besonders die Zählmaschine, die Erfindung Oldham's und ein wahres Wunderwerk der Mechanik, Erstaunen erregt.

Gegenüber der Bank liegt Trinity College, die schon 1591 durch Königin Elisabeth gegründete Schule. Schon vorher im Jahre 1311 hatte Papst Clemens V. dem damaligen Erzbischof John Leck von Dublin durch eine eigene Bulle die Ermächtigung zur Gründung gegeben, aber erst unter Johannes XXII. kam es zur Ausführung. Unter Heinrich VIII. wurde das alte Collegium geschlossen und erst unter Elisabeth wieder eröffnet. Dann führte es den Namen: College of the holy and indivisible Trinity near Dublin. Schenkungen der Könige James I. und Charles II., sowie viele Privatstiftungen haben es nach und nach zu einem sehr reichen Institute gemacht. Wie die meisten derartigen englischen Institute ist es ein ganzer Complex von Gebäuden, alle solid, aber klösterlich finster in Portland Sandstein gebaut. Nur die Bibliothek ist in sog. Calp, dem mittleren Kohlenkalksteine ausgeführt und sticht daher durch ihr graues, verwittertes Aussehen von den andern Gebäuden ab. Den Eingang des grossen Hofes zieren strassenwärts die Statuen Oliver Goldsmith's und Edmund Burke's. Im Hofe und anstossenden Parke liegen die einzelnen Gebäude: das Museum, die Bibliothek (160,000 Bände umfassend), der schlanke Campanile, die Examinationshalle, die Speisehalle, das geologische Museum, die Lesezimmer und die ausgedehnten Wohngebäude der Professoren und Studirenden. Uns zogen besonders die Museumsräume an. Sie enthalten ein wenig geordnetes Durcheinander von Antiquitäten und eine zoologische Sammlung, alles auf zwei enge, schlecht beleuchtete Räume zusammengedrängt und nur durch einzelne Dinge eines Besuches werth. In dem unteren Zimmer dieses mixtum compositum eines archäologisch-ethnographisch-zoologischen Museums sind besonders von Interesse die in den Torfmooren Irlands gefundenen Geräthe und Waffen der alten celtischen Einwohner, die Reste der sog. Crannoges, jener in den Mooren vergrabenen Pfahlbauten oder Inseln, die Wilde im Jahre 1836 entdeckte und beschrieb. Hier finden sich die steinernen Streitäxte, die Celts, z. Th. aus dioritischen Gesteinen gefertigt, und die wohl als Mühlsteine verwendeten Steinplatten aus Kohlensandstein, in deren Mitte eine etwa $^1/_3$ Zoll tiefe Höhlung ausgemeisselt ist; endlich aus einer späteren Zeit eine Menge Thongefässe und Broncegegenstände und endlich Eisengeräthe, die uns den Beweis zu liefern scheinen, dass diese Crannoges lange Zeiträume hindurch menschliche Wohnungen trugen. Ihre Bewohner waren schon die Zeitgenossen der kurzhörnigen Ochsen und des gewaltigen Riesenhirsches.

Als ganz besonders merkwürdig zeigte mir auch der aufmerksame Pförtner die Harfe des sagenhaften Brian Boru und das Hüfthorn des Königs O'Kavanagh. Mittelalterliche Waffen, Schränke, Kisten und Kasten, aegyptische Mumien, Bilder, kurz ein wunderbares Durcheinander bildet den Rest des Museums.

Das geologische Museum ist ein stattliches neues Gebäude am rechten Ende des Hofes im lombardisch-venetianischen Style erbaut mit reichem Schmuck aller in Irland gebrochenen Marmor- und Serpentinarten versehen. Besonders ist das elegante Treppenhaus und die Vorhalle als eine vollständige Musterkarte aller irischen Schmuckgesteine zu bezeichnen. Hier schreitet man auf den grauweissen Stufen der Kalksteine von Dunkerron, Co. Cork empor und das Geländer und die Füllungen zeigen die schwarzen Marmore von Kilkenny und Galway, die rothen und bunten von Armagh und Limerik, während an den Wänden und als Zierde der Decken die Serpentine Verwendung fanden; besonders die schönen sog. Connemara marbles, grüne, roth- und schwarzstreifige Serpentine aus den Brüchen von Lissoughter Hill, Co. Galway. Die aus diesem Serpentin geschnittenen Säulen der Vorhalle zeigen die treffliche Politurfähigkeit dieses Gesteines, während andererseits Platten, die an der Aussenseite des Gebäudes angebracht wurden, die schnelle Verwitterbarkeit erkennen lassen.

Die Pracht der Stufen, auf denen er aufwärts steigt, lässt vielleicht bei dem Geologen eine höhere Erwartung von der mineral.-geol. Sammlung erweckt werden, und so sieht er sich beim Eintritte in dieselbe einigermassen enttäuscht. Ein einziger Raum, hoch, aber keineswegs luftig und hell, umfasst die gesammten mineralogisch-geologisch-paläontologischen Sammlungen dieser Hochschule. Wie in allen irischen öffentlichen und Privatsammlungen bildet den hervorragenden Gegenstand, auch die räumliche Mitte, ein Paar von Skeletten der irischen Riesenhirsche (Megaceros hibernicus), das eine, vielleicht das grösste Exemplar, das überhaupt gefunden wurde, in halb sitzender Stellung, das andere aufrecht. Die äussersten Zinken des mächtigen Geweihes, das die Schädel tragen, stehen bei dem einen Thiere fast

12 Fuss von einander ab und die Rückenhöhe beträgt fast 7 Fuss.
Die Mineraliensammlung hatte einen Uebelstand, den ich auch in
andern Sammlungen gefunden habe und der sehr wesentlich das
Interesse an einer Sammlung beeinträchtigt: eine sehr mangelhafte
z. Th. ganz fehlende Etiquettirung. Die beiliegenden Etiquetten gaben
grösstentheils nur die Namen der Species ohne jegliche Angabe des
Fundortes. Nur wo namhafte Geschenke hervorzuheben waren, fehlte
dann auch der Ort der Herkunft nicht. Die Sammlung birgt u. a.
den Meteoriten von Dumdrum. Derselbe fiel bei diesem in der Grafschaft Tipperary gelegenen Orte am 12. August 1865 nieder und wurde
dem Trinity College durch Viscount Hawarden, in dessen Besitzung
er niederging, zum Geschenk gemacht. Der Meteorit wiegt nach
einer demselben beigelegten Notiz des Rev. Sam. Haughton, der ihn
analysirt hat, 4 Pfund 14¼ Unzen engl.[1]) Derselbe hat eine halbkugel-
förmige Gestalt, deren flache Basis wohl als die Rückenseite anzusehen ist. Eine dünne, schwarze, stellenweise etwas gerunzelte Schmelzrinde überzieht ihn. Eine angeschlagene Bruchfläche lässt die graue,
etwas poröse Grundmasse erkennen. Nach Haughton's analytischer
Bestimmung scheint dieselbe grösstentheils Olivin zu sein, während
mir auch die Gegenwart von Enstatit wahrscheinlich wurde. Diese
Grundmasse besitzt eine durchaus krystallinische Struktur und dürfte
mikroskopisch leicht genauer zu bestimmen sein. In ihr liegen spärliche Körner von Nickeleisen, Chromeisen und Troilit. Hiernach
muss dieser Meteorit der Klasse der Oligosiderite eingereiht werden.

Das Auge des Mineralogen wird ausserdem vor allem durch
eine prächtige Suite der bekannten indischen Mineralien angezogen,
die in fast allen Sammlungen der drei Königreiche als Gaben aus
Indien heimkehrender Personen vorhanden sind. Hier sind es prächtige Apophyllite, Skolezite und Stilbite, welche Mr. Th. Cook von
Boreghaut, Poonah, Bombay dem Trinity College zum Geschenke gemacht hat. Eine grosse und besonders prächtige Gruppe von rosa-
rothen und blendend weissen Apophylliten zeigt einzelne Krystalle
von über 2 Zoll Kantenlänge. Eine Suite irischer Granite ist bemerkenswerth, weil es die Originalstücke sind zu den ausgedehnten und

---

1) Philos. Magaz. 4. XXXII. 260.

werthvollen analytischen Untersuchungen S. Haughton's über diese
Gesteinsklasse. Von irländischen Mineralien fielen mir nur schöne
Kalkspathkrystalle von der Glengola mine, Co. Galway auf, sowie
Fluorite und Pyrite ebendaher.

In Bezug auf die Mineralvorkommen und die Gesteine Irland's
ist die Sammlung der Royal geological Survey von einem weit
höheren Interesse. Die geologische Landesuntersuchung von Irland, ein
selbstständiger Theil der alle drei Königreiche unter der verdienst-
vollen Leitung von A. C. Ramsay umfassenden Royal Survey, steht
unter der vortrefflichen Direktion des Prof. E. Hull, dessen liebenswürdige Gastlichkeit dem reisenden Geologen gerne die Ergebnisse
der bisherigen Arbeiten zur Verfügung stellt. Seinem Rathe dankten
auch wir werthvolle Fingerzeige über die von uns in das Innere der
Insel zu unternehmenden Ausflüge. Das Gebäude der geol. Landesuntersuchung, in der Hume Street gelegen, umfasst nur die Bureau's
und eine kleine Sammlung der eingehenden Belegstücke in den unteren
Räumen, die Arbeitszimmer des Direktors oben, alles mit einfachem,
aber solidem englischem Comfort eingerichtet. Die eigentliche Sammlung
befindet sich in einem ganz in der Nähe an Stephens green gelegenen
Museum of Irish Industrie, dort einstweilen provisorisch, aber recht
gut untergebracht. Unter des Directors freundlichen Erläuterungen
war es uns vergönnt, einen Blick auf die schon vollendeten Sektionen
der Karte Irland's zu werfen und hieraus ein deutliches Bild von der allgemeinen geologischen Beschaffenheit des Landes zu gewinnen. Die früheren Arbeiten des als Verfasser der ersten geologischen Karte von Irland
hochverdienten Sir Richard John Griffith, sowie des früheren Direktors
der geologischen Landesuntersuchung J. B. Jukes, der im Jahre 1874 ebenfalls eine treffliche Uebersichtskarte von Irland veröffentlichte, haben
die Vollendung der Karte, die aus 205 Blättern bestehen wird, schon
so weit gedeihen lassen, dass nur noch einige 20 Blätter, vorzüglich
den Norden des Landes umfassend, fertig zu stellen sind[1]). Und so
konnten wir, vor den Blättern der Karte in der Hume street zu Dublin stehend, schon eine vorläufige geologische Orientirungsreise durch
fast die ganze Insel hin unternehmen. Hierbei erweisen sich die

1) Der Massstab der Karte ist: 1 Zoll die engl. Meile = 1:63,000.

orographischen Formverhältnisse in einem innigen Zusammenhange mit dem geologischen Baue des Landes.

Die grosse centrale Ebene Irland's, deren wir schon gedachten, fällt im allgemeinen zusammen mit dem Gebiete, welches die Gesteine der untern Kohlenformation, Kalke und Schiefer, einnehmen. Diese, auf der Karte in blauer Farbe angelegt, sind fast ringsum eingeschlossen von den Bergzügen, die, aus älteren Gesteinen aufgebaut, gewissermassen als ein Rand, jene umsäumend und sie gleichzeitig tragend, mit nur kurzen Unterbrechungen auch die Küsten der Insel bilden. Es sind die devonischen Bergketten der Grafschaft Cork im Südwesten, die granitischen und silurischen Gipfel der Grafschaften Wicklow und Wexford im Südosten, die aus reichem Wechsel granitischer, sog. metamorphischer, silurischer und devonischer Gesteine bestehenden wilden Bergländer der nordwestlichen Grafschaften Galway, Mayo und Donegal, endlich die Granite der Mourne Mountains und das basaltische Hochplateau der Grafschaft Antrim im Osten und Nordosten. Nur schollenweise ragen aus dem centralen flachen Boden dieser Riesenschale, wie die Relieffiguren in den silbernen Becken römischer Goldschmiedekunst, einzelne Gruppen der älteren Gebirge und die Hügelketten hervor, die aus den Resten der produktiven Kohlenformation bestehen, die einst in ununterbrochener Decke überall über ganz Irland hin dem Kohlenkalke aufgelagert war und dann nach und nach unter dem Einflusse einer lange geologische Epochen umfassenden Erosion fortgeführt wurde.

So ist das Gesammtbild des plastischen und geognostischen Baues von Irland ein sprechendes und verräth dem verständigen Beobachter von vorneherein, welch' wechselvolle geologische Vorgänge und mächtige Umgestaltungen die grüne Insel endlich so aus dem Meere emporgehoben haben, wie sie heute vor uns erscheint. Und dieser erste Eindruck findet bei allen Wanderungen in die einzelnen Theile dieser Insel, immer neue Anregung und abschliessende Unterstützung.

Die Säle des Museum's of Irish Industrie führen uns die einzelnen Belege für die erkannte geognostische Struktur in wohlgeordneter Sammlung vor. In dem oberen Saale befindet sich die paläontologisch-geognostische und die petrographische, im unteren Saale eine nicht blos irische Vorkommen umfassende mineralogische Sammlung. Unter den Versteinerungen sind die Pflanzenreste in den Sandsteinen des Oldred vom Kiltorkan Hill in der Grafschaft Kilkenny, darunter prächtige Wedel des hibernischen Farrenkrautes (Palaeopteris hibernica) von Interesse, jener Vorläufer der in der Kohlenformation zu so mächtiger Entwicklung gekommenen Pflanzengattung. Auch die reichen Suiten von Versteinerungen des Kohlenkalkes und die merkwürdigen Reptilien aus den Schichten des produktiven Kohlengebirges, welche zu den ältesten Thierresten dieser Gattung gehören und von Huxley und Wright zuerst beschrieben wurden, erregten mit Recht unsere Aufmerksamkeit [1]. Von den Gesteinen fallen vor allem die schönen Granite der Mourne Mountains in die Augen. Rauchgrauer Quarz, röthliche z. Th. recht grosse Krystalle von Orthoklas, gelblichweisser Plagioklas und dunkelbrauner, fast schwarzer Glimmer bilden die Gemengtheile dieser Granite, die besonders ausgezeichnet sind durch die schönen Krystalle von Beryll und Topas, die sich in den Hohlräumen des Gesteines finden. Auch prächtige Drusen von Orthoklas, Zwillinge nach dem Gesetze von Karlsbad mit der auch an den Krystallen von Striegau in der schlesischen Heimath häufigen Endigung durch die Flächen P und x, sind in diesen Graniten nicht selten. Der Slieve Corrach ist als der Fundpunkt für die schönsten Mineralvorkommen aus den Mourne Mountains angegeben. Schöne Berylle kommen auch in den Quarziten von Dungloe, an der Strasse nach Gweedore, Co. Donegal vor und als ein eigentlicher Beryllgranit ist das Gestein von Sheaskin Rone daselbst zu bezeichnen, ein gleichmässiges Gemenge von rothem Feldspath, grauem Quarz, schwarzem Glimmer und blaugrünem Beryll. Auch die Granitporphyre von Galway, in denen Feldspathkrystalle von mehreren Zoll Länge hervortreten, der Quarzporphyr von Newcastle in seiner vollkommen typischen Ausbildung, die Syenite von Connemara, reich an graugrüner Hornblende, grob und feinkörnig, und, wie die Etiquette sagt, nach Mr. Gages identisch mit den Syeniten der Vogesen, und noch viele andere Gesteine, die wir später selbst an Ort und Stelle aufsuchen konnten, gaben hinlänglich Gelegenheit, die grosse Mannichfaltigkeit irischer Gesteine zu bewundern. Jedem Irland besuchenden Fremden und besonders dem Geologen ist der Besuch der Sammlungen der geological Survey in erster Stelle anzurathen.

1) Vergl. F. Römer, Jahrb. f. Min. 1877, S. 64.

Wenn man von dem ebenfalls an Stephens green gelegenen prächtigen Shelbourne Hôtel aus, einem der grossartigsten und best-geleiteten Gasthäuser vielleicht von ganz Grossbritannien, in dem wir Gelegenheit hatten, den Werth deutscher Kellner zu schätzen (der Oberkellner des Hôtels, ein aus Obladen bei Düsseldorf gebürtiger Landsmann, verstand es in ganz hervorragender Weise, das bis unter die Dachlucken mit Gästen erfüllte Haus zu versehen), in die Dawson street, an deren Ecke es liegt, einbiegt, so steht man nach wenigen Schritten vor dem Gebäude der Royal Irish Academy. Hier be-findet sich ein reiches archäologisches Museum. Vor allem befinden sich daselbst die prähistorischen Schätze Sir William Wilde's, von denen uns ein kleiner Theil schon im Trinity College begegnete; jene Funde aus den irländischen Pfahlinseln, den Crannoges. Mächtige Bronceschwerter, vielfache Steinwerkzeuge und vor allem prächtige goldene Schmucksachen sind den Torfmooren, in denen sie eine un-gemessene Zeit begraben lagen, wieder abgenommen worden, mit den zu Mumien verkohlten oder skelettirten Leibern ihrer ursprüng-lichen Träger. Mittelalterliche Erinnerungen schliessen sich daran an. Es wird hier die Bibel des h. Columbkill gezeigt und andere werthvolle, kunstvoll geschriebene Klostermanuscripte. Ein sehr selt-sames aber mit ungewöhnlicher Sorgsamkeit und Kunst ausgear-beitetes normännisches Bildwerk ist das Kreuz von Cong, vielleicht das schönste Beispiel dieser eigenthümlichen, meist in Sandstein aus-geführten Kreuze, die man über ganz Irland verbreitet findet [1]. Mit der Schelle des h. Patrick, die hier ebenfalls zu sehen ist, gehörte es einst der alten Augustinerabtei Cong, deren ehrwürdige und architektonisch interessante Ruinen nahe am Lough Corrib in der Grafschaft Galway liegen. Nach Sir W. Wilde wurde die Abtei etwa um 1120 gegründet und in ihren Mauern starb der letzte eingeborene König von Irland Roderick O'Connor im Jahre 1198. Nach den Annalen von Donegal wurde er nicht dort bestattet, sondern seine Leiche nach Clonmacnois, nahe bei Athlone am Shannon gebracht, aber viele Mitglieder der Familie O'Connor ruhen in den Grüften von Cong.

Vorzügliche archäologische Sammlungen umschliesst auch das Gebäude der Royal Dublin Society in der Kildare Strasse gelegen.

1) G. Wilkinson: Pract. geol. and ancient architecture of Ireland. S. 138.

Die Kunst ist hier durch einige ältere und neuere Sculpturen ver-
treten, während die National Gallery of Ireland, ein palastartiges
Gebäude am Merrion Square die Malerkunst beherbergt, vorzüglich
Bilder älterer irischer und englischer Meister.

Dublin bot gerade in diesen Tagen ein aussergewöhnlich be-
lebtes Ansehen. Ein Pferdemarkt mit folgendem Wettrennen auf
der Arena von Curragh hatte die Sportsmen von Irland und von
England in Schaaren herbeigeführt. Sogar vom Continente waren
die Pferdehändler zu diesem Markte gekommen, der einer der be-
suchtesten von Grossbritannien ist. Der ruhigen Beobachtung von
Land und Leuten war dieses fremdartige Treiben nicht günstig,
wenngleich auch darin manche Beobachtung möglich wurde, die man
sonst vielleicht nicht gemacht haben würde. Die fast ausschliesslich
echt englisches Blut verrathenden Typen der Pferdekenner und Käufer
machten es uns von vorneherein klar, dass ein eigentlich irischer
Adel, eine irische Geldaristokratie kaum existire. Ebenso wenig erblickte man, und das war uns bei einem Pferdemarkte recht auffallend,
die scharf geschnittenen semitischen Gesichter, die bei uns den grös-
ten Theil der Händler ausmachen. Nur ein Deutscher, ein Frankfurter,
figurirte als ein ausgesuchtes, unverkennbares Beispiel dieser Art in
dem ganzen Bilde.

Gerne wandte man dem unruhvollen und wenig interessanten
Treiben der irischen Hauptstadt den Rücken, um dem äussersten
Westen der Insel, dem Gebiete der berühmten Seen von Killarney
zuzueilen.

Der See von Killarney und die Kette der Reeks.

III.

FAHRT NACH KILLARNEY.

Zur Fahrt quer durch ganz Irland hindurch schifft man sich auf der King's Bridge Station ein. An dem überaus stattlichen Militär-Hospitale von Kilmainham vorbei verlässt der Zug das Weichbild der Stadt. Wer scharf rechts hinüber blickt, kann nördlich der Stadt die Spitze des modernsten aller schottischen Rundthürme erblicken, während zur Linken sehr bald einer der schönsten alten Thürme dieser Art aus grünen Büschen aufragt. Jener ist das O'Connel-Denkmal auf dem malerischen, an schönen Monumenten reichen Kirchhofe von Glasnevin, dieser der alte Thurm von Clondalkin, epheuumrankt und verwittert, ein Denkzeichen aus Irland's ferner Vergangenheit. Denn des Dänenköniges Awliffe Palast lehnte sich schon an diesen Thurm an, der auch ihn in Trümmer sinken sah. Und jenes Thurmes von Glasnevin Zinnen mit seinem blumenreichen Fusse überragen den Sarg des grossen irischen Agitators der Neuzeit, dessen Erinnerung, mag

man über seine confessionelle Einseitigkeit denken wie man will, in
der Geschichte Irland's hervorragen wird, als eines grossen, gewaltigen Patrioten, wie die Thürme von Clondalkin und Glasnevin über
die flachen Fluren ringsumher. Und wie auch die Zeitläufte seit den rauhen
Tagen, wo die ersten christlichen Bewohner des Landes den Rundthurm von Clondalkin errichteten, bis zu den Tagen, wo der Kirchhof von Glasnevin des grossen Dan (so wird Daniel O'Connel wohl
von den Irländern genannt) Gebeine einschloss, sich geändert haben
mögen, dieselben Granite aus den Felsen von Killiney umrahmen die
Thüröffnungen jenes und sind das Baumaterial für dieses Denkmal
geworden.

Der Rundthurm von Clondalkin ist eines der besterhaltenen
Bauwerke dieser Art in Irland und wegen seiner Nähe bei der Hauptstadt auch das vielbesuchteste. Wir hatten später noch mehr Gelegenheit, diese Rundthürme zu sehen und uns darüber eine Ansicht
zu bilden, die wir dann auch mitzutheilen gedenken. Jetzt führt uns
die Fahrt nur schnell daran vorüber. Im Namen der nächsten Station
Hazlehatsch scheint sich ein Hinweis auf den einen alten Namen
Dublin's[1]) erhalten zu haben, aber von den Haselstauden war wenigstens im Vorüberfahren nichts mehr wahrzunehmen.

Die South-Western Railway, auf der wir uns befinden, ist die
bedeutendste Strecke von ganz Irland. Sie bildet die direkte Linie
nach Cork und somit die gewöhnliche Verbindung mit Nordamerika,
dessen Steamer und Bote in diesen Hafen zumeist einlaufen, so dass
ein grosser Theil der Amerikaner, welche nach Europa kommen, zunächst auf dieser Linie quer durch Irland hindurchfahren. Aber auch
die Zahl der Reisenden, welche die westlichen und südwestlichen
Grafschaften Irland's aufsuchen, um

> „Trough Erin's Isle
> **To sport awhile**"[2])

ist gross. So ist es denn zu verwundern, dass die Verbindung Dublin's
mit der Westküste nicht schneller bewerkstelligt wird. Aber die Geschwindigkeit der Fahrt mit dem Aufenthalte an allen kleinen Stationen,

---

1) Vergl. S. 8.
2) Durch's Eiland Erin jagend zu zieh'n!

einer Sorglosigkeit und Säumigkeit in der Expedition, die man in England oft vergebens herbei wünscht, steht hier im geraden Gegensatze zu
der Fahrt, die uns von London nach Holyhead gebracht hatte. Nachtzüge
gibt es gar nicht, man würde sonst gerne einen solchen wählen, da nicht
viel auf der Fahrt zu sehen ist. Der Tageszug gebraucht volle 10
Stunden um die 150 engl. Meilen lange Strecke bis Killarney zurück-
zulegen. Dabei sind die Bahnen in Irland gar nicht für neugierige
Reisende gebaut. Mit einer gewissen Absichtlichkeit scheint jedesmal
der Ort, zu dem eine Station gehört, den Augen der Reisenden entzogen zu werden. Durch ein festes Thor fährt man in den Bahnhof
ein und ist dann rings von hohen Mauern aus den blauen Kalksteinen
eingeschlossen, deren düsterer Eindruck nur durch die üppige Epheu-
bekleidung gemildert wird, die meist über dieselben hinüber wuchert.
So ist ein orientirender Blick unmöglich. Aber der grössere Theil
der Strecke ist, wie gesagt, ohnehin ziemlich unwerth einer Aufmerksamkeit.

Von der Station Hazlehatsch an befindet man sich auf dem
Boden der Grafschaft Kildare. Rechts und links von der Bahn
meilenweite Flächen; überall schaut unter der Pflanzendecke der
schwarze, torfige Boden hervor, und der bekannte Geruch brennenden
Torfes erinnert nicht gerade an die schönsten Gegenden der deutschen Heimath. Die grossen norddeutschen Haiden oder die Hochplateau's der Eifel und des hohen Venns mit ihrer trostlosen Oede
treten uns dabei vor die geistigen Blicke. Allerdings sind wir nun
auch in dem Gebiete der grössten Torfmoore Irland's, des berühmten
Allen-bog, welches sich meilenweit ausdehnt und den grössten Theil
der torfigen Niederungen bildet, welche hier fast von Ost nach West
mitten durch Irland hindurchziehen und eine scharfe Trennung der
Hügel und Berge des Nordens von denen im Süden bewirken. Nur
Felder braunen Kartoffelkrautes und ziemlich kümmerlich aussehen-
den Hafers unterbrechen die Einförmigkeit der Wiesen, die, nur
eine schwache, verbergende Decke, über dem torfigen Untergrunde
sich ausbreiten. Hier allerdings gewinnt man den Eindruck, dass
man nicht mit Unrecht gesagt hat: Torf und Kartoffeln seien
Irland's Hauptprodukte. Aber dennoch tritt auch hier die Ueppigkeit der Vegetation in vielen, inmitten der Bogs oasengleich inne-

liegenden Landstrichen hervor. Prächtige Baumgruppen, saftige, tief-
grüne Wiesen, von stattlichem Vieh beweidet, sind dann in der Regel
die Anzeichen eines nahe gelegenen herrschaftlichen Sitzes, der in
seinen allseitig von Kalksteinmauern umschlossenen Gehegen meist
so geschickt sich zu verbergen weiss, dass kein neugieriger Blick
des vorüberfahrenden Fremden auch nur etwas mehr als die Zinnen
des im Gebüsche liegenden Schlosses zu erblicken vermag. Auch
das ist anders, wie bei uns in Deutschland, wo der Besitzer eines
schönen Landhauses gerne einen Prospektus über Garten und Flur
öffnet, auf dem auch die Aussenwelt etwas von den Schönheiten
seiner Besitzung geniessen darf. Blick und Schritt des Fremden wird
hier im Gegentheil durch undurchdringliche Gebüsche und Mauern
abgehalten.

Die grünen, inselgleichen Distrikte in der weiten Fläche des
Allen-bog's sind das beste Zeichen, was eine energische Cultur und
vor allem eine systematische, einheitliche Entwässerung zu Wege
bringen könnten. Allerdings hat auch der Besitz des Torfes einen
bedeutenden Werth, umsomehr, als Irland's Kohlenproduktion nur
eine sehr spärliche genannt werden kann. Aber bei der Leichtigkeit,
mit der die englische Kohle nach Irland hinüberkommt und bei dem
meist ausserordentlich geringen Heizwerthe des Torfes, würde es
auf alle Fälle wohl eine richtige Speculation sein, auf die Gefahr hin
den Torf zu verlieren, durch Entwässerung dem Wiesenbaue neue
Bodenflächen zuzuwenden. Nur in wenigen Theilen Irland's ist zudem
die Torfgewinnung eine eigentlich rationelle. Weder wird auf die Re-
produktion des Torfes genügend geachtet, wie das in den Mooren
von Norddeutschland geschieht, noch wird der Torf durch Formen
und Pressen zur Feuerung werthvoller gemacht. Meist wird er in
ganzen Feldern vollkommen abgestochen und dann in den Formen
der gestochenen Stücke einfach getrocknet und zur Verwendung gebracht; während in den Lücken, die er erfüllte, sumpfige und ver-
sumpfende Wasser zurückbleiben.

Ueberall in diesen Torfmooren finden sich die vielfachsten
Ueberreste alter Bewohner des Landes, ihrer Bauten, Waffen und
Werkzeuge, und der mit ihnen lebenden Thiere. Schon in den
Museen von Dublin haben wir zahlreiche Dinge dieser Art gesehen.

Sie zeigen, wie einerseits die Torfmoore ihre Grenzen über solche Gebiete ausgedehnt haben, die sonst, frei davon, Thier und Menschen als Wohnstätten dienen konnten. Andererseits sind die Torfmoore an sehr vielen Stellen seit undenklichen Zeiten getrocknet und verschwunden, mit Vegetation und menschlichen Wohnungen überdeckt, und nur die alten irischen Namen haben die Erinnerung an das frühere Moor- oder Sumpfland erhalten. Eine grosse Zahl von Orten führt in ihren Namen die Endigung Annagh, Anna und Anny, es ist das eine von dem alten Worte Eanach abgeleitete Form, die noch heute in einigen irisch redenden Distrikten ein ausgestochenes Torfmoor bezeichnet. So ist der eigentlich kaum anders als italienisch klingende Name: Annabella bei Mallow nur eine Umlautung von Eanach bile, d. i. das Moor des alten Baumes. Auch die Bezeichnung Carcach ist in allen Theilen Irland's üblich für ein sumpfiges, torfiges Land und findet sich in einer grossen Zahl von Namen erhalten, wenn auch oft in starker Verstümmelung. Mr. Joyce, dessen schon angeführtem interessanten Werke über den Ursprung und die Geschichte irischer Namen wir diese Notiz entnehmen, erzählt hierzu folgendes Beispiel[1]). Der h. Finbar gründete im 6. Jahrhundert, nachdem er zuerst lange Zeit in den unwirthlichen Felsen am noch heute Finbar's rock-cleft, Finbar's Felsenspalte (Gougane Barra; St. Barra = Finbar) genannten Orte nahe der Quelle des Flusses Lee in der Grafschaft Cork einsiedlerisch gehaust hatte, ein Kloster nahe der Mündung dieses Flusses an dem Rande eines grossen Torfmoores. Es war die Fläche, die noch mehrere hundert Jahre später, nachdem schon im Umkreise des Klosters eine Stadt aufzublühen begann, den Namen Corcach-mor-Mumhan, d. i. das grosse Moor von Münster führte. Nur der erste Theil dieses Namens und auch dieser nur auf die erste Silbe verkürzt hat sich in dem Namen der jetzt auf dieser Moorfläche stehenden Stadt Cork erhalten, und noch jetzt wird dieselbe von den nur irisch redenden Bewohnern der südwestlichen Gebirge Corcach genannt. Die Erinnerung an den früheren Sumpf lebt in der Bezeichnung eines Stadttheiles fort, der The Marsh geheissen wird. Noch eine Menge anderer Namen aber enthalten die Ueberbleibsel

[1] Vol. I. S. 462.

alter Worte, die mit dem Torfe und seinen sumpfigen Flächen im Zusammenhange stehen. So bezeichnet auch Riask ein Moor oder Fen; zweiundzwanzig kleine Orte, in den vier Provinzen von Irland zerstreut, heissen: Riask, Risk oder Riesk und das nahe bei Dublin gelegene Dorf Kilreisk ist nichts als die Kirche des Moores. Kurzum die in den alten Namen niedergelegte Erinnerung lässt uns unzweifelhaft erkennen, wie einst fast das ganze Irland einmal von einer Torfhülle überzogen gewesen sein muss, der erst nach und nach der Mensch in eisernem Kampfe um sein eigenes Dasein Stück für Stück den festen Boden abrang, um sich ein gesichertes Dach und seinem Vieh eine Weide zu gewinnen. Und im Verlaufe dieses Kampfes trug dann auch wohl einmal der Torf den Sieg davon, sei es dass er tückisch unter dem Fusse des sorglos Wandernden nachgab und diesen verschlang, sei es, dass er über seine Grenzen ausbrechend, sich früher abgerungenes Terrain wieder eroberte. Heute aber, wo die fortgeschrittene Cultur den Menschen mit Mitteln ausgerüstet hat, auch das widerspenstigste Torfgebiet zu trocknen und unter des Ackers Joch zu zwingen, nehmen die Torfmoore immer mehr, regelmässiger und schneller ab. Und das muss zur Anerkennung dessen, was England für Irland in den letzten Jahrzehnten gethan hat, doch auch hervorgehoben werden, dass eine sehr wesentliche Verminderung der Moräste und Sumpfgegenden vorzüglich den fortgesetzten Canalisationsarbeiten zu verdanken ist, welche die englische Regierung in Irland ausgeführt hat. Wir werden noch an anderer Stelle dieser Canäle zu gedenken haben.

Einsam ragen aus der flachen Ebene zur Linken die Hügel von Lyons und von Oughterard, d. i. obere Höhe (Station Straffan) und in etwas grösserer Entfernung zur Rechten der Hügel von Allen mit seinem weithin sichtbaren Thurme hervor. Auf letzterem lag einst die Residenz des berühmten Finn mac Cumhail, des Führers der Finians, oder der Fianna Erin, einer Kriegsschaar, die im 3. Jahrhundert unter der Regierung von Cormac mac Art besonders blühte. Allüberall in den Thälern und Bergen Irland's begegnet man Sagen und Gesängen, welche die Erinnerung an diesen alten Kriegshelden bewahren, und in denen die hohe Bedeutung sich ausspricht, welche derselbe in jenen Tagen für die Geschichte des Landes gehabt haben

muss. In dem Namen der Fenier ist in unsern Tagen diese alte Erinnerung nochmals lebendiger aufgefrischt worden.

Diese Hügel, die dem Vorüberfahrenden auffallen, sind von
einer ganz besondern geognostischen Beschaffenheit. Der ganze
Untergrund der Ebene ist gebildet aus den Kalksteinen und Schiefern
der Kohlenformation. Schon die überall gleichmässig aus den Kalksteinen erbauten Häuser, Mauern und Brücken lassen die Gegenwart
dieser Gesteine unter dem deckenden Moorgrunde errathen. Wo ein
auch nur wenige Fuss tiefer Einschnitt die Eisenbahn einfasst, sieht man
die Gesteine zu Tage treten, aber nicht etwa, wie man aus der ebenen
Oberfläche zu schliessen geneigt sein möchte, in horizontaler Lagerung, sondern in vielfach verschiedener Stellung, bald nach der einen,
bald nach der entgegengesetzten Richtung einfallend, bald steiler
stehend, bald in flacher geneigten Schichten. So gewinnt man schon
aus dieser Beobachtung während der Fahrt einen Einblick in die
geologischen Verhältnisse dieser Ebene. Sie führt uns über die
gleichmässig abgeschnittenen Köpfe eines Systemes vielfach gefalteter,
in Sätteln und Mulden sich wiederholender Schichten hin. Den ganzen
Zusammenhang und wirklichen Verlauf derselben vermögen wir nur
dadurch im Einzelnen zu verstehen, dass wir uns die abgeschnittenen,
fehlenden oberen Theile ergänzen und an die Stelle der früher vorhandenen wirklichen Sattel- und Muldenwölbungen in Gedanken Luft-
constructionen ausführen. Der ganze obere Theil der Kohlenformation ist fortgeführt, erodirt worden durch eine gewaltige Zeiträume
hindurch mit gewaltiger Kraft in der Richtung von Südwest nach
Nordost wirkende Strömung. So liegt auch die Längsrichtung der
Ebene. Dass diese Strömung eine solche bestimmte gewesen, lag
nur daran, dass die Ränder der ganzen Scholle, dieser Urscholle der
Erdrinde, aus der sich Irland herausbildete, aufwärts gewölbt waren,
wie es auch jetzt noch der Fall ist. Wenn wir uns Irland nur um
300' gesunken denken, so würde es in zwei hohe Inseln zerfallen, die
von einem seichten Meeresarme getrennt würden, in welchem eine
in der nordöstlichen Richtung gehende starke Strömung wohl geeignet
wäre, die die Inseln trennende Tiefe noch weiter abzumeisseln. Gleichzeitig aber lagerte sich der aus der Zerstörung der Wände dieser
Meeresstrasse hervorgehende Detritus, je nach der Höhe des Wasser-

standes und der Tiefe des Meeresbodens, in verschiedener Höhe und
Mächtigkeit ab. So bedeckt denn ein sandiger Thon, der sogenannte
Limestone gravel, die ganze centrale Ebene Irland's. Er erreicht oft
100 und sogar 300' Mächtigkeit und steigt an den Abhängen der
Berge bis zu der Höhe von 1200' empor. Er besteht zwar grossentheils aus dem zerstörten Materiale der Kohlenkalksteine, enthält
jedoch auch zahlreiche Geschiebe und Blöcke der devonischen und
silurischen Gebirge der Insel. Manche dieser in Wirklichkeit als
erratische zu bezeichnenden Blöcke, die weithin über die Insel von
ihrer ursprünglichen Lagerstätte fort gewandert sind, liegen auf bedeutender Höhe, jetzt mehrere hundert Fuss über der centralen Kalk-
steinebene. Es ist kein Zweifel, dass die Ursachen dieser Verbreitung
auch hier mit der Eiszeit in Zusammenhang zu bringen sind, und dass,
wie in andern Ländern, vorzüglich schwimmende Eisschollen als Trans-
portmittel dieser erratischen Blöcke gedient haben. Auch die seltenen
marinen Versteinerungen, die in den diesen Limestone gravel bedeckenden Sanden und Thonen an einigen wenigen Punkten Irland's
gefunden wurden, verweisen diese Bildungen in dieselbe Zeit, der
auch die glaciale Drift Schottlands angehört, und in der sich die
diluvialen Lehme unserer norddeutschen Ebene mit ihren nordischen
Irrblöcken abgesetzt haben.

Aus den Anhäufungen dieser diluvialen Lehme und Gerölle
sind die erwähnten der Ebene entragenden Hügel gebildet.

Die ungeheure Ausdehnung und grosse Mächtigkeit dieser
Anhäufungen gestattet schon einen Schluss auf das gewaltige
Maass der Erosion, die über Irland hin die Gebirge abgetragen. Nur wenige Reste der oberen Theile der Kohlenformation
sind über dem Kohlenkalke erhalten geblieben und liegen als unbedeutende, zerstreute Fetzen in verschiedenen Theilen der centralen
Ebene oder nach den beiden aufwärts gerichteten Rändern derselben
zu. Diese wenigen übrig gebliebenen Schollen der flötzführenden
Abtheilung (der Coal measures) lassen erkennen, dass dieselben einst
in einer Mächtigkeit von vielleicht 3000 Fuss überall über dem Kohlenkalke vorhanden waren. In den Kohlenbecken von Tipperary und von
Limerik sowie in den erst neuerdings genauer erforschten Kohlen-

feldern von Tyrone[1]) sind noch die besten Ueberbleibsel vorhanden
und auch in diesen ist die Produktion an Steinkohlen nur eine ganz
unbedeutende. So kommt es, dass trotz des ausgedehnten Vor-
handenseins der Steinkohlenformation, Irland ein steinkohlenarmes
Land ist. Zweifellos würde der heutige nationale Wohlstand auf
einer ganz andern Basis sich entwickeln, wären die Kohlenfelder in ihrer
ursprünglichen Verbreitung erhalten geblieben. So hat die Geologie
gewissermassen prädestinatorisch in das Glück der Bewohner ein-
gegriffen und hat in erbarmungsloser Weise das Beste zerstöst, nur
die unreifen Produkte torfiger Verkohlung zurücklassend, die gewissermassen in den Trümmern der werthvolleren zerstörten Schichten eingefasst erscheinen. Denn in den Unebenheiten und Vertiefungen des
Limestone gravel befanden sich, als Irland zum letztenmale aus dem
bedeckenden Glacial-Meere auftauchte, die Seen und seichten Wasserflächen, untereinander wohl z. Th. durch fliessende Wasserarme verbunden, in denen die mehr und mehr sich entwickelnde Sumpfvege-
tation Moräste und hiernach Torfmoore erzeugte[2]).

Noch einmal kreuzt die Bahn den träge, mit schmutzigem,
braunem Wasser dahingleitenden Liffey, der hier wie so viele Flüsse
und Bäche Irland's seines torfigen Ursprunges wegen auch den
Namen „blackwater" verdient. Ein fruchtbares Weideland umgibt die
Ebene des Curragh von Kildare, im Jahre 1804 der Lagerplatz der
Armee der United Irishmen und jetzt noch, wie seit langen Zeiten
der Schauplatz der Wettrennen, welche alljährlich hier die Sportsmen
von Irland und England zusammenführen. Denn der Name Currach,
im alten Irisch Cuirreach geschrieben, hat eine doppelte Bedeutung;
er bezeichnet sowohl einen Morast[3]), als auch ein Wettrennen, und in
einer interessanten Schrift hat Mr. Hennessy nachgewiesen, dass hier
die letztere Bedeutung dem Namen zu Grunde liege, weil in der That
von den ältesten Zeiten an hier Wettrennen abgehalten worden seien[4]).

- —-

1) E. T. Hardmann: on the Geological Structure of the Tyrone Coal fields.
Rep. Brit. Assoc. 1874. S. 78.

2) Geikie: Geology of the British Isles, S. 90.

3) Vergl. S. 25.

4) Hennessy: On the Curragh of Kildare, R. J. A. Proceed. 1860.

Die Höhen südlich der Bahn treten aus der Ferne näher heran, es sind die silurischen Berge, welche den nördlichen Abstieg der Kette von Wicklow bilden. Der links von der Bahn von der Station Newbridge aus deutlich sichtbare hohe Rundthurm von Kilcullen steht auf silurischen Schiefern, aus denen er auch erbaut ist [1]).

Kildare, einst der Hauptort der ganzen Gegend, ragt mit verwitterter Kathedrale und einem alten Rundthurm auf, früher ein an Kirchen und Klöstern reicher Ort, eine Stadt der Heiligen, wie das alte rheinische Cöln, jetzt nicht mehr wie ein ärmliches Dorf. Der h. Brigittus hatte sich hier unter dem Schatten einer alten riesigen Eiche seine Zelle gegründet und damit zu der späteren Stadt den Anfang geschaffen, in deren Namen uns dieses Ereigniss erhalten ist. Denn Kildare heisst Cella quercus, die Kirche der Eiche. Aber mit der Eiche scheint auch der Segen des Heiligen gewichen zu sein. In der Nähe, etwas nördlich ragen die silurischen Felsen des Chair of Kildare auf, deren Gipfel aus steilstehenden Schiefern und Sandsteinen besteht, denen Kalksteine und Grünsteine eingeschaltet sind. Zahlreiche Fossilien haben sich hier in den silurischen Schichten gefunden und gestatten, dieselben mit den sogenannten Bala Beds von Nord Wales zu identificiren, den obersten Schichten des unteren Silurs, in denen die Trilobiten ihre vollkommenste Entwicklung gefunden.

Die Berge von Wicklow bleiben immer weiter im Südosten hinter uns zurück und bis über die Stationen Portarlington und Maryborough hinaus bleibt man vollkommen in der Ebene und ist nun so recht im Distrikte der Torfmoore. Es ist die Queens County, die Grafschaft der Königin Mary, welche dieselbe von der nördlich liegenden King's Co. abtrennte und ihren Namen der letztgenannten Stadt gegeben hat. Der Barrow Fluss und der grosse Canal durchkreuzen diese Grafschaft, beide von der melancholischen, braunen Farbe, die wie beim Liffey den torfigen Ursprung andeutet und den meisten irischen Gewässern eigen ist. Braun ist, wie J. G. Kohl schon recht treffend bemerkt, überhaupt neben Grün die herrschende Farbe von Irland, und er hat ganz recht zu sagen, dass man es ebensogut die Rauchtopas- wie die Smaragdinsel nennen könne.

1) Wilkinson l. c. 66.

Der grosse Canal, den die Bahn hier nahe der Station Portarlington überschreitet, ist einer aus dem Netze von Canälen, welches
hier in allen Richtungen über die Ebene sich ausbreitet und dessen
doppelter Bedeutung wir schon vorher einmal gedachten. Nicht nur
bietes es Transportwege, es ist noch mehr von Werth als Aus-
trocknungs- und Entsumpfungsmittel. Der bedeutendste der Canäle ist der Royal Canal, der den Liffey in der Nähe von Dublin zunächst mit dem oberen Boyne, diesen mit dem Inny und endlich
mit dem oberen Shannon verbindet, in den der Canal nördlich des
Lough Ree einmündet. Hierin ist eine Wasserstrasse direkt durch
die ganze Insel hindurch von der Ost- nach der Westküste geschaffen.
Aber aus dem oberen Liffey geht auch noch der Grand Canal ab,
den wir überschritten, der sich dann in mehrere Arme verzweigt und
diese sowohl nordwestlich nach dem Shannon führt, als auch südwärts
gewendet den Fluss Suir und vor allem den Barrow erreicht, der bei
Waterford an der Südküste mündet. Der Suir fliesst mitten durch die
industrielle und Kohlen producirende Grafschaft Tipperary hindurch
und vermittelt für diese den Weg nach dem nächsten Meere; denn er
vereinigt sich bei Waterford mit dem Barrow. In gleicher Weise führt
im Norden von Irland ein System von Canälen von Ost nach West. Von
der Carlingford Bay im Osten aus geht zunächst der Newry Canal in den
River Bann und den Lough Neagh und aus diesem unter Benutzung
des Blackwater der Ulster Canal in den oberen See von Erne, von wo
aus wiederum der Ausgang in den westlichen Meerbusen von Donegal möglich wird. Unzweifelhaft haben diese Canäle schon sehr wesentlich dazu beigetragen, die Bodenverhältnisse Irlands im Innern zu
verbessern, wenngleich in dieser Beziehung noch unendlich vieles zu
thun übrig bleibt. Sie ermöglichen, dort wo es im Innern der Insel
zu Fabrikanlagen nöthig ist, den Bezug der englischen Kohlen zu
mässigen Preisen und geben damit wenigstens die Basis einer gedeih-
lichen Entwicklung der Industrie auch ausserhalb des Küstengebietes.
Allerdings haben sie bis jetzt vorzüglich für den Transport des Torfes allerwärts Bedeutung, da dieser nur die billigsten Frachten ver-
trägt und seine Versendung also nur zu Wasser überhaupt möglich wird.
    Ehe wir bei der Weiterfahrt die Grafschaft der Königin wie-
der verlassen, nähern sich allmälig von beiden Seiten Höhenzüge,

ohne jedoch irgendwo unmittelbar an die Bahn hinanzutreten. Der erste Höhenzug, der auf der rechten Seite erscheint, sind die Slieve-Bloom Berge. Slieve (alt Sliabh) ist die irische Bezeichnung für Berg, der wir in allen Theilen der Insel begegnen; Bloom hat hier nichts mit Blüthe zu thun, sondern kommt von Blawma her, dem Namen eines alten irischen Fürsten aus dem Geschlechte der Milesier. Die Slieve Bloom sind eine kurze, aber in scharfen Formen gegen den Horizont abschneidende, vollkommen isolirte Bergkette, deren beide höchste Gipfel: the Cones genannt (1720 und 1660' hoch), besonders hervortreten. Der Geologe, der erst die Berge des Old Red im südwestlichen Irland kennen gelernt, würde schon an den Conturen dieser Gipfel erkennen, dass auch sie in ihren obersten Theilen aus den Schichten dieser Formation bestehen. Die scharfen Spitzen sind die steilstehenden Schichtenköpfe des Old red. Derselbe umgibt hier mantelförmig silurische Schichten, die den nur in dem centralen Theile des kleinen Gebirges hervortretenden vielgebogenen und gewundenen Kern desselben bilden. Diese Struktur, wie sie schon an der Chair of Kildare hervortrat, wiederholt sich auch an den nächstfolgenden Höhenzügen.

Mit der Station Temple more, einer Gründung des Ordens der Tempelherrn, nahen wir uns auf etwa 7 engl. Meilen einer etwas bedeutenderen Bergkette 1600' hoch, die wir nun eine Zeitlang bis über die Station Thurless hinaus zur Rechten behalten. Der Volksmund hat diese Berge mit dem Namen der Devils Bit Mountains belegt. Es knüpft sich daran eine der weitverbreiteten Teufelssagen, die ähnlich auch in den Legenden am Rheine vorkommt. Da der Teufel einmal auf den Gipfeln dieser Berge hungernd von der Nacht überrascht wurde, nahm er einen gewaltigen Mundvoll heissgierig aus ihnen heraus. Jedoch mochte er die Kost selbst für seinen Magen zu unverdaulich finden und liess den Brocken bald unwillig wieder fallen. Der Biss ist die im oberen Berggrate weithin sichtbare, scharf eingeschnittene Scharte, das heruntergefallene Stück bildet den berühmten Felsen von Cashel, der in gerader Richtung 20 engl. Meilen südlich vom Teufelsbisse liegt. Allerdings besteht er, und das ist sehr traurig für die Glaubwürdigkeit der Legende, nicht aus den Gesteinen der krystallinischen Schiefer des unteren Silurs, aus denen die Wände des Bisses bestehen, sondern ist einer der dem Kohlenkalke aufgelagerten, stehen geblieben Fetzen der flötzführenden Kohlenformation, ein Kohlensandstein. Aber der fromme Volksglaube und noch weniger der Teufel konnte auch nicht wohl denken, dass geologische Altklugheit ihm so entschieden auf diese Weise den Boden rauben würde. Wie bekannt wiederholt sich diese Sage in ganz ähnlicher Form u. A. auch von dem sogenannten Lousberge bei Aachen, einem aus Kreideschichten (Sand von Aachen) bestehenden Hügel unweit dieser Stadt. In beiden Fällen knüpfen diese Sagen gewiss an eine sehr alte religiöse Bedeutung an, welche diese Stellen gehabt haben, die sich dann, unterstützt durch auf diesen Hügeln errichtete Kirchen, erhalten hat. Denn auch der Lousberg bei Aachen mit der Salvatorkirche, im Volksmunde St. Selester, ist dort gleich populär wie der Rock of Cashel mit seinen Ruinen bei den Irländern. Allerdings verdient der letztere eben dieser Ruinen wegen wohl einen Besuch. Schon die alten Könige von Münster hatten auf dem Sidhdhruim, (dem alten Namen von Cashel) dem schönen Hügel, ihre Residenz, und der Name Cashel selbst bezeichnet, jedenfalls späteren Ursprunges und vielleicht nur eine Corruption aus Castellum, die kreisförmigen Steinwälle, die ältesten Zeichen der irischen Bewohner, die also hier schon eine Stätte gehabt. Der Rundthurm und feste Mauern sind die Reste der alten königlichen Residenz, der die Herrschaft des Krummstabes mit Kathedrale und reichen Klosterhallen folgte. Hier tagte im Jahre 1172 eine Synode der irischen Bischöfe, berufen von König Heinrich dem II., der sich durch diese Synode seine Souveränität anerkennen und sich und seinen Nachfolgern das Königthum von Irland auch mit dem kirchlichen Segen zusprechen und bekräftigen liess. Und obschon hier von rein weltlicher Gewalt die Prälaten zur Synode versammelt und in ihren Dekreten geleitet wurden, scheint das damals den päpstlichen Unwillen nicht erregt und nicht als ein Eingriff in die unfehlbaren Rechte des Papstes gegolten zu haben; denn Papst Alexander bestätigte die Decrete der Synode. Ein Beispiel zu den vielen, dass die Kirche nicht immer mit gleichem Masse messen zu müssen geglaubt hat. Von Burg und Kloster stehen nur die Ruinen und ein Conglomerat armseliger Hütten umringt den alten Sitz kirchlicher Macht und Herrlichkeit, von der dem armen Bewohner gar nichts übrig geblieben, als der fromme Glaube.

3

Die Devil's bit Mts. hängen mit den Ivermine Mts. orographisch und geognostisch zusammen, jedoch sind sie bedeutend höher, wie jene. Der aus Silur bestehende Mauhersliere Mt. ist 1783' hoch, und die aufragenden Schichten des Old Red, welche den silurischen Kern umschliessen, erreichen im Keeper Mt. sogar die Höhe von 2278'. Diese Ivermine Mts. bilden den Uebergang zu den weiter nördlich sich hinziehenden Bergen aus silurischen und alten rothen Sandsteinschichten aufgebaut, die in malerischen und grotesken Formen den Lough Derg umgeben, den grössten und schönsten der Seen, durch die der königliche Shannon seinen Lauf nimmt. Westlich des See's ragen die Gipfel des Slieve Bernagh (1786'), östlich der Mt. Arga (1517') auf. Nur die südlichen Ufer des See's sind von silurischen Schichten gebildet, nach Norden zu ist er von Kohlenkalkstein eingefasst; zwischen beiden erscheint eine schmale Zone der Sandsteine des Old Red. Da tritt uns, wenn wir einen Blick auf die Form dieses See's werfen, eine für die Bildung der See'n und Buchten Irlands im allgemeinen bedeutungsvolle Erscheinung entgegen. Während der ganze nördliche Theil des Lough Derg lediglich als ein erweitertes, seeähnlich gewordenes Flussbett gelten kann, erbreitert er sich dort, wo er aus dem Gebiete des Kalksteines in die festeren Sandsteine des Old Red eintritt, vor diesen nach beiden Seiten hin zu Buchten, die in dem Kalksteine ausgehöhlt sind. Mauerähnlich liegen nach Süden die Bänke des alten rothen Sandsteines vor, die nur einen engen Durchbruch gestattet haben. Aber eben weil die von Norden her strömende Wassermenge hier plötzlich durch die widerstandsfähigeren Schichten in diesen engen Pass einzutreten gezwungen ist, muss sie nach rechts und links ausweichen und sich in dem weicheren, leichter nachgebenden Kalkstein Platz schaffen. So ist nach Westen zu die weite Scariff Bucht, nach Osten die von Youghal eingeschnitten worden. In der heiligen Insel, der Inis Calthair und in andern Klippen der Scariff Bucht sehen wir die Reste der erodirten Kalksteinfelsen. Malerisch schön ist nur die Strecke von hier bis zum südlichen Ende bei Killaloe, vielfach von den irischen Dichtern besungen; eine enge felsenumfasste Schlucht. Mit der petrografischen Beschaffenheit der Wände dieses Seebeckens hängt also seine eigenthümliche Form und die pitoreske Schönheit seiner Ufer zusammen. Und hiermit im Zusammenhange steht auch

die Erscheinung, dass der obere See bei den gesteigerten Zuflüssen
des Winters ein bedeutend höheres Niveau zeigt; denn der enge Abfluss durch die natürliche Schleuse der Old Red Mauern bedingt ein
Aufstauen der reichlicher nachdringenden Wasser. Nie, soweit menschliche Erinnerung reicht, hat eine Eisdecke den Lough Derg bezwungen.

Wie wir die Gebirge, längs deren wir dahinfahren und deren
eben besprochener Theil uns zu einem kleinen Abstecher Veranlassung
gab, mehr und mehr hinter uns zurücklassen, treten wir tiefer in die
Grafschaft Tipperary ein. Tiobraid-Ara d. i. Quelle des Ara ist der
alte Name dieser Grafschaft. Quellen scheinen bei den heidnischen
Iren und auch später bei den christlichen Bewohnern ganz besondere,
göttliche Verehrung genossen zu haben, denn viele hunderte von
Ortsnamen hängen mit dem Worte Tobar, Tobair, Tiobraid, Tipper
u. a. Namen für Quelle zusammen. Tipperary ist eine der Grafschaften, in welcher der Charakter der irischen Bevölkerung noch am na-
turwüchsigsten und unverhülltesten hervortritt. Sie kann deshalb in
gewissem Sinne als die verschrieenste der Grafschaften gelten. „Tipperary hanging man", ein Tipperary Galgenstrick, ist sprichwörtlich in
ganz Irland. Gerade Grobheit nicht ohne Gutmüthigkeit, Hang zur
Verschwörung und Widersätzlichkeit, hervorgehend aus dem Gefühle
der Freiheit, Derbheit basirend auf dem Bewusstsein physischer Kraft
sind die Grundzüge des Charakters der Bewohner von Tipperary.
Als wir Limerik Junction passirten, sahen wir einige Männer aus Tipperary, die, mit ihren dicken Knüppeln in der Hand, kurze gedrungene
Gestalten mit viereckigen Schultern, starkem Nacken, dicken, wulstigen
Lippen, in der That so aussahen, als ob sie sehr kurz angebunden seien.
Leider allerdings ist auch das Verbrechen häufig ein Auswuchs dieser
Eigenschaften. Wie schon J. G. Kohl[1]) hervorhob, so stellen auch jetzt
noch die Bewohner von Tipperary ein auffallend starkes Contingent zu
den Verbrechern von Irland; aber zur Entschuldigung muss gesagt sein,
dass die Verbrechen grösstentheils in den Umständen begründet sind,
welche die englische Regierung geschaffen. Man muss die rührende Geschichte des Weissburschen (die Whiteboys waren eine jener gesetz-
widrigen, geheimen Verbindungen, worin die Besitzlosen durch gewalt-

1) Skizzon S. 355.

same Selbsthülfe und Rache die gesetzlichen Unbilden an den Besitzenden auszugleichen versuchten) John Magee's in den schönen Skizzen
aus Irland von V. Huber[1]) lesen, um den Tipperary man und seine
Verbrechen ganz gerecht zu beurtheilen. Auch in den letzten Jahren
waren besonders die Fenierkrawalle in Tipperary häufig. Unweit
der Station Knocklong erblickt man eine einsame Baracke, einen Poli-
zeiposten, der uns daran erinnerte. Ihn griffen fenische Banden in
den sechziger Jahren einmal an. Daraus wurde dann eine grosse
fenische Heldenthat herausglorificirt und durchlief die Zeitungen. Aber
diese Heldenthat war weiter nichts als eine Tipperaryprügelei. Denn
das ganze Gebäude ist nur etwa so gross wie ein ordentlicher Frucht-
schober oder Heuwagen, und zwei kräftige Männer würden genügt
haben, das Ganze zu demoliren. Im Grunde aber steckt gerade in den
Bewohnern von Tipperary noch die meiste naturwüchsige Kraft von
allen noch unvermischt erhaltenen altirischen Volksresten. Das sanft-
hügelige Land ist besser als Alles, was wir bis jetzt von Irland sahen.
Fruchtbare frische Weiden und Felder, kräftiger, schöner Baumwuchs
deuten schon die reichere Vegetation des südlichen Irlands an. Zur
Linken liegt, jetzt immer näher rückend, die schöngeformte, wenn auch
kurze Kette der Galty Mts., deren südwestliche Abhänge als Bally-
hourac Hills besonders benannt sind. Der höchste Gipfel ist der Galtymore, 3015' hoch, die mehr nach Südwesten gelegene Spitze des
Darragh Mt. hat 1369'. Wie die vorher genannten Berggruppen sind
auch die Galty Mts. ringsum von der Ebene umschlossen; ihre innere
Struktur ist dieselbe, ein von Old Red Schichten umhüllter Kern silurischer Schiefergesteine. Uebereinstimmend mit der Streichrichtung
der Schichten, die in ihnen emporgerichtet erscheinen, ziehen sich
alle diese kleinen Gebirgsketten von NO nach SW. In dieser Richtung
geht auch die Bahn von Dublin bis zur Station Charleville, mit der
man die Grafschaft Cork erreicht. Hier zweigt sich nach Norden die
Bahnlinie Cork-Limerik ab, in die wir nach Süden einbiegen. Charleville, die unter der Regierung Karls II. ihren jetzigen Namen an
Stelle des alten Rathgonan erhielt, war einst ebenfalls eine blühende
Stadt, jetzt hat sie kaum 2000 Einwohner. Die mächtigen Ruinen des

---

1) Berlin 1865, S. 66.

alten Schlosses, welches der Herzog von Berwick im Jahre 1690 zerstörte, sind das einzige Zeichen früherer Bedeutung. Noch fühlbarer
allerdings ist der Niedergang der Wohlhabenheit und der Bevölkerung an dem Orte Killmallock, den wir vor Charleville passirten, jetzt
nur mehr ein ärmlich Dorf, sonst eine Stadt von ganz hervorragender Bedeutung in Irland. Auch die nächste Station Buttevant trägt
deutlich die Zeichen vergangener Grösse an sich. Ihr gab den Namen
die Wappendevise der Familie De Barry: „Boutez-en-avant", deren
einer hier an den Ufern des Awbegflüsschens im 13. Jahrhundert eine
Abtei gegründet hatte. Nahe der Stadt liegt auch Kilcolman castle,
wo einst der Dichter Spenser lebte und seine „Faerie Queen" dichtete.

Mit der Wendung, welche die Bahn bei Charleville nach Süden
genommen, hat sich auch der Charakter der Gegend geändert, rechts
und links treten die Höhen, zunächst allerdings nur flache Hügel, unmittelbar an die Bahn heran. Die grüne Farbe der feld- und wiesen-
reichen Distrikte von Limerik hat der braunen Farbe heidereicher
und moorüberzogener Rücken Platz gemacht, und an dem südwärts
gerichteten Laufe der Flüsse merkt man es, dass man dem atlantischen
Ocean sich genähert hat. Die vollkommen kahlen, einförmigen und
einfarbigen Hügel, welche zur Rechten und Linken der Bahn liegen,
bestehen hier aus den Schichten der flötzführenden Kohlenformation.
Bald nachdem der Zug die Station Charleville verlassen, fährt er
durch einen kurzen Felseneinschnitt, der uns die aufgerichteten Schichten schwarzer, brandiger Schiefer, flötzähnlich in dunklen Sandstein-
bänken eingeschaltet, erkennen lässt, und bald folgt ein zweiter Einschnitt, in dem die rothen Sandsteine des Old Red blossgelegt sind.

Bei Mallow zweigt sich die Bahn nach Killarney und weiter
bis zur Küste nach Tralee von der Linie nach Cork ab. Mallow, am
nördlichen Ufer des Blackwater liegend, ist der freundlichste Ort, an
dem unsere Reise vorbeiführte. In einem frischen, mit Bäumen dicht
bewachsenen, parkähnlichen Thale ziehen sich seine Strassen hin,
freundliche Villen und viele wohlhabend und schmuck aussehende
Gebäude liegen inmitten von Gärten. Es ist ein Badeort. Eine alka-
linische, warme Schwefelquelle wird besonders von gichtgequälten
Invaliden der englischen Armee besucht. Es war ein wirklich wohl-
thuendes Gefühl, nach so vielen heruntergekommenen und noch den

Krebsgang gehenden Städten, hier auch einer solchen zu begegnen, der man ein gewisses Aufblühen anzusehen vermochte: in der That hier im Südwesten Irland's ein fast vereinzeltes Beispiel. Auch die Lage der Stadt als Knotenpunkt dreier Bahnen (der Linien Dublin-Cork, Mallow-Fermoy und Mallow-Tralee) mag zu dieser Prosperität beigetragen haben.

Der Blackwater ist einer der bedeutendsten Flüsse von Irland und landschaftlich so lieblich, dass er nicht mit Unrecht als der irische Rhein bezeichnet wird und wohl verdiente, Spenser's poetischen Gruss zu erwecken: Swift Awniduff, which of the English man is cal'de Blake-water[1]). Er entspringt in einem Torfmoore auf der Scheide zwischen Cork und Kerry, nahe der Colonie Williamstown. Von hier aus geht er zunächst im Gebiete der Schichten der flötzführenden Kohlenformation, es ist die grösste Scholle, die von dieser überhaupt auf dem Kohlenkalke übrig geblieben, südwärts, bis er an den hoch aufsteigenden Wänden der Schichten des Old Red rechtwinklich nach Osten umbiegt und nun immer der schmalen Zone von Kohlenkalk folgt, die hier zwischen den jüngeren aufgelagerten Schichten der Coal measures und dem Old Red offenbar nur durch eine lang andauernde Thätigkeit des Flusses selbst blosgelegt wurde. Ostwärts geht er, immer dem Kohlenkalke folgend, durch die ganze Breite der Grafschaft Cork hindurch, bis er ganz plötzlich bei Cappoquin unterhalb Lismore wiederum rechtwinklich umbiegend quer durch die Schichten des Old Red hindurchbricht und nun die abwechselnden Schichten von Old Red und Kohlenkalk, die sich mehrfach bis zur Küste wiederholen, mit durchaus südlicher Richtung durchschneidet und dem Youghal Meerbusen zufällt. Dieser letzte Theil des Flusses ist tief und schiffbar. Dieses rechtwinkliche Umbiegen aus einem longitudinalen zu einem transversalen Thale, aus der Zone des Kohlenkalkes hinaus, welche selbst in der östlichen Richtung unverändert fortsetzt, der folgend der Blackwater statt bei Youghal gerade aus in den Hafen von Dungarvan sich hätte ergiessen müssen, ist um so mehr auffallend, je bestimmter gerade der Oberlauf des Flusses an den Kohlenkalk gebunden scheint, und je grösser die

---

1) „Lieblicher Awniduff, den der Engländer Schwarzwasser nennt!"

Widerstandsfähigkeit der Old Red Sandsteine sich einem Durchbruche
entgegenstellte. Dass hier ganz bestimmte und zwingende geologische Vorgänge den Fluss zum Verlassen seiner Richtung gezwungen haben, ist gewiss. Wie ihn die höhere Lage der Old Red Schichten
in seinem obersten Laufe aus der nordsüdlichen Richtung in die östliche zwang, so muss auch hier irgend eine von Nord nach Süd verlaufende Terrasse hemmend sich seiner östlichen Richtung vorgelegt
und ihn wieder in die südliche gedrängt haben. Aber mit dem blossen
Emporsteigen der Berge kann diese nicht in Zusammenhang gebracht
werden, denn die Streichlinie der Höhenzüge liegt von Ost nach West.
Eine Verschiebung anderer Art muss also eine Schwelle geschaffen
haben, die den geraden Austritt in das Meer abschnitt. Denn dass vordem
eine erodirende Strömung bis auf die Bucht von Youghal gerade nach
Osten zu geführt hat, zeigt die in dieser Richtung fortsetzende Entblössung der Kohlenkalksteine zwischen Coal measures und Old Red.
Eine Reihe senkrecht zu der Streichlinie der Bergzüge gestellter
Verwerfungsspalten, einzelne von meilenweiter Erstreckung und grosser
Höhe der Verschiebung, setzen gerade hier in nordsüdlicher Richtung
quer durch das Gebiet der Kohlenformation und des Old Red hindurch. Längs einer solchen Spalte sank der westliche Gebirgstheil
gegen den östlichen nieder, oder dieser wurde gehoben gegen den
westlichen. Hierdurch wurde dem Flusslaufe eine Schwelle geschaffen,
die er nicht überwinden konnte. Längs der Spalte, dem Fusse der
höheren Terrasse folgend, wurde ihm das neue Bett von selbst vor-
geschrieben und ihm der Durchbruch durch die harten Sandsteine hindurch auf der gelockerten Verwerfungskluft selbst vielleicht erleichtert.
Ganz die gleiche Erscheinung eines solchen rechtwinkligen Umbiegens
zeigt auch der weiter nach Süden gelegene Fluss Lee, an dem die alte
Residenz der Könige von Münster, Cork, gelegen. Und in dieser
Wiederholung liegt ein Beweis, dass nicht eine lokale, sondern eine
gemeinsame, überall in diesem Gebiete vorhandene Ursache der Erscheinung zu Grunde liege. Jukes[1]) hatte für dieses Abirren der
Ströme des südlichen Irland aus ihrer Richtung eine andere Erklärung

---

[1]) Quart. Journ. Geol. Soc. XVIII. 378.

gegeben. Er dachte sich einen Wasserlauf, der in nordsüdlicher Richtung die Schichtenfolge quer

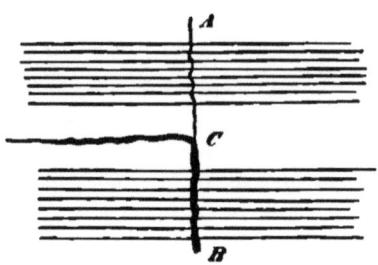

durchsetzt, als früher vorhanden, wie in der nebenstehenden Figur *A B*; in diesen trat der andere östlich fliessende Fluss bei *C* ein und da der ältere in seinem Oberlaufe unbedeutend war, so erschien nun der jüngere als rechtwinklich umgebogen. Aber z. B. bei dem Blackwater ist bei Cappoquin, wo die Biegung liegt, weiter nördlich gar kein von Nord nach Süden sich erstreckendes Bett vorhanden, und die ganze Configuration lässt zudem erkennen, dass der Flusslauf früher einmal, ehe die letzten Bewegungen der Gebirge stattgefunden, in der alten Richtung, über den hier von Jukes angenommenen Vereinigungspunkt hinaus, seinen östlichen Lauf fortgesetzt hatte. Uebrigens würde auch nach Jukes die Anwesenheit des älteren Querthales nur für eine Gebirgsspalte sprechen, die hier durch die Schichten hindurchsetzte. In der Annahme dieser begegnet sich meine Erklärung mit der seinigen. Jedenfalls aber bieten diese Flüsse des südlichen Irlands eines der vortrefflichsten Beispiele dieser Abhängigkeit in der Richtung der Flüsse von den Vorgängen der Gebirgserhebung.

Von Mallow weiter folgt die Bahn nun immer dem Thale des Blackwater. Rechts liegen die flachen Hügel der produktiven Steinkohlenformation um Kanturk, die in dem weiter nördlich liegenden Mullaghereik Mt. die Höhe von 1300' erreichen. Kohlenbergbau findet in diesem Gebiete an wenigen Stellen, aber fast ohne den Lohn der Arbeit statt. Denn die sparsam vorhandenen Flötze sind schlecht und wenig mächtig.

Links sehen wir nun den Anfang der allmählig aufsteigenden Berge des Old Red, die schon über 2000' emporragenden Bochragh Mts., und an diese westlich sich unmittelbar anschliessend die scharfgipfligen, mit jähen Hängen nach Norden abstürzenden

Derrynasaggart[1]) Mts., die Grenzmauer zwischen den Grafschaften
Cork und Kerry. Hoch ragt zur Linken der Station Millstreet der
Caherbarnagh bis zu 2239' empor, gewissermassen den Eingang zu
Irland's Hochgebirge und zu der Grafschaft Kerry bildend, die sich
nun in einer Reihe pittoresker Bilder vor uns eröffnet. Was die
Landschaften hier auszeichnet, ist nicht lichter, sonniger Glanz, der
nur selten ungetrübt über denselben liegt, sondern die schnell wechselnden hellen und dunkleren Farbentöne, die vielfachen Nüancen von
Grün und Braun, die kräftigen Schatten der vielgestaltigen Wolken;
das alles gibt dem Bilde eine Mannichfaltigkeit, einen Wechsel des
Heiteren und Trüben, der etwas ausserordentlich anregendes hat.
Und darum sind die Seen von Killarney, der Glanzpunkt des südwestlichen Irland's, wohl werth, dass auch der Fremde, den nicht
gerade geologische Interessen leiten, sie aufsucht. Von Engländern
und Irländern sind sie vielbesucht, grösstentheils allerdings der Fische
und der Jagd wegen: „to sport awhile". Auch Amerikaner pflegen von
Cork aus ihren Weg über die Seen von Killarney zu nehmen, aber
Besucher des europäischen Kontinentes gehören noch zu den grossen
Seltenheiten. Eine Reihe trefflicher Hôtels erleichtert den Aufenthalt daselbst. Vom Bahnhofe führt ein kurzer Laubgang unmittelbar
bis zu dem Railway Hôtel, das sich für den vorübergehenden Besuch wohl am meisten empfiehlt. Sonst haben die unmittelbar am
See gelegenen Hôtels, von prächtig bewachsenen Parks umgeben,
den Vorzug, dass man nicht erst eine halbe Stunde zwischen hohen
Mauern umherirren muss, um einen freien Blick über die schöne
Landschaft zu gewinnen.

— — — -- —

1) Derry: Eiche, saggart: corrumpirt aus sacerdos, also die Eichen der Priester.

Punchbowl. Torcbach. Torccascade. Torc Mt.
Mangerton Mt.

Die Mangertongruppe südlich des See's von Killarney.

IV.

KILLARNEY.

Wir sind in Deutschland an den Orten, welche das Ziel der die Reize und Frische der freien Natur aufsuchenden Fremden sind, gewohnt, besonders durch möglichst zahlreiche gute Wege und Spaziergänge die Annehmlichkeit und die Freiheit zwanglosen Umherschweifens nach eigener Eingebung und ohne streng vorgeschriebenen Richtungen folgen zu müssen, erhöht und erleichtert zu sehen. Das ist an den Seen von Killarney so gut wie im ganzen übrigen Irland, so weit wir Gelegenheit hatten, dasselbe kennen zu lernen, keineswegs der Fall. Das wurde uns schon deutlich, als wir früh morgens den Fuss zum erstenmale in den Garten des Railway Hôtels setzten. Dieses Hôtel, sowie ganz Killarney, gehört dem Lord Kenmare, dessen wohlthätige und gemeinnützige Einrichtungen und eine unverkennbare Sorge, die Lage seiner Arbeiter und Pächter zu verbessern, wir nicht ungerühmt lassen möchten. Das Hôtel ist in einer Ecke des grossen Parks gebaut, der Kenmare House umgibt. Auf den ersten Blick hat es den erfreuenden Anschein, als ob der weite, sich in das Dickicht prächtiger Platanen hinein verlierende Rasenplatz hinter dem Hôtel durch eine freundliche Liberalität des Lords den Besuchern desselben offen stände. Aber wenn man wenige Schritte gethan, so sieht man sich vor einem versteckten, aber haltgebietenden Wassergraben, über den hinaus nur der Blick in die Besitzung seiner Lordschaft gestattet ist. Aber dieser Blick war hier wenigstens vergönnt. Sobald man das Hôtel verlassen hat, sieht man sich zwischen hohen Kalksteinmauern, über die nur die Kronen der Bäume hinweggrüssen, hoch genug um jedem Unberufenen, und sei er auch ein Riese, den Blick in die Parkanlagen zu versagen. Aus diesen gemauerten Gängen gibt es keinen Ausweg rechts und links; willenlos und ohne sich durch Umschau orientiren zu können, muss man diesen Wegen folgen, und sie führen zum Glück meist an den See. Aber zu jeder weiteren Excursion ist man dennoch von vorneherein gezwungen, sich lästiger Führerschaft anzuvertrauen und nur nach der in den frei gegebenen Wegen bedingten Schablone sind überhaupt Ausflüge möglich. Wäre nicht wenigstens die freie Wasserbahn, so würde für uns ein längerer Aufenthalt dort unleidlich scheinen. Wo einmal eine Unterbrechung in den Mauern, eine offene Stelle in denselben oder eine Lücke in den natürlichen Hecken, die übrigens seltener sind, als die Mauern, die Sehnsucht aufkommen lassen könnte, von der staubigen, allgemeinen Strasse abzuweichen, da hat der Besitzer Sorge getragen, solche freiheitliche Regung im Keime zu ersticken. Drohend stehen überall die Warnungstafeln: Trespassers are prosecuted by law, dog's are shotten! die an lakonischer Kürze nichts zu wünschen übrig lassen. Sie können nur dann von einer noch bedenklicher klingenden Kürze werden, wenn, wie wir das auf einer solchen Tafel, die mitten auf vollkommen unwegsamem Bergpfade einmal unsere Schritte hemmte, fanden, der zerstörende Einfluss der Witterung an diesen warnenden Schriftzügen gearbeitet hat. Auf dieser einsamen Tafel, der Trespassers wohl nur begegnen konnten, wenn sie die Sucht nach Haselhühnern oder Steinen trieb und die daher wohl lange unbeachtet gedroht hatte, war die Hälfte der Inschrift verfault und so blieb denn nur die furchtbare Warnung übrig: Trespassers are shotten! So schlimm meinte es nun Lord Kenmare und die andern Besitzer in den Gemarkungen der Seen von Killarney wohl gerade nicht; aber bis auf die Höhen der Berge hinauf war doch dem Wanderer die freie Bewegung unmöglich gemacht. Erhebt ja sogar der edle Lord Brandon nur für das Ueberschreiten einer Ecke seines Parkes von dem Fremden einen anständigen Durchgangszoll, wie sonst die Raubritter an den Ufern des Rheines.

Wenn man zwischen den Mauern des Parkes von Kenmare House hindurch endlich ins Freie gelangt, so tritt man ziemlich plötzlich an das Ufer des See's und sieht sich der epheuumrankten Ruine von Ross Castle gegenüber, deren noch zugänglicher Thurm trefflich geeignet ist, eine orientirende Rundschau über den See und die gegenüberliegenden Berge zu halten. (Vergl. Abbildung S. 42.)

Killarney selbst liegt mitten im Thale, über dessen Sohle von Kohlenkalk uns schon seit Mallow die Fahrt geführt hat. Die katholische Kathedrale des Ortes liegt nur 200' über dem atlantischen Meere, und in weitem Bogen umziehen nördlich die niedrigen flachgerundeten Hügel der kohlenführenden Schichten die Ebene. So ist dann auch das ganze nördliche und östliche Ufer des unteren der Seen von Killarney, des Lough Leane, ein ganz flaches. Man ist daher doppelt überrascht, aus den Mauern endlich hervortretend an der gegenüberliegenden Seite die bis über 3000' aufragenden Berge mit scharfen Abstürzen unmittelbar aus dem Wasser des See's emporsteigen zu sehen.

Der Lough Leane liegt hier in seiner ganzen imposanten Fläche (2080 Hektaren) 6 engl. Meilen lang und 3 Meilen breit vor uns, mit dem vollen malerischen Reize, den ihm vor allem die zahlreichen (über 30) Inseln und Felsenklippen verleihen, die z. Th. klein, wie schwimmende Schollen über ihn zerstreut liegen. Es sind alle aufragende Kalksteinklippen, aber keine ist unbewachsen, alle tauchen wie grüne Büsche aus dem klaren, tief braun-grünen Wasser des See's auf. Erst später brachte uns das Boot einigen dieser Inseln und Klippen näher und konnten wir dann die vielgestaltigen, grotesken Formen der verwitterten Kalksteine studiren, die hier das Wasser ausgenagt hat. Werfen wir einen Blick auf die gegenüberliegende Reihe von Bergen, die in ihrem nordwestlichen Theile auf der beigefügten Abbildung wiedergegeben ist. Mit der am meisten nach Osten gelegenen Gruppe beginnend, erscheint uns zuerst, gewissermassen als ein niedriges Zwischenglied zwischen der Kette der

Derrynasaggart, die wir schon bei der Fahrt von Mallow erblickten und den Bergen dieses Distriktes, über dem Kessel des Lough Guitane aufragend, der rohe, massige Kegel des Bennaunmore 1490'. Diesen trennt das Cappagh glen von dem breiten Rücken des Stoompa, der nach Westen in das Glena kappul (Horse glen) niedergeht. An dieses reiht sich die Mangertongruppe an, westlich durch den tiefen Einschnitt des River Torc begrenzt. Hier treten die steilen Gehänge der Berge unmittelbar an den See heran, der, durch einen schmalen, felsigen Landstreifen von dem Lough Leane getrennt, der Mucross Lake genannt wird. Ihn überragen südlich die schroffen Wände des Torc Mt., der nach Westen terrassenförmig in die breitere Thalspalte abfällt, in der der obere See gelegen ist, und durch welche dessen Abfluss in den unteren See sich hinzieht. Hier biegt die Küste nordwärts um, und die uns gerade an der Westseite des See's gegenüberliegenden Berge sind das Eagles Nest und der Shehy Mt. (1820') und darüber noch die kahlen Gipfel des Purple Mt. (2739') und der Tomies Mt. (2413'). Mit prächtig bewaldeten Abhängen steht der Fuss des letzteren in der Ebene, die das nördliche Ende des See's umfasst[1].

Ross Castle, von dem aus wir den Blick geniessen, liegt auf einem kleinen Vorsprunge der Halbinsel Ross Island, (Ross bedeutet im alt Irischen eine vorspringende Halbinsel), die nur ein künstlicher Graben vom Lande trennt. Die Erbauung der altersgrauen Veste wird einem der O'Donoghues zugeschrieben, die hier einst an den Seen von Killarney gehaust haben sollen. Die vielen Sagen und Benennungen, die von den verschiedenen Oertlichkeiten dem Fremden von den Führern zur Unterhaltung vorgeführt werden, knüpfen alle an einen mächtigen König dieses Namens an. Ross Castle war im Mittelalter eines der festesten Schlösser von Irland. Noch zu den Zeiten Cromwell's hielt es den belagernden Engländern lange unbesiegt Stand und war der letzte feste Platz, der sich 1652 Cromwell übergab. Eine alte Prophezeiung gab den Belagerten die Ueberzeugung, dass die Veste unbezwinglich sei, bis sie mit Schiffen eingeschlossen würde. General Ludlow, der Belagerer, liess sie seewärts mit Lang-

---

[1] Vergl. die beigegebene Karte der Umgebungen der Seen.

booten angreifen und die Besatzung hielt nun die Stunde der Er-
füllung für gekommen und zwang ihren Befehlshaber Lord Muskerry
zur Uebergabe.

Ross Island, welches wie ein rechtwinklig gekrümmter Arm
um die liebliche Bay des gleichen Namens herumgreift, ist durch Lord
Kenmare in einen reizenden Park umgewandelt worden, dessen grösste
Reize nicht nur in der herrlichen Umschau bestehen, die wir von seinem Thurme aus genossen, sondern noch mehr in dem üppigen Pflan-
zenkleide, darin das Eiland geschmückt erscheint. Hier tritt uns die
vielgerühmte Ueppigkeit der Vegetation des Seegebietes zum erstenmale entgegen. Prächtige Exemplare von Arbutus unedo, dem Erd-
beerbaum, mit dicken Stämmen und gewaltigem Blätterdache stehen
hier zusammen mit uralten Stechpalmriesen (Ilex aquifolium), deren
Stämme mit der Dicke unserer Eichen, deren Kronen mit unseren
Kastanien wetteifern. Die Eichen sind hier von einer Frische des Lau-
bes, einer Dichtigkeit ihres Daches und einer Höhe, wie wir sie bei
uns selten sehen. Das ist der Charakter der irischen Eiche, dass sie
schlanker in die Höhe strebt, dass ihre Aeste glatter und regelmässiger, man möchte sagen eleganter sind und sich leichter vom Stamme
loslösen. Zu der knorrigen, derben Figur unserer deutschen Eiche verhält sie sich, wie die auch bei uns in den Gärten hin und wieder vorkommende schlanke Quercus pyramidalis. Aber vor dieser hat sie
wieder das dunklere Grün, die Kraft und das markige Wachsthum
des Holzes voraus. Irland war einst reich an grossen Eichenwäldern
und lieferte Jahrhunderte lang das Bauholz auch für England und
Schottland. Die einstige Verbreitung der Eichen spricht sich auch
darin aus, dass kaum eine andere Ortsbezeichnung häufiger vorkommt,
als die mit dem alten Dair (Eiche) zusammenhängende doire, dara,
derry u. A. Nach Joyce beginnen über 1300 altirische Ortsnamen mit
dem Worte Doire in seinen verschiedenen Formen, und geradezu un-
zählbar nennt er die Orte, deren Namen es in der Endigung enthalten[1]). Auch die Korkeiche (Quercus suber) kommt hier in einigen
Exemplaren vor, dazu kräftige Eschen und vereinzelte Pappeln, ein
Baum, der noch nicht gar lange in Irland heimisch ist. Vor allem

1) Joyce l. c. I. 503.

aber erregen Nadelhölzer der verschiedensten Art unsere Bewunderung: ganz prächtige Exemplare von Pinus pinsabo, mit ihren undurchdringlichen Nadelpyramiden u. A.; Wellingtonien von einer Höhe, wie ich sie auch an den Ufern der italienischen Seen, in den Parks von Lugano und Bellagio kaum gesehen, mächtige Cedern (Larix cedrus) und vor allem wahre Prachtstücke von Araucarien bilden den Schmuck dieser Anlagen. Zwischen ihnen und sie umhüllend überall üppig wucherndes Epheu, in langsam tödtender Umarmung die Stämme umfassend. Solche abgestorbenen von Epheu umkleideten Baumstämme rufen uns ähnliche Vorgänge aus dem Mineralreiche in die Erinnerung, wo die Form irgend eines durch Zersetzung verschwundenen Minerales durch ein neues, die alte Form umhüllendes, erhalten blieb. Hier sitzt eine Epheukrone, alle todten Aeste mit dicken Büschen umgebend, auf abgestorbenem Eichenstamme auf und recht passend nannte mein verehrter Reisegefährte das eine Pseudomorphose von Epheu nach Eiche. Das Unterholz bilden dichte Stauden von Stechginster (Ulex europaeus) mit ihren gelben Blüthen und vor allem der Schlehdorn, wie es scheint das älteste und charakteristischste der Gesträuche des Seegebietes. Denn der Name Killarney bedeutet: Kirche der Schlehen, (arny, von dem altirischen airneadh, die Schlehe). Aber auch Pirus japonica, Laurus cerasus und das rothblühende Pfaffenhütlein (Evonymus) stehen hier im Dickichte durcheinander. Den Boden bedeckt ein Teppich aus dem malerischen Gewirre verschiedener Farrenkräuter zusammengesetzt, die aus fussdickem, saftigem, schwellendem Moose hervorragen. Nur solche Gewächse fehlen, die der Sonne und grösserer Wärme bedürfen, um zu gedeihen; Obstbäume, Weinstöcke findet man nur in künstlich geschützten Mauern; nur in den Glashäusern der Lords reift man prächtige Trauben, Pfirsiche und andere kostbare Früchte. Die Ueppigkeit des Wachsthums macht die Anlage solcher Parks, wie sie die Ufer dieser Seen einfassen, sehr leicht. Hier hat die Natur schon die Hauptsache geschaffen, nämlich den grössten Theil der Anpflanzung besorgt. Der Mensch hat nur Wege und Rasenplätze in das Gebüsch hineinzulegen und zu geschmackvoller Vertheilung zu bringen und der Park ist fertig. So wurde die Natur leicht die Lehrmeisterin der nachher überall hin verbreiteten englischen Gartenkunst.

Keine sommerliche Trockenheit, kein alles Grün bedeckender und entfärbender Staub nimmt hier der Vegetation den Anschein der saftigen Frische. Auch für diesen Theil Irland's war der August 1876 ein ausnahmsweise trockener gewesen. In der Heimath hatten wir alles Grün der Wiesen braun versengt zurückgelassen und die Bäume hatten dort ihre von Staub beschwerten grauen Blätter ermattet hängen lassen. Von alledem sah man hier keine Spur. Ueppig und frisch, wie bei uns kaum in den Tagen des Frühlings, lag Wald und Wiese. Und das prächtige Aussehen der schönen Heerden, die längs der Ufer des See's weideten, liessen vermuthen, dass es ihnen nicht an Futter gefehlt habe.

Darin beruht denn auch diese saftige Vegetation, die hier wohl noch die der gerühmten Insel Wight übertrifft, dass sich eine stete milde Temperatur mit reichen, ununterbrochenen Niederschlägen vereinigt. Die See'n von Killarney, so wenig wie die übrigen Wasserflächen des westlichen Irlands, frieren nie zu, nur ganz ausnahmsweise geht einmal das Thermometer bis auf den Nullpunkt herunter. Jeden Tag entladet sich die eine oder andere der an der nahen Küste des atlantischen Oceanes aufgesogenen Regenwolken. Daran ist nicht nur die Lage, sondern auch die gebirgige Beschaffenheit des Landes schuld. Die Regenwolken stossen an die Bergspitzen an und entladen sich dann schnell in mehr oder weniger schweren Regengüssen, die in der Regel nur von ganz kurzer Dauer sind. Zwischendurch blickt die Sonne aus blauem Himmel nieder. Unser Führer nannte diese kurzen Regenschauern: „The O' Donoghue's blessings" und wollte ihnen nicht den Namen einer shower zugestehen, denn, sagte er mit Ueberzeugung, so eine ordentliche Killarney shower „lasts three weeks". Aber O' Donoghues blessings folgen sich oft ein Dutzend an einem Tage. Uns war das Glück hold, denn es war ein ausnahmsweise regenfreies Wetter und wir kamen mit 2 bis 3 wässrigen Segnungen davon. Wie stark die Summe der Niederschläge hier im südwestlichen Irland ist, das zeigt eine Vergleichung mit den Durchschnittszahlen der gefallenen Regenmenge anderer Länder. Unser grösster Meteorologe und der Nestor dieser Wissenschaft, Dove, hat die in dem Gebiete der Seen von Cumberland und Westmoreland herabfallenden Regen-

massen einmal einer genauen Betrachtung unterworfen[1]) und sagt,
dass sie nur von den Niederschlägen an den regenreichsten Punkten
des Gebietes der Monsoone übertroffen werden. Das gilt von Irland in noch höherem Masse. Während die Regenmenge für die
Westküste von Nordengland und Schottland nach jährlichen Zahlen
ca. 20 — 53 Zoll beträgt, ist sie in Irland an der Westküste bis
zu 60 Zoll gestiegen. Von hier aus erfolgt eine Abnahme nach der
Ostküste allmälig, und unverkennbar ist hierbei die Lage der Gebirgszüge in Beziehung auf die Beobachtungsstelle das Bestimmende. Nordöstlich vorliegende Gebirge am meisten, aber auch südwestlich und
östlich liegende steigern die Regenmenge. Daher ist einer der trocken-
sten Distrikte von Irland die King's Co., da diese nach allen Seiten
hin ausser dem Westen keine Gebirge unmittelbar umschliessen. Der
meiste Regen dagegen fällt in den westlichen Küsten-Orten Irland's.
Auch in Beziehung auf den Saturationszustand, den Dampfgehalt der
Luft ist dieser am höchsten an der Westküste Irland's, z. B. in West-
port, Co. Mayo, wo er 96 % im Jahresmittel beträgt. Gleichzeitig sind
dann für die Vegetation die Thermometer- oder Temperaturdifferen-
zen von Sommer und Winter von hoher Bedeutung und auch hierin
ist Irland vor allen Ländern Europa's ausgezeichnet. In Dublin (53° N)
stellt sich die mittlere Temperatur des Jahres aus 12jährigen Beobachtungen auf 8°, des Januar 4°, des Juli 12°, des October 7°, die jährliche Amplitude beträgt also nur 8° und auch im Januar fiel die Temperatur nie unter Null. Dabei ist die See-Temperatur stets höher als
die Luft-Temperatur und daher an der Westküste, bei dem Vorherrschen
der südwestlichen Winde, welche zudem über den warmen Golfstrom
gestrichen sind, diese Temperaturverhältnisse noch weit günstiger.
Vergleichen wir damit die Zahlen für Brüssel, einer Stadt von günsti-
gen und nicht extremen Temperaturverhältnissen, so finden wir als
Mittel aus einer 10jährigen Beobachtungsreihe die Amplitude der
jährlichen Temperaturschwankungen doch 13° R. bei einer mittleren
Jahrestemperatur von 8°.

---

1) Dove. Zeitschr. f. Erdkunde, Bd. II. Heft 4.
II. Loyd. Notes of Meteorol. of Ireland. Ir. Trans. XXII.
A. Mühry, Klimatologie, 1862. Bd. I. S. 314.
Mahrbach's phys. Lex. Artikel: Witterung und Regen.

Kein Wunder also, dass wir die See'n von Killarney mit immergrüner, saftiger Pflanzendecke geschmückt finden.

Mitten in den grünen Bäumen von Ross Island überraschen den Wanderer die Anzeichen eines früheren Bergbaues. Es sind die Trümmer eines alten Maschinenhauses und einer Fördermaschine: der Rumpf eines rostzerfressenen Kessels, den schon das Epheu z. Th. umhüllt, ein zerbrochener Rauchfang und ein schwerer, massiver Balancier, wie ihn die Dampfmaschinen zu Anfang unseres Jahrhunderts führten. Einige deutliche und tiefe Pingen bezeichnen die Stelle, wo im Anfange des Jahrhunderts noch ein Kupferbergbau blühte. Nur auf den alten Halden, welche am nördlichen Ufer der Insel liegen, gelang es uns, die Spuren der einst hier gewonnenen Erze zu finden. Kupferkies, Bleiglanz, Fahlerz, Blende fanden wir mit Kalkspath und Quarz in Stücken des Kohlenkalkes eingeschlossen. Schon die Lage der hintereinanderliegenden Pingen liess vermuthen, dass diese Stücke einem Gange entstammten, der in nordsüdlicher Richtung von Ross Island nach dem gegenüberliegenden Caw Island am Eingange der Castlelough Bay hinüberstreicht. Es ist das zweifellos derselbe Gang, der in seiner südlichen Fortsetzung auf der Muckross Halbinsel, dem Devil's Island gerade gegenüber, an der Küste des Muckross See's, im Bereiche der Besitzung des Lord Herbert of Muckross erschlossen wurde. Ein blühender Betrieb dieser Grube scheint aber nur im vorigen Jahrhundert, in den Jahren 1749—54 stattgefunden zu haben. Es wurde ausser Kupfererzen dort damals auch Kobalt in ziemlich beträchtlichen Mengen gefördert; denn der einzige Schacht soll einen Ertrag von 30,000 Pfd. ergeben haben. Er war dabei so frei von Wasserzuflüssen, dass eine blosse Wetterführung ihn trocken erhielt[1]). Die Grube auf Ross Island wurde erst im Jahre 1804 durch Kapitän Hall eröffnet und ergab damals gleichfalls einen recht guten Ertrag. Aber in merkwürdigem Gegensatze zu der doch ebenso mitten im See gelegenen Muckrossgrube zwangen hier die ungeheuren Mengen der eindringenden Wasser sehr bald zu einem Verlassen der Grube und verhinderten jedes Hinabgehen in grössere Teufe. Nicht ohne Interesse war die Entdeckung, dass hier wohl in sehr alten

---

[1]) Trans. geol. soc. I. Ser. Vol. 5. S. 595.

Zeiten schon ein Kupferbergbau betrieben worden war; denn man fand in den oberen Grubenbauten Steinhämmer und andere alte Geräthe vor. Damit ist vielleicht die Legende in Zusammenhang zu bringen, die den Namen des Lough Leane dadurch erklärt, dass an dessen Küsten einst ein berühmter Künstler seine Schmiede gehabt habe, der Lean mit den weissen Zähnen genannt wurde [1]).

Auch an andern Orten im Gebiete des Kohlenkalkes erscheinen hier verschiedene Erzvorkommen. In der Nähe von Cahernane Ho., südlich von Killarney, am Flusse Flesk waren im Jahre 1761 silberhaltige Bleiglanze gefunden und gewonnen worden. Nach Norden zu treten in der Gegend von Miltown schmale Bleiglanzgänge im Kohlenkalke auf. Besonders aber sind die Erzvorkommen in der Kohlenkalkzone östlich von Kenmare, und zwar hier vorzüglich zwei Erzgänge von Bedeutung und geben noch Veranlassung zu fortgesetztem Bergbaue.

Der Shanagarry Gang, nahe bei dem gleichnamigen Schlosse mit O.-N. östlichem Streichen vorübergehend, erscheint wie ein mächtiger dem Kohlenkalksteine eingeschalteter Lagergang, der in seinen oberen Teufen vorzüglich Blende und Pyrit führte, in grösseren Teufen bis zu 40 Faden aber einst eine reiche Gewinnung an silberhaltigem Bleiglanz gestattete. Ihm parallel verlaufen in der Nähe noch andere Gänge von gleicher Erzführung, aber geringerer Bedeutung.

Auf einem ächten Gange, mit W.-N.-W. Streichen durch die Kalksteine quer hindurchsetzend, baut die Ardtully Kupfergrube. Buntkupfererz, Kupferkies und Kupferglanz setzen die Erzführung zusammen, die nur innerhalb des Kohlenkalkes vorhanden ist; sowie die Gangkluft in der westlichen Fortsetzung in die gelben Sandsteinschichten des Old Red hinübertritt, wird sie erzarm [2]).

Im Allgemeinen erinnert das ganze Auftreten der Erzgänge dieses Gebietes an die in den Kohlenkalken mancher Gegenden des Continentes in dem Contaktgebiete gegen die devonischen Schichten hin vorhandenen, z. Th. so ausserordentlich erzreichen Gänge, z. B.,

---

1) Joyce I. 448.
2) Hull, Expl. geol. Surv. Sheet. 184, p. 32.

um nur eines zu nennen, an die zahlreichen Bleiglanz und Blende
führenden Gänge, die in der Umgegend von Aachen zu so blühendem
Bergbaue geführt haben. Denn das Auftreten der Bleierze z. B. in
dem Kohlenkalke des Gebietes von Eschweiler ist gleichfalls an die
den Kohlenkalk durchschneidenden Gänge gebunden; wo diese in das
unterliegende Obere Devon, oder in das aufliegende produktive Steinkohlengebirge hinein sich fortsetzen, sind sie z. Th. erzarm. Auch
westlich von Aachen bei Rabbotraed und Welkenraedt, sowie in dem
berühmten belgischen Bleiberge bei Montzen finden sich ganz die
gleichen Verhältnisse, jedoch treten hier auch reiche Zinkerze auf.
Das Ausbilden stockwerkförmiger Lagerstätten auf der Scheide
zwischen Kohlenkalk und Devon hat an einigen Stellen besonders
ergiebige Erzanhäufungen geschaffen, so das prächtige, aus derbem
Bleiglanze bestehende Contaktlager des letztgenannten Bleiberges.
Bei der verhältnissmässig geringen Ausdehnung, welche die bergbau-
lichen Betriebe in dem Distrikte des Kohlenkalkes des südwestlichen
Irlands gefunden, lässt diese grosse Uebereinstimmung in dem geognostischen Vorkommen die Hoffnung auf eine Wiederaufnahme und
weitere nutzbringende Verfolgung der z. Th. in nicht sehr grossen
Teufen aufgegebenen Gruben als eine wohlberechtigte erscheinen.

V.

DURCH GAP DUNLOE UND ÜBER DIE SEEN.

Zwei Excursionen pflegen in der Umgebung der Seen von
Killarney vorzüglich den Fremden empfohlen zu werden. Da sie
gleichzeitig auch eine treffliche Orientirung über die geognostischen
Verhältnisse zu versprechen schienen, so wichen wir von der einmal
vorgeschriebenen Bahn nicht ab und machten an dem einen Tage den
Weg durch das Thal von Dunloe, um am zweiten Tage den Gipfel
des Mangerton Berges zu besteigen.

Vom Hôtel aus legt man den ersten Theil des erstgenannten Ausfluges am Besten zu Wagen zurück und bedient sich dazu einer der auch
hier, wie in Dublin gebräuchlichen Cars. Die Strasse durchschneidet
das Städtchen Killarney, das überhaupt nur aus zwei sich kreuzenden
Strassen besteht. Die Vorderseite der Häuser, weiss übertüncht,
zeigt meist ein ziemlich freundliches Gesicht; aber ein Blick hinter
die Coulissen zeigt uns auch hier irisches Elend und irischen Schmutz.
Hier wohnen die durchlauchtigen Nachkommen altirischer Königs-
und Fürstenfamilien; denn jeder Paddy, und besonders hier in dem
sagenreichsten Winkel des Landes, liebt es, einen stolzen, alten Stammbaum zu besitzen, der bis zu den Tagen der Milesischen Invasion
hinaufreicht. Die Wohnhäuser der alten Fürstenkinder sind jetzt in
anderm Sinne recht durchlauchtig; denn Wind und Wetter haben zu
ihnen freien Zutritt. Da begreift man, dass hier der Winter kein
strenges Regiment führt; denn in diesen zerfallenen Hütten mit fenster-

losen Oeffnungen würde es sonst wohl auch der Aermste nicht auszuhalten vermögen. Einige zierlich gebaute Workmen cottages liegen
am Ausgange des Ortes. Sie erbaute Lord Castlerosse, um durch
eine menschenwürdige Wohnung den irischen Arbeiter an die heimath-
liche Scholle zu fesseln und ihn von der Auswanderung abzuhalten.
Der Versuch soll von Erfolg gekrönt worden sein; leider war er von
zu eng begrenzter Ausdehnung, um eine fühlbare Wirkung auszu-
üben. Darüber kann man sich in der That nicht mehr wundern,
wenn man die elenden Hütten der Bewohner sieht, dass die Leute
gerne aus denselben fortziehen. Denn die Aussicht auf ein eigen
Dach, ein wohnliches Heim ist den meisten verschlossen. Und nun
sind sie so nahe der Küste, die nach dem gepriesenen Lande hinüber-
schaut, wo es einem Menschen, der von der Heimath nichts erhoffen
kann, so viel zu erhoffen gibt. Wenn auch von Seiten einzelner
grossen Besitzer hier für die Verbesserung des Lebens der arbeiten-
den Klasse und der kleinen Pächter in der That mit nicht geringen
Opfern lobenswerthe Anstrengungen gemacht werden, so ist das doch
verschwindend gegen das übrigbleibende Elend. Das aber tritt gerade
hier, wo der dem Fremdenbesuche dienende und ihm entstammte
Luxus in grellem Gegensatze zu der tiefen Armuth und geistigen
Stumpfheit der Bewohner erscheint, weit mehr hervor, und mehr wie
an irgend einem andern Orte Irland's musste ich hier an die Worte
Freiligrath's denken: „O, irisch Land ist Herrenland!" Und man
fühlt auch heute noch, wo die schlimmsten Tage, die das Land gesehen, doch hinter ihm zurückliegen, wie derselbe Dichter wohl richtig
den bitteren Schmerz des grünen Erin geschildert hat, wenn er in jener
ergreifenden Dichtung schliesst:

> „Erin, da liegt sie auf den Knien
> Bleich und entstellt, mit wehn'dem Haare
> Und streut des Shamrock's welkend Grün
> Zitternd auf ihrer Kinder Bahre.
> Sie kniet am See, sie kniet am Strome,
> Sie kniet auf ihrer Berge Kronen,
> Mehr noch als Harold Byron's Rom
> Die Niobe der Nationen."

Schon an einer anderen Stelle habe ich über die Grundursache des Elendes der irischen Bauern gesprochen[1]). Die nun einmal fest und beständig gewordene Besitzvertheilung in Irland trägt hieran den grösseren Theil der Schuld. Auch das geringe Mass von Freiheit, welches die irischen Pächter gegenüber ihren Lords heutzutage haben, ist doch eigentlich illusorisch. Denn die Kleinheit der Pachtungen bei dem Mangel cultivirten Landes zwingt einen Pächter gerade hier mehr oder weniger zum Arbeiter herunter und fesselt ihn an die Oertlichkeit. Gerade die Grafschaft Kerry ist wegen ihrer gebirgigen Beschaffenheit die uncultivirteste von allen.

Freilich, wenn man liest, wie Kohl die ganz entsetzlichen Zustände der Pachtverhältnisse schildert, wie sie noch in den vierziger Jahren herrschten, so ist eine wesentliche Verbesserung nicht zu verkennen. Die Dauer der Pachtungen ist eine grössere, und die Sicherung der Verträge gegen die Willkür der Herrn eine gesetzliche geworden. Aber zwei Punkte sind noch zu wenig überwunden: Die kleinen Pachtungen und der Mangel an kleinen Grundeigenthümern. Der innerliche Unwille der unteren Bevölkerung gegen die besitzenden Engländer ist darum nicht geschwunden. Die mangelhaften Rechtstitel, aus denen hier die Lord's ihre Güter besitzen, nicht ein unvordenklicher Besitz, ein durch Kauf erworbenes Recht, sondern meist eine willkürliche Schenkung, deren Datum noch in der Erinnerung der irischen Bevölkerung nicht erloschen ist, bieten den immer fortdauernden Aeusserungen tiefer Unzufriedenheit und Verstimmung gegen England eine schwer zu beseitigende Handhabe. Das tritt überall noch heute dort hervor, wo die irische Bevölkerung in grösseren Centren vereinigt ist. In einer mir gerade in Killarney in die Hand fallenden Zeitung war ein Referat über eine zu Limerik abgehaltene Volksversammlung gegeben, in der irische Freiheit und irisches Recht verhandelt wurde. Den Ausdruck der Gesinnung, wie sie dort noch herrscht, erkennt man am Besten in den Versen eines Liedes, welches die Versammlung begeistert anstimmte und dessen Refrain immer lautete:

---

[1] Vergl. S. 10.

I say to you, Bull, this is my land,
Nature's favourite spot
And I'd sooner be shot
Than surrender the rights of my Island[1]).

Die katholische Cathedrale von Killarney, an der unser Weg
gleichfalls vorbeiführt, ist in dem uniformen, gothischen Style englischer Kirchen erbaut worden. In keinem Lande Europa's glaube ich
so viele Geistliche gesehen zu haben, als hier im südlichen Irland, katholische und anglikanische, vielleicht nur Belgien ausgenommen.
Meist behäbig und selbstbewusst aussehende Reverends, etwas weniger wohlhabend aber auch bedeutend weniger geistreich aussehende
katholische Kapläne sah man an allen Stationen und auch hier in
Killarney zu mehreren. Auch darin liegt eine offene Wunde, an der
Irland leidet und die einer gründlichen Heilung bedarf. Die katholische Bevölkerung ist in fast ganz Irland, wenige Gegenden im Nordosten ausgenommen, so die herrschende, dass in den meisten Orten,
besonders im Süden und Westen nur vereinzelte englische Protestanten unter der Bevölkerung vorhanden sind. Aber wäre es auch nur
einer, so würde er doch seine Kirche und seinen Seelsorger besitzen.
Denn in allen Orten ist ein Reverend vorhanden. Wenn auch das
Einkommen derselben, besonders der höheren Geistlichen, gegen früher,
wo es zum Theil geradezu unerhört hoch gewesen, von Seiten der
englischen Regierung arg gekürzt worden ist, so bleibt doch ein Miss-
verhältniss bestehen, das wie ein Alp auf dem Lande drücken muss.
Die etwa 4½ Millionen betragende katholische Bevölkerung erhält
für ihre Cultuszwecke vom Staate nur etwa 30,000 Pfund, die ihre
Verwendung für das Maynooth College finden; alles andere müssen
die Gemeinden durch eigene Leistungen aufbringen. Dagegen besitzen
die 700,000 Anglikaner alles frühere Kirchengut und allen Zehnten.
Die gesammten Einkünfte, welche denselben zu Gebote stehen,
belaufen sich auf fast 1 Million Pfund. Allein ihre Prälaten beziehen

1) Denn ich sage Dir, Bull, dieses Land,
    Der Natur beste Gabe, ist mein,
    Und eher will ich erschossen sein,
    Als vergeben mein Recht und mein Eiland!

71,000 Pfund. Dabei sind in 198 Pfarreien gar keine anglikanischen Pfarrkinder vorhanden und das Gefühl vollkommner Ueberflüssigkeit, unterstützt von der ausgiebigen Pfründe, womit dieselbe ausgestattet ist, mag so manchen Reverend aus Irland nach dem Continente oder anderswohin auf Reisen locken. Der Absentismus der Pfründeninhaber ist ein ganz massenhafter. Auch die Presbyterianer im Norden Irlands, die fast eine halbe Million Seelen zählen, sind, wenn auch im Verhältnisse zu der katholischen Bevölkerung sehr günstig, so doch erheblich geringer bedacht, wie die Anglikaner. Sie erhalten 30,000 Pfund Staatszuschüsse, besitzen aber selbst, als der wohlhabendeste Theil der Bevölkerung Irland's, ausreichende Mittel. So drückt denn auf der grossen Bevölkerung des Landes eine ungeheure Last an Beiträgen zu kirchlichen Zwecken, die ihr selbst nicht dienlich sind. Angesichts der Stellung, die die Kirche zu den Staaten seit dem Syllabus und der Unfehlbarkeitserklärung wieder einnehmen zu wollen scheint, möchte es vom Standpunkte der Politik England's aus nicht gerathen erscheinen, der katholischen Kirche in Irland grössere Mittel in die Hand zu geben, deren Verwendung gewiss zum Theile gegen die Regierung selbst sich richten würde. Aber andererseits muss es als eine Forderung der Gerechtigkeit bezeichnet werden, die überflüssigen und übermässig dotirten absentirenden Geistlichen der anglikanischen Kirche so weit als möglich zu beseitigen. Denn die Millionen, deren Zinsen sie jährlich verzehren, würden wohl geeignet sein, in passender Weise verwendet, Irland's Ackerbau und Bodenverhältnisse in einem Grade zu verbessern, der mehr als geistliche Einwirkung geeignet sein dürfte, die Herzen der Bauern mit der englischen Regierung auszusöhnen. Aber so wenig die starre Tyrannei des englischen Clerus in einem der drei Königreiche den Besuch der Museen und ein heiteres Vergnügen am Sonntage freigibt, so wenig wird er es zugeben, dass ihm eine so fette und so bequem zu verdienende Pfründe entzogen werde. Ich konnte mich, seit ich dieses alles kennen lernte, eines gewissen unwilligen Gefühles nicht erwehren, wenn ich an der Tafel der Hôtels zu Dublin und anderswo Reverends mit ihren Damen selbstgefällig und selbstbewusst, zum Theil bis zur Unverschämtheit, erscheinen sah, intolerant bis zu dem doch für uns in Deutschland glücklicherweise unbekannten oder wenigstens nicht geduldeten Masse, ihre Tischgebete einer den verschiedensten Confessionen angehörigen Gesellschaft aufzuzwingen. Mir schwebten dann die elenden Gestalten irischer Bettler vor, deren Jammer zum Theil an den Sovereigns klebt, die jene verausgaben. Solche Gedanken, wie sie uns bei der Durchfahrt durch Killarney aufstiegen, sind wenig geeignet, den Frohsinn zu einem Ausfluge in Gottes unverfälschte Natur zu erwecken. Ich bitte um Entschuldigung dafür, aber unterdrücken lassen sich dieselben nun einmal nicht.

Unser Car bog aus den letzten Häusern des Ortes aus und zur Rechten erblickten wir die Ruinen von Aghadoe Castle, dem alten Felde der beiden Eibenbäume[1]), die einst hier ein Kirchlein beschatteten, dessen alter Rundthurm zu uns herübergrüsst. Nun befinden wir uns auf der grossen Valencia Road, an der die Pfähle mit den dicken, zum Anschluss an die Ausgangsstation des transatlantischen Cabels bestimmten Drähten stehen. In einiger Entfernung vom See geht hier die Strasse, einige schöne Besitzungen englischer Lords zur Rechten und Linken lassend, in weitem Bogen um das Nordende desselben herum. Links liegt auch die Villa von Sir James O'Connell, dem Bruder des berühmten Agitators. Aus den Bemerkungen unseres Führers lasen wir die hohe Verehrung, die dieser Familie vom Volke noch heute entgegengebracht wird. „Er war gut für die armen Irländer", sagte unser Führer. Die einstige Residenz des grossen Daniel O'Connell liegt bekanntlich auch in der Grafschaft Kerry. Es ist die Derrinane Abbey, auf der äussersten Spitze der nördlichen Küste der Bay von Kenmare gelegen, fast dicht am Ufer des atlantischen Meeres. Geboren war er in dem Städtchen Cahirsirveen, etwas nördlicher, gerade der Kabelinsel Valencia gegenüber. Die Familie der O'Connells ist eine sehr alte, verbreitete und rings in der Grafschaft Kerry gibt es Träger dieses Namens.

Von hier aus öffnet sich der volle Blick auf die prächtigen Formen der vorliegenden Gebirgskette in ihrer ganzen Ausdehnung. Die höchsten Spitzen der ganzen Berggruppe führen den Namen der Macgillicuddy Reeks: d. h. Recken des Macgillicuddy. Dieser war einst ein Fürst jener Berge, ein Sprössling der alten, weitverbreiteten Familie der O'Sullivan

---

1) Achad-do-eó = field of the two yew trees, Joyce 252.

und der Name bedeutet nach G. H. Kohl: Liebling meines Herzens. Die Gruppe der Macgillicuddy's ist kein in sich abgeschlossenes, bestimmt begrenztes Gebirge. Mit den Bergen um die See'n selbst, mit der Gruppe des Mangerton, des Stoompa und auch der nach Osten sich anschliessenden Derrynasaggart Mts. hängen sie orographisch und geognostisch durchaus zusammen. Man könnte daher diesen Namen für die ganze Bergkette anwenden, aber im wirklichen Gebrauche der Landeseinwohner wird darunter nur ein kleiner, aber die höchsten Spitzen umfassender Theil des Gebirges verstanden, wie ihn die Abbildung S. 21 im Hintergrunde zeigt. Er ist östlich begrenzt durch das Thal von Dunloe, südlich vom Cummenduff Glen, welches der Geerhameen River durchfliesst, der in den oberen See mündet, westlich vom Thale des Caragh und nördlich von der Ebene des Kohlenkalkes, durch welche der River Laune, der Abfluss des unteren See's von Killarney, westwärts dem Meere zuströmt. Die höchste Spitze dieser Gruppe und gleichzeitig der höchste Berg von Irland ist der Carrantuohill 3414' hoch [1]). Die scharfe, abgerissene Form des Gipfels hat ihm den Namen gegeben. Denn Carrantuathail heisst eine umgekehrte Säge. Und in der That zeigt der Umriss, sowie man ihn vom Thale aus sieht, nach der einen Seite einen ausgebogenen Rücken, während die andere Seite überstürzt, und auf dem Rücken bilden die einzelnen Felsenmassen ein Profil, wie das einer Säge. Aber die Zähne liegen eben an der verkehrten Seite. So hat der Volksmund dem Berge den richtigen Namen gegeben.

Von der Ebene des Laune aus gesehen, fallen vor allem drei äusserst scharf und schroff aufsteigende Bergspitzen in die Augen, deren mittlere der Carantuohill selbst ist, ihm zur Rechten liegt der Beenkeragh (3314') und vor diesem der regelmässige Kegel des Knock brinnea, zur Linken der Cummeenmore Mt. (3141'); der eigentlich dritthöchste Kegel, der Caher Mt. (3200') ist hier durch den Carantuohill verdeckt. Die ganze Gruppe ist nur aus den aufgerichteten, meist in fast senkrechter Stellung aufragenden Schichten des Old red gebildet und selbst aus der Entfernung erkennt man an

1) Der höchste Berg Englands, der Snowdon hat 3571', dagegen der Ben Nevis in Schottland 4400'; die höchsten Berge der Kette der Grampian Mts. sind der Ben Lawers 3984' im östlichen, der Ben Stobbinain 3821', im westlichen Theile derselben.

der Form die Schichtenköpfe. Es sind die steilen, nach Süden einfallenden Sandsteinbänke, deren Ausgehendes das schmale Gipfelplateau bildet, welche den Eindruck machen, als ob die Spitze wirklich überhänge.

Die Macgillicuddy Reeks vom Drishana Mt., westlich Gap of Dunloe aus (nach Du Noyer).

Carantuohill.

Von dem Passe von Dunloe aus, hier mit dem Drishana Mt. beginnend, hängen nach Westen zu alle Gipfel durch einen allmälig ansteigenden Grat zusammen, der sich ohne Unterbrechung, aber bald etwas nach Süden, bald nach Norden ausbiegend, bis zum Carantuohill hinzieht. Hier theilt er sich in zwei Arme, der nördliche geht über den Benkaragh, den Skregmore (2790') und Knockbrack (1394') und steigt in die Ebene von Killorglin hinab. Der andere Arm südwestlich über den Mt. Caher verlaufend, endigt schnell mit gewaltigem Steilabsturze in das Thal von Glencar. Die Gehänge dieses ganzen Rückens fallen meist nach Süden zu bedeutend steiler. Tief eingeschnittene, nach beiden Seiten normal zu dem centralen Gebirgsstrange gestellte Thäler gliedern ihn. Diese gehen oft mit fast senkrechten Abstürzen über 1000' nieder, sind meist nur kurz, in ihren oberen Theilen kesselförmig und hier fast immer Träger kleiner Seen, deren so eine ganze Reihe in bedeutender Höhe über dem Meere um diese Felsenspitzen sich schaart. So geht unmittelbar der nördliche Abhang des Carantuohill in einem einzigen Absturze bis zu dem Lough Gouragh nieder, von seiner Gipfelhöhe bis zu der Höhe

von 1126', dem Niveau des See's. (Siehe Abbildung.) Der höchstgelegene
dieser Seen ist der Lough Cumeenapeasta (2156'), in dessen runden Kessel
man von der Höhe des Mangertonberges gerade hineinzusehen vermag.
Von hier aus überblickt man auch die 3 Seen des oberen Cummeen-
duff Thales und die ganze Schaar grösserer und kleinerer Wasserbecken dieser Art.

Zwei dieser quer zur Gebirgsaxe stehenden Seitenthäler sind
besonders ausgedehnt. Es ist das nach Norden gerichtete, das aus
dem Lough Gouragh seinen Ausgang nimmt und später zu dem
Gaddagh Thale sich erweitert und einen gewaltigen Einschnitt in das
nördliche Gehänge der Reeks bildet, und das nach Süden gewendete
Curraghmore glen, aus dessen See der Cummenduff River entspringt.
Beide Thäler gehen in ihren oberen Theilen so nahe an den eigentlichen Kern der Gebirgskette heran, dass nur eine verhältnissmässig
geringe Vermehrung der Erosionswirkungen auch hier einen natürlichen Pass über die Kette zu Wege gebracht haben würde, ähnlich
dem Gap of Dunloe, den wir heute besuchen wollen.

Eine Besteigung des Gipfels des Carantuohill gestattete leider
die Zeit nicht; eine Aussicht der überraschendsten Art soll dieses
Unternehmen lohnen. Das wurde schon aus der Aussicht auf dem
Mangerton begreiflich. Das Gipfelplateau des Carantuohill hat nur
etwa 30' Durchmesser und die Rundsicht umfasst nach der Schilderung unseres Führers, ausser dem ganzen Meere felsiger Wogen in
der Nähe, das ganze südwestliche Irland. Nordwärts reicht der Blick
bis an die Seen des Shannon und bis an die Bay von Galway, westlich und südlich über die ganzen Berge von Kerry weg bis zu dem
dicht am atlantischen Meere, als eine weithin den Schiffern sichtbare
Warte, aufragenden Mt. Brandon und darüber hinaus auf die ganze
in mannigfachen Schnörkeln sich hinziehende Küste; östlich schweift
das Auge über die zahllosen Gipfel und Bergformen der Grafschaften
Kerry und Cork bis zu den fernen Höhen von Waterford. „Aus tausend Augen", sagt recht treffend und schön eine englische Schilderung, „schaut uns das felsige Antlitz an; denn jede Schlucht hat ihren
blauen See, an jeder Felsenbiegung lugen sie im Sonnenglanze hervor, oder liegen, wie von träumerischen Wimpern überschattet, tief
im Dunkel überhängender Felswände."

Bei Beaufort House biegt die Strasse nach links von der grossen
Valencia Road ab: man überschreitet den in einem tiefen Geröllbette
dahin fliessenden River Laune, vorbei an dem alten Schlosse von
Dunloe, auch einst eine Veste der O'Sullivans, und ist dann schnell am
Ufer des Loe Baches angelangt, dem wir nun immer aufwärts folgen.
Die Strasse liegt zum Theil in einem alten Bette des Baches
und hier erkennt man, welches Material den Boden dieser Thalebene
bildet. Der Kohlenkalk geht hier nirgendwo zu Tage, sondern ist
von einer ausserordentlich mächtigen Schicht von Anhäufungen und
Ablagerungen des alten Seebeckens überdeckt, das sich früher einmal ohne Zweifel westwärts bis zur Dingle Bay erstreckte. So sehen
wir in dem See von Killarney nur den oberen Rest einer alten, fjordenähnlichen Bucht, wie sie besonders die südwestliche Küste dieser
Grafschaft auszeichnen. Diese Absätze sind gleichaltrig und identisch
mit den Anhäufungen des Limestone gravel, die wir schon auf der
Fahrt von Dublin gesehen. Hier sind dieselben reichlich untermengt
mit Blöcken und Geschieben, die direkt von den Gehängen der nächsten Berge niedergeführt wurden. Gleichzeitig mischen sich in diese
groben Conglomerate auch die scharfkantigen, riesigen Blöcke, die
die alte Gletscherbewegung aus den Thälern herunterbrachte. Diese Ablagerung steigt auch hier oft an den Bergflanken bis zu 600' empor
und findet ihre nördliche Grenze auf das bestimmteste in den aufragenden Höhen der produktiven Kohlenschichten, die den nördlichen
Hang des Thales um Killorglin bilden. Eine der letzten Stadien der
Erhebung der centralen Ebene Irland's über den Ocean sah jedenfalls
noch den ganzen Theil der Grafschaften Kerry und Cork, der südlich
der Flüsse Laune und Blackriver, also südlich der Kohlenkalkzone
liegt, die deren Lauf umsäumt, als eine Insel. Erst in der allerjüng-
sten geologischen Vergangenheit zog sich das Meer aus diesem
schmalen Arme mehr und mehr zurück und tiefer und tiefer grub sich
gleichzeitig der Abflusscanal des übrigbleibenden Seebeckens, der
River Laune, in die angehäuften Meeresablagerungen ein, diese zum
Theil mit sich fortführend. Denn zweifellos bedeckten dieselben einst
auch die ganzen Kohlenkalksteinbänke, die wir jetzt im unteren See
und zum Theil an dessen Ufern vollkommen unbedeckt von diesem
Conglomerate aufragen sehen. Die nivellirende Einwirkung des tiefen

Meeres hatte ihre Ablagerung gestattet, die erodirende Wirkung einer seichten, aber abwärts strömenden Bucht, dieselben wieder fortgeführt. Unmittelbar vor dem Eingange in das Thal von Dunloe sind über diesen Meeresanhäufungen noch andere jüngere Ablagerungen vorhanden, deren äussere Formen ihren Ursprung sofort erkennen lassen. Drei halbkreisförmige Wälle umgeben wie eine alte Befestigung den Ausgang des Thales; der Einschnitt der Strasse führt durch jeden derselben hindurch. Der äusserste dieser Halbkreise hat fast eine englische Meile Länge und eine Breite von etwa 100 yards, während der innerste nur eine Länge von 650 yards, aber eine Breite von 150 yards besitzt. Die Einschnitte, die der River Loe und unser Weg durchschreitet, haben ca. 50' hohe Böschungen. Da erkennt man, dass diese Wälle aus einem regellosen Gewirre grosser und kleiner, meist scharfkantiger Blöcke bestehen, darunter auch abgerundete und mit Furchen versehene Geschiebe. Kurz die ganze Beschaffenheit und Zusammensetzung der Wälle charakterisirt dieselben als die alten Stirnmoränen eines Gletschers, der seine Eismassen zwischen den Wänden des Gap of Dunloe abwärts bewegte und nun in seinem endlichen Zurückweichen diese drei concentrischen, ineinander stehenden Moränen zurückliess, die er durch kein späteres Vorrücken mehr erreichen konnte. Die ferneren Anzeichen der Eisthätigkeit lassen sich das Thal aufwärts bis zu der Höhe von 800' verfolgen. Hier begegnen wir noch mehreren, jetzt als Thalriegel quer vorliegenden Moränen, hier finden wir angeschliffene und gefurchte Felsen und die abgerundeten roches moutonnées. Ein ausgezeichneter Block dieser Art liegt nicht weit von der Hütte der Kate Kearney, er zeigt die abgerundete Stirnseite mit den dem Thale parallel gerichteten Furchen, eine scharf abfallende, verwitterte Rückseite.

Unser eifriger Führer hätte uns gerne von unsern geognostischen Betrachtungen, die ihm unter den Besuchern Killarney's wohl nicht häufig vorgekommen sein mochten, nach einem Punkte von archäologischem Interesse geführt. Aber da derselbe zwei Meilen seitwärts unserer Strasse sich befand, so liessen wir die Cave of Dunloe und ihre alte Ogham Inschrift, gemeisselt von den Druiden in vorchristlichen Zeiten, ungesehen.

Bald überschritten wir nun die Grenze zwischen dem Kohlenkalke und dem oberen Old red, der uns hier mit stark überkippter

Stellung, scheinbar also über dem Kohlenkalke liegend, entgegentritt. Das war eines der ersten Zeichen, das uns in der Ansicht bestärkte, die wir, eigentlich als eine vorgefasste mitgebracht, hier vollkommen bestätigt fanden, dass auch der Gebirgsbau Irland's auf tangentiale Bewegungen und Pressungen der Erdrinde zurückzuführen sei. Wir fanden später noch Gelegenheit näher darauf einzugehen. Gelbe oder gelbbraune, quarzreiche Sandsteine mit schiefrig sandigen Zwischenlagen, in denen Pflanzenabdrücke nicht gerade selten sein sollen, bilden hier den oberen Old Red.

Kate Kearney's Cottage, so recht am eigentlichen Thore der Felsenschlucht gelegen, wo dieselbe in die steilen Wände des Old Red eintritt, ist eine jener Sehenswürdigkeiten, die immer gezeigt, erklärt, betrachtet werden und an denen doch fürwahr auch nicht das geringste zu sehen ist. Selbst die poetischen Erinnerungen an die schöne Maid, die die Dichter zu Gesängen begeisterte und die einst hier lebte: „Who dwelt by the lakes of Killarney", konnte uns den unangenehmen Eindruck nicht abschwächen, den die Hütte, nur ein rauchiger Steinhaufen mit Ginsterdach, und ein altes, unglaublich schmutziges Weib, umgeben von einer Schaar baarfüssiger, zerlumpter Kinder, alle von der Farbe des Torfes, aber Nachkommen der berühmten Schönheit, auf uns machten. Auch den Bergthau (dew of the mountains), so nennt man den Whiskey mit seinem charakteristischen Torfgeschmack und Ziegenmilch, die in seltsamer Mischung angeboten wurden, verschmähten wir. Nur dadurch erwarben wir uns die Zufriedenheit unseres Führers zurück, dass wir wenigstens einige kleine, aus dem Holze des Erdbeerbaumes geschnitzte Gegenstände kauften.

Wenngleich die Höhe des Passüberganges nur 600' über dem Meere liegt, so hat doch dieses Thal durchaus den Charakter mancher alpinen Hochgebirgsthäler, nur in einem viel kleineren Massstabe. Mich erinnerte es lebhaft an das Oetzthal. Wie dort, so auch hier diese Reihe hinter einander liegender Querterrassen, über welche der River Loe jedesmal in kleinen Cascaden niederstürzt und vor denen er jedesmal zu einem kleinen See aufgestaut ist. Diese Seen bedeckten früher die ganze Thalsohle hinter einem solchen Walle; aber der sich tiefer einnagende Abfluss hat dieselben schon um ein bedeutendes verkleinert. Torfige, sumpfige Wiesenflächen fassen die mit braunem Wasser gefüllten Becken ein. Ueberall wo das Wasser des Baches über die Felsen geht, überzieht es diese mit einer dünnen, vollkommen schwarzen Moordecke. Der Kontrast dieses schwarzen Bachbettes und der dunkelrothen, durchaus unbewachsenen, mit wildem Durcheinander losgelöster Trümmer bedeckten Felswände, rechts und links nur wüste Steinhalden bildend, geben dem Gap of Dunloe einen seltenen Eindruck düsterer Melancholie. Ganz im Einklange hiermit war die Staffage: die Gruppen zerlumpter irischer Bettler und die greise Gestalt eines blinden Harfenspielers, der an einem der Seen, fast verborgen zwischen Felsenblöcken, hockte und mit klagender Stimme ein alt irisch Lied sang und das Echo der gegenüberliegenden Felsenklippen herausforderte. Sein wehmüthig Lied, das wie eine Völkerklage zitterte, begleitete er auf dem irischen Nationalinstrumente, der Harfe. Es war nicht die goldene, mit silbernen Saiten bespannte Harfe, die seine fürstlichen Vorfahren im azurblauen Wappenschilde geführt, nein, ein morscher Holzkasten, zerrissene Saiten und ein torfiger Hintergrund: ein Bild Irland's, wie es ist, und eine Erinnerung an früheren Glanz und Herrlichkeit. Denn die Zeiten, wo O'Halloran's Worte noch Geltung hatten, dass in jedem Hause eine oder zwei Harfen dem Fremden zur Benutzung frei aufgehängt waren, deren Spiel ihnen die Herzen der gastlichen Bewohner gewann, sind längst dahin. Nur zu wahr singt der Dichter:

> „The harp that once through Tara's hall
> The soul of music shed,
> Now hangs as mute on Tara's wall
> As if that soul were fled. —
> The chord, alone, that breaks at night
> Its tale of ruin tells [1]).

[1) Thom. Moore: Irish melodies.
> „Die Harfe, die durch Tara's Halle,
> Einst ausgesandt den süssen Ton,
> Hängt heute stumm an Tara's Walle,
> Der Musik Seele scheint entfloh'n.
> Zerrissne Saiten nur erzählen
> Von Trümmern Nachts ihr Lied!"

Gleich an der Westseite des Einganges in die Passschlucht, über dem Black Lough, tritt uns eine Schichtenreihe des alten rothen Sandsteines entgegen, die unmittelbar den gelben Schichten des oberen Old Red aufgelagert scheint, auch hier noch in übergekippter Stellung befindlich. Es sind braunrothe Sandsteine und Schiefer von einer ziemlich vollkommenen Spaltbarkeit mit lettigen Zwischenlagen. Dazwischen erscheinen Bänke grober, gleichfalls rother Conglomerate, Quarz-, Sandstein- und Hornsteinbrocken umschliessend. Am südlichen Ende des Black Lough treten grüne und grüngraue grauwackenähnliche Conglomerate auf, unmittelbar neben den rothen Schichten vom unteren Theile des See's. Diese grünen Schichten gehören einem tieferen Niveau der Formation an und sind durch eine Verwerfungskluft, die man quer über das Thal verfolgen kann, neben die jüngeren rothen Schichten geschoben. Alles was nun weiter südlich im Passe folgt, sind diese älteren Gesteine. Vorzüglich schieben sich in die grünen Conglomerate auch grüne Schiefer ein, zum Theil reich an Eisenglanz und Chlorit, der sich zu parallelen Membranen aggregirt, in Hohlräumen wohlgebildete, klare Krystalle von Bergkrystall und kleine Albitkryställchen führend. Diese Gesteine erinnern in ihrer petrographischen Beschaffenheit so lebhaft an die, welche in der Umgebung von Viel Salm und Salm Chateau in den belgischen Ardennen auftreten, wo ebenfalls Quarzconglomerate und Breccien dieselben begleiten, dass der Gedanke an eine Parallelisirung dieser Schichten sehr natürlich ist. Auch einige Bänke grobkörniger und feldspathreicher Sandsteine schieben sich hier ein, die für nichts anderes gelten können, als für alte Arkosen, wie es auch viele der körnigen Grauwacken des rheinischen Unterdevon's sind. Ueberhaupt bietet die Schichtenfolge des Dunloepasses nach ihrer petrografischen Beschaffenheit nur mit den Schichten des unteren Devons der rheinischen Gebiete und besonders der Eifel eine gewisse Analogie: der upper old red und ein Theil der oberen rothen Schichten des Old Red selbst entsprechen den rothen Schichten von Vicht und der Grauwacke von Waxweiler (E. Kayser), während die grünen Schiefer und Conglomerate den untersten Coblenzer Schiefern und Grauwacken aequivalent sein dürften.

Die Verwitterungsformen, wie sie an den steilen Abhängen
der Tomies Rock und des Purple Mt. zur Linken und rechts an den
Krocknatulla Klippen besonders hervortreten, mauerähnliche Terrassen
mit wahren Griffel- und Schiefertafelhalden wechselnd, erinnern theilweise an die Formen der jüngeren bunten Sandsteine, dann aber auch
an solche Bildungen, wie sie im Devon z. B. an den malerischen
Felsen des Ahrthales bekannt sind. Gerade an dieses wurde man lebhaft erinnert, als der Führer auf einen Felsen aufmerksam machte,
der die Gestalt eines Kuhkopfes hatte. Wer erinnert sich nicht gerne
an die bald oberhalb des weinreichen Walporzheim gelegenen Felsen
der sogenannten bunten Kuh?

Wenn man sich glücklich durch die an jeder Thalbiegung
auf's neue eindringenden Spenderinnen des Bergthaues und aufge-
pflanzten Echoerzeuger (sei es durch Ruf, Horn oder Schuss) hin-
durchgearbeitet und nach kurzem, steilerem Anstiege die Passhöhe
erreicht hat, so hat man jenseits vor sich plötzlich einen prächtigen
Blick zur Belohnung. Dort liegt in der Tiefe der obere See von
Killarney, in dem sich die beiden Bäche, der Geerhameen und der
Owenreagh vereinigen. Ihre Thäler sind getrennt durch den gegenüberliegenden Gipfel des Derrygarriff[1]) Mt. (1617'). Weiter links
schliesst der Peakeen Mt. und die Mangertongruppe das Bild ab.
Besonders ist der Einblick in das obere Thal des Geerhameen, das
hier mit Recht den Namen Cumenduff d. h. schwarzes Thal führt,
durch die Grossartigkeit der über demselben aufragenden Felswände
ein überraschender. Der braune Ton des Thalbodens, vom moorigen
Untergrunde herrührend, die schwarzbraune Farbe der Felsen, die
überall, wo sie nicht allzu steil, mit dickem Torfe bekleidet sind, die
breiten Schatten dieser Felsen über das Thal hin mit dem darüber
hingleitenden Wolkenschatten, die gänzliche Abwesenheit irgend eines
Hauses, einer Hütte, eines lebenden Wesens in dem Thale, soweit
man hineinschaut, das alles gibt ihm einen noch düstereren Charakter,
als ihn das Thal von Dunloe besitzt. Eigenartiger, gewissermassen
ergreifender, gibt es kein Thal in Irland.

1) D. i. felsiger Eichenwald.

In raschem Abstiege, immer über die grünen Schieferblöcke, ist die Thalsohle erreicht und damit die Besitzung des Lord Brandon, die eine Mauer quer durch das Thal spannt. So verschliesst sich dem froh dahinschreitenden Wanderer plötzlich der Weg und nur durch eine enge Pforte ist es möglich, weiter zu kommen. Für den grossmüthigen freien Durchlass erhebt Lord Brandon von jedem Fremden einen Sixpence, ein Weggeld, das hinlänglich hoch erscheint, wenn man die vollständig vernachlässigten Anlagen des Parkes durchschreitet und die Ruinen einer armseeligen Cottage betrachtet, die sich uns für den gezahlten Sixpence öffnen. Da aber die ausgehändigte Durchlasskarte, einem Eisenbahncoupon gleichend, mit einer abgestempelten Nummer versehen, schon die Zahl 2628 (1876) führte, und die Saison sich doch ihrem Ende nahte, so konnten wir einen annähernden Ueberschlag machen, was dem edlen Lord diese dem Fremden auferlegte Steuer einbrachte. Für den Lord war diese Rechnung nicht gerade schmeichelhaft; denn wer möchte, wie er, für 75 Sovereyns den gastlichen Durchgang durch seine Besitzung verhandeln? Das einzige Interessante, das uns der Durchgang durch Lord Brandon's Cottage bot, waren die schönen Wedel des seltenen Farrenkrautes Osmunda regalis, der Rispenfarre, das hier an einem kleinen Bache in üppigen Gruppen wuchs.

Am Ufer des oberen See's wartet das vorausbestellte Boot mit zwei kräftigen Ruderern bemannt, das in schneller Fahrt durch die vielgewundenen, reich mit Inseln übersäten Wasserrinnen des See's und der Long Range, des Abflusses des oberen See's in den von Muckross, dahinführt. Hier sind die Inseln lauter aufragende Klippen von Old Red, alle ebenso dicht bewachsen wie die Inseln des unteren See's. Alle Wände der aufragenden Klippen zeigen eine dreifarbige Streifung: Ueber dem Wasserspiegel eine schwarze Zone, in ihrer oberen Grenze den höchsten Winterstand des See's markirend, darüber eine fast weisse, gebleichte Zone der Verwitterung und dann der torfige, mit Grün bedeckte Obergrund. Ihren Namen führen die Inseln nach den Bäumen; hier gibt es eine Arbutus-, eine Juniperus-, eine Oak-Insel. Die Long Range ist durchschnittlich nicht tiefer wie 8—10 Fuss, scharf in die Felsen eingeschnitten, die Wände vollkommen senkrecht. Hier muss mit der fortschreitenden Vertiefung durch die Erosion eine

tiefe Schlucht sich bilden, Cañon ähnlich und ähnlich den tiefen
Glens, von denen wir später eines in bis zu 200′ Tiefe fortgeführter
Vollendung in den Schichten des Old Red bei Glasgow kennen
lernten: Das Finish Glen [1]).

Ueber dem Gipfel des hoch aufragenden Eagles Nest schweben
noch jetzt die Adler, wie sie vor 35 Jahren auch J. G. Kohl schon
hier gesehen [2]). Durch die in der That prächtige und eigenartige
Scenerie dieses oft unentwirrbar scheinenden Systemes von Kanälen,
welche die Long Range bilden, unter der uralten, hochgewölbten
Old Weir Bridge hindurch, landet man auf der Dinish Island, auf
der eine kleine, aber pflanzenreiche Gartenanlage des Lord Herbert
of Muckross und ein kleines Cottage zu freundlicher Rast einladet.
Auf dieser Insel zeigt sich die üppige Vegetation, hier von sorglicher
Pflege unterstützt, ganz besonders. Hier waren auch seit Jahresfrist
einige Exemplare des jetzt an den Ufern der ligurischen Riviera und
an andern Punkten Italiens so viel cultivirten Eucalyptus globulus,
von Tasmanien zu uns gebracht, angepflanzt und schienen vortrefflich
zu gedeihen. Die eiförmigen, spitzen, langgestielten Blätter sind mit
fettigem Ueberzuge bedeckt und haben eine an die Olivenblätter erinnernde Farbe. An vierkantigen Zweigen bewegen sie sich espen-
laubartig, was bei der lederartigen Dicke der Blätter überrascht.
Die Rinde scheint sich nach Art der Platanen abzustossen und gibt
einen aromatischen Geruch, der von den ätherischen Oelen herrührt,
welche diese, sowie die Blätter, enthält. Noch ragten die Exemplare
nicht über die Kronen der umgebenden Bäume empor. Aber wenn
das feuchte Klima dieses Distriktes sie nach Art der oceanischen
Heimath befruchtet, so werden sie bald hervorragende Merkzeichen
der Umgebung werden; denn ein ungemein schnelles Wachsthum lässt
ja bekanntlich die Eucalyptusbäume Tasmaniens oft bis zu der schwin-
delnden Höhe von 145 Meter, d. i. die Höhe des Strassburger Münster-
thurmes, emporsteigen.

Gegenüber der Dinish Insel über den Muckross Lake und die
in ihm vereinsamt aufsteigende Devils Insel hinweg erblickt man jen-

1) Vergl. Cap. XIII.
2) Bd. I. S. 293.

seits die Parkanlagen der Abtei von Muckross. Der Muckross Lake ist von dem Lough Leane durch die schmale nach der Dinish Insel spitz zu laufende Landzunge getrennt, durch welche nur ein ganz enger Durchbruch, von der Brickeen Brücke überspannt, die Verbindung mit dem unteren See darstellt. Dessen Niveau liegt übrigens einige Fuss tiefer, so dass die Wasser des Muckross Lake mit einem starken Gefälle hindurchstürzen, welches auch den Nachen blitzschnell in die Glena Bay des Hauptsee's hineinreisst. Ueber den trennenden Wall zwischen den beiden Seen läuft auch die Scheide zwischen den Schichten des Old Red, hier wieder des oberen, und dem Kohlenkalke hin.

Prächtige Wald- und Wiesengründe, mit unglaublich üppigem und altem Baumschlage aus Eichen, Ahorn, Eschen, Kastanien, Erdbeerbäumen bestanden, breiten sich hier zwischen den Bergen und dem See aus, die vielgerühmten Jagdgründe der Glena und Tomie Woods. Freundliche Cottages im Schweizerstyle, so die zierliche Hütte der Lady Kenmare, lugen aus dem saftigen Grün hervor.

Das Wasser des See's kann recht hoch gehen, das hatten wir Gelegenheit zu fühlen; denn eine starke Brise blies den untern See aufwärts uns entgegen und zwang die Ruderer zu kräftiger Arbeit. Der Himmel war ganz wolkenbedeckt, es war fast dunkel in dem Theile des See's, der unter dem Schatten der Tomie Berge liegt; das schwarze Seewasser warf weiss aufschäumende Wellen. Das sind: „O'Donohues white horses" sagte der Ruderer. Ihrer gedenkt auch Moore in seinen Irish Melodies, wo er in dem Liede „O'Donohues Mistress" singt:

> „While, white as the sail some bark unfurls
> When newly launch'd thy long mane curls,
> Fair Steed, fair Steed as white and free [1])".

Unter den irischen Gedichten Moores befinden sich mehrere, die seine warme Begeisterung für die schönen Seen bekunden. Auch die Insel Innisfallen, (die Insel Faithlenn's, ein alter männlicher Name) an der wir vorübersegeln, hat seinen Sang erweckt:

[1)]   Wann, weiss wie das Segel, das die Barke löst,
Wenn zur Fahrt sie sich rüstet, die lange Mähne rollt,
Stolzes Ross, stolzes Ross so weiss und frei!

„Sweet Innisfallen, long shall dwell
In memory's dream that sunny smile,
Which o'er thee on that evening fell,
When first I saw thy fairy isle[1])!"

Das grüne, liebliche Eiland hatten schon die alten Sachsen und frommen Mönche zu einem Sitze sich ausgesucht. An den Trümmern der von St. Finian, dem Aussätzigen, (Irland hat mehrere Heilige dieses Namens), im 7. Jahrhundert gegründeten Abtei, findet sich ein alter Thorbogen sächsischen Ursprunges, einer der ältesten christlichen Baureste Irland's[2]).

Mit hellen und dunklen Lichtern, herrlich geschmückt von der ewig jungen Natur, aber auch ein redend Bild unwiederbringlichen Wechsels der Zeiten, unaufhaltsamen Verfalls, so schwebt auch uns das reizende Eiland vor Augen. Ihm galten auch die Worte Thom. Campbell's:

„Oh! once the harp of Innisfail
Was strung full high to notes of gladness
But yet it often told a tale
Of more prevailing sadness[3])!"

Viele der Inseln des See's zeigen recht seltsame Erosionsformen der Kalksteine, aus denen sie alle bestehen. Sie tragen dann meist Namen, die ihre Formen mit dem alten sagenhaften Helden des See's O'Donohue verknüpfen. Ein steil, fast säulenförmig aufragender Felsen ist O'Donohues Gefängniss, ein anderer sein Pferd, seine Henne, seine Küchen u. dgl. mehr. In Bezug auf die Form ist eine der interessantesten Klippen die Bibliothek des alten Recken. Ab-

---

1) Süss Innisfallen lang besteh'
   In der Erinnrung mir das süsse Lächeln,
   Das über Dir an jenem Abend lag,
   Als ich zuerst dein zaubrisch Eiland sah!
2) Wilkinson, S. 98.
3) Einst klang die Harfe von Innisfail
   Von Tönen jubelnder Freude,
   Doch eben oft erzählt sie auch
   Von überwiegendem Leide!

wechselnde dünne, stark gewundene Schichten von Kalksteinen mit zwischenliegenden Lagen von Hornstein, welche vorragende Leisten bilden, geben in der That den zerbrochenen Felsstücken das Ansehen eines Haufens regellos durcheinander liegender Folianten [1]).

Eine andere bemerkenswerthe Erosion zeigen die Kalksteine am Ufer der sogenannten Elephanteninsel, wo die Wellen des See's ein System von schlanken Säulen ausgehöhlt haben, die ein Gewölbe tragen, eine Felsengruppe, die ganz genau so aussieht, als ob man 4—5 riesige Spitzkugeln mit der breiten Basis nach oben aneinander lehnt. Ein vollkommenes, noch jetzt von Wasser unterspültes Gewölbe, das nur bei niedrigem Wasserstande zugänglich ist, ist auch die Colleen Bawn Cave, deren Eingang die nebenstehende Zeichnung darstellt. Im Hafen von Ross Castle landet man nach der Fahrt über den See.

1) Es sind die kramenzelähnlichen Schichten, von denen Seite 74 noch die Rede sein wird.

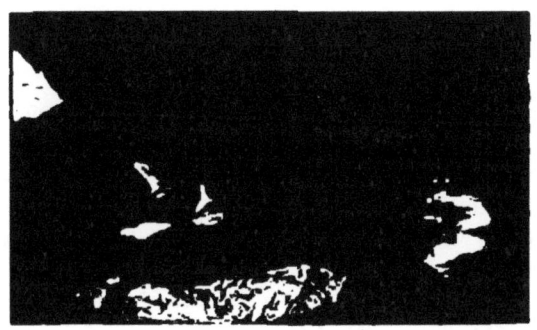

Colleen Bawn Cave.
Unterwaschene Kalksteinfelsen am Ufer des See's von Killarney.

VI.

MANGERTON MOUNTAIN UND DESSEN UMGEBUNG.

Bietet die erste dieser Excursionen einen Querschnitt durch die Gebirge um die Seen von Killarney, so soll die zweite einen Ueberblick über dieselben gewähren. Es ist die Besteigung des Mangerton. Mit diesem Ausfluge verbindet man passend einen Besuch der alten Abtei von Muckross und des Torc Wasserfalles.

Bald nachdem man nach Süden aus den Mauern des Kenmare Parkes hinausgetreten, überschreitet man den in tiefem, im Kohlenkalke ausgehöhlten Bette dahinströmenden, wasserreichen River Flesk. Er kommt aus dem Glen Flesk, einem Querthale der Derrynasaggart Kette und bildet, von Osten nach Westen fliessend, im Thale das Aequivalent des unterhalb aus dem See abfliessenden Laune. Beide vereinend würde man den See, wie den Bodensee für den Rhein, nur als ein von einem Flusse durchströmtes Becken ansehen können. Den Flesk krönen nahe seiner Mündung in den See die stattlichen Zinnen des Flesk Castle.

Am Eingange in das zerstreut liegende Dorf Cloghereen steht links auf kleinem Hügel eines der mächtigen Steinkreuze von der eigenthümlichen Form, wie sie in ganz Irland vorkommen. Die nahe Ruine der Abtei von Muckross, jetzt Eigenthum des Lord Herbert,

M. P., ist eine der Zierden der Seen. Die Ruinen sind ein Conglomerat verschiedener Baustyle: alte Rundbogen stammen aus normännischer Zeit, Spitzbogen sind späteren englischen Ursprunges. Alle Differenzen in Geschmack und Form ausgleichend umhüllt das Ganze eine dichte Epheuumrankung, und aus dem Innern der alten Klostermauern ragt ein gewaltiger, uralter Eibenbaum (Taxus) hervor[1]). Die Namen der Leichensteine, die an den Wänden umherstehen, finden sich fast alle auf den Schildern in Killarney noch heute vor und die O'Sullivan's, Mc. Carthey's, O'Donovan's, O'Neilly's u. a. rühmen sich mit Stolz ihrer hier bestatteten fürstlichen Vorfahren.

Die Pfeiler des Parkthores und die kleine Cottage des Pförtners der Besitzung Lord Herberts sind in einem marmorartigen Kalksteine ausgeführt, aus dem auch die neue Kirche von Clogheren errichtet ist. Durch seine bunte Färbung weicht dieser Kalkstein augenscheinlich von dem gewöhnlichen ab. Dünne, linsenförmige Lagen von weissem, braunem und grünlichem Kalksteine wechseln mit Thonschieferstreifen von grüner und rother Farbe ab. Die Brüche, in denen er gewonnen wird, liegen unweit des Ufers von Muckross Lake, während unmittelbar an der Strasse ein blaugrauer, mit Hornsteinadern durchsetzter Kalkstein gebrochen wird, in dem wir einige Encrinitenstiele fanden. Die Struktur dieser bunten, marmorartigen Kalksteine erinnert auffallend an die Gesteine, die wir in der rheinisch-westfälischen und auch Harzer Devonformation mit dem Lokalnamen Kramenzel belegen: eine nach unten aus Sandsteinen (Pönsandstein) mit undeutlichen Pflanzenresten, nach oben aber aus sogenannten Nierenkalken, d. h. grünlich-grauen oder rothen Schiefern mit Wülsten und Nieren von Kalkstein bestehende Schichtenfolge. Die Nierenkalke gehen oft in schiefrige, flaserige Kalke über. Auch der Nierenkalkstein von Muckross geht nach oben in schiefrige Kalksteine über, während seine Unterlage durch die gelben Sandsteine gebildet wird, die hier als oberes Old Red durch Pflanzenabdrücke wohl bestimmt sind. Je weniger gerade diese unteren schiefrigen Kalksteine und Nierenkalke hier durch fossile Reste genauer bestimmbar scheinen, um

1) Der älteste der vielen alten Taxusbäume Irland's steht wohl in den Ruinen des zerfallenen Schlosses Aughnanure nahe bei Oughterard in Galway, derselbe soll nicht weniger als tausend Jahre alt sein. Joyce, I., S. 508.

so eher dürfte die Vermuthung ausgesprochen werden, dass dieselben aequivalent seien der als eines der obersten Glieder unseres Devon bestimmten Kramenzel-Etage, mit denen ihre petrografische Ausbildung eine so auffallende Uebereinstimmung zeigt und dass sie hiernach nicht mehr zu den Kohlenkalken zu rechnen seien. Hiernach würden sich die Glieder der devonischen Formation, so weit wir dieselbe in der Umgebung der Seen von Killarney auftreten sahen, etwa in folgender Weise mit dem rheinisch-westfälischen Devon parallelisiren:

Parallelisirung der rhein.-westf. Devonformation und des Old Red
im südwestlichen Irland.

	Eifel (nach Kayser).	Gegend von Aachen (nach Kayser).	Westfalen.	Irland.
Ober-Devon.	Cypridinen-Schiefer. Goniatiten- „ Cuboides-Kalke u. Mergel (Knoten u. Kramenzelkalke, dolomitische Mergel und dünnplattige Kalke.)	Verneuilli-Sandst. Verneuilli-Schiefer. Cuboides-Schichten.	Verneuilli-Schichten. Kramenzelkalk der rechten Rheinseite, nach unten Pönsandstein, (auch im Harz).	? Kramenzelkalke, Flaser- und Nierenkalke, dünnplattige mergelige Kalke, unten gelber Sandstein von Muckross.
Mittel-Devon.	Stringoliphalenkalke. Calceola-Schichten.	fehlt.	Schalstein.	? ein Theil des eigentlichen, mittleren Old Red.
Unter-Devon.	Vichter Schichten, Waxweiler Grauwacke. Ahr-Schiefer. Coblenzer Schiefer und zu unterst Grauwacke.	Rothe Schichten. Dunkle Grauwacken. Grüne Grauwacken. mit grünen und rothen Schiefern. Grobes rothes Conglomerat.	Spiriferensandstein. Orthoceratitenschiefer.	sog. Upper Old Red: rothe Sandsteine und Conglomerate von Kate Kearney's Cottage, Gap of Dunloe, und von der Torc Cascade. Grüne Schiefer und Conglomerate südl. vom Blak lough u. im Cumenduff Thale.

Der Torc Wasserfall, gebildet durch den vom Mangerton nieder-
kommenden Torcbach, stürzt in treppenförmigen Cascaden über 70
Fuss auf steilen Bänken des Upper Old Red herunter und bietet das
beste Profil dieser Schichten. Gelbe Sandsteine mit grünen und
rothen Schieferlagen und dünnen Mergel- und Thonmitteln bilden hier
die Felsen, durchaus übereinstimmend mit den Schichten des oberen
Old Red, die wir bei unserem Besuche im Thale von Dunloe überschritten hatten. Auf beiden Seiten der Cascade wachsen Farrenkräuter in ungeheurer Ueppigkeit und aus dem Gebüsche ragen besonders dicke Stämme von Vogelkirschen (Eberesche = Sorbus aucu-
paria) hervor, deren tief roth gefärbte Kirschdolden (holy cherry) von
den Bewohnern des See's, wie die rothen Beeren der Stechpalme
(holy Tree) heilig gehalten werden und mit denen sie gerne ihre
Hüte schmücken. In der That trugen fast alle Leute, die uns begegneten, Männer und Frauen, Sträusse der Vogelbeeren auf dem
Hute oder im Haar.

Vom höchsten Punkte des Torc Wasserfalles hat man eine entzückende Aussicht auf die unten zunächst liegenden, laubigen Wege
um die Abtei, deren gothisches Fenster daraus hervorlugt, und auf
die grünen, bewaldeten Ufer des Muckross Lake; darüber hinaus auf
die ganzen Seen und die Thäler und Berge, die an der gegenüberliegenden Seeseite sich hinziehen. Die Strasse, auf der man bis hierhin
geblieben, ist, wie überhaupt die grossen Fahrstrassen, ganz vortrefflich. Sie führt durch das Thal der Long Range aufwärts in
prächtiger Serpentine längs des Cromaglan Mt. hinüber nach Kenmare.

Der Weg zum Mangerton Mt. steigt von hier die Vorberge
hinan, die mit ziemlich steilem Absturze gegen den See abfallen und
nur aus gewaltigen Driftmassen bestehen. Sie ziehen sich am ganzen
Fusse der Mangerton und Torcgruppe in derselben Weise dahin, wie
wir sie in der Ebene am Nordfusse der Macgillicuddys gefunden
haben. Hier erreicht die zwischen den See und die Berge sich ein-
schiebende Driftbank an einigen Stellen in der That die Höhe von
600 Fuss. Die Strasse, der wir von Killarney aus gefolgt sind, zieht
sich an einer östlich scharf und terrassenförmig aufsteigenden Böschung
hin, die deutlich an mancherlei Anzeichen als ein altes Seeufer
charakterisirt ist. Diese Böschung durchschneidet in tiefem Passe

der schon erwähnte Flesk river. Dort gerade öffnet sich der beste Einblick in die Struktur dieser Driftmassen. Alle Gesteine, die in der Schichtenfolge des Old Red vorkommen, sind hier in wohlgeordneten Blöcken vorhanden; ebenso die Porphyre und die porphyrischen Tuffe (porphyric ashes) des Bennaunmore und der Umgebungen des Mangerton. Dagegen fehlen darin die Bruchstücke der Kalksteine, über denen diese Decke ausgebreitet ist.

Ueber diese Driftterrasse steigt zunächst der Weg empor und dann erreicht man eine weite Stufe, das obere Plateau der Drift, welches sich mit nur ganz unbedeutender Neigung bis zum Fusse der Old Red Schichten erstreckt, mit denen der steile Anstieg beginnt. Gerade auf diesem Plateau lassen sich die gewaltigen Trümmermassen, welche von den Bergen hierhin niederstiegen, übersehen. Weit und breit ein fast unpassirbares Terrain aus solchen wild durch- und übereinander gestapelten Felsen, nur mit kümmerlich haftendem Stechginster bewachsen. Nur die geschickt von Block zu Block balancirende Ziege vermag das zwischen den Geröllen überall aufkeimende Futter zu suchen.

Der Aufstieg von hier bis zu der sogenannten Devil's Punch Bowl bietet einen immer mehr sich erweiternden Rückblick auf die Seen und Berge. Hunderte von kleinen Wasserrinnen furchen die Gehänge aus und beginnen überall steile, mit senkrechten Wänden niedergehende Glens einzuschneiden, durch die der Pfad hin und wieder wie auf Treppen aufwärts geht.

Schon von Muckross her waren uns einige Frauen und Buben gefolgt, die den unvermeidlichen Whiskey anboten und mit unerschütterlicher Ausdauer uns folgten und jeden kurzen Halt, den wir, einmal Athem schöpfend, machten, benutzten, um eindringlicher ihren Bergthau anzupreisen. Die Gestalt und die Gesichtsbildung dieser Frauen war auffallend. Es waren feingebaute, schlanke, aber doch volle Figuren, die nicht ohne eine gewisse Eleganz baarfuss über die rauhen Blöcke schritten, mit tiefschwarzen, glänzenden Haaren und dunkelbraunen Augen, alle malerisch mit rothen und bunten Tüchern drapirt und in den dunklen, wohlgeordneten Haaren die rothen, heiligen Beeren. Sie zeigten eine Lebendigkeit und Fröhlichkeit, die mit der äussersten Armuth, die sich sonst an ihnen verrieth, einen eigenen, aber wohlthuenden Kontrast bildete. Diese Gestalten sind nicht etwa

Ausnahmen, sondern sind recht der Typus der ganzen Race, die z. Th.
noch unvermischt, in diesen Bergen des südwestlichen Irland's lebt, das
alte Irische spricht, und die Abstammung und Verwandtschaft mit den
dunkeläugigen Bewohnern Spaniens unverkennbar in der ganzen Erscheinung ausgeprägt. Es ist das die sogenannte milesische Race, von
den Nachkommen des Königs Milesius genannt, die von Spanien herüberkamen und an verschiedenen Punkten der südwestlichen Küste,
besonders an der Kenmare und Tralee Bay landeten, in wiederholten
Kämpfen die Eingeborenen zurückwarfen und sich im Lande festsetzten.
Die besiegten Stämme der Firbolgs und der Tuatha de Danans
wurden unterdrückt und es folgten eine Reihe von Kämpfen, welche
aber die eingedrungenen Milesier nicht wieder zu vertreiben ver-
mochten. Viele Namen von Fürsten und Helden aus der Legende
der Milesier sind in Orts- und Bergnamen des südwestlichen Irland
noch heute erhalten oder werden wenigstens aus solchen hergeleitet.
Aber auch in späterer Zeit sind noch vielfache Verbindungen mit
Spanien und der Südwestküste unterhalten geblieben. Einer der berühmtesten Könige von Münster, um die Zeit 100 — 130 nach Christus,
war Owen More, der Stammvater einer langen Reihe von Königen
und der Ahnherr und Ausgangspunkt für die Stammbäume der alt-
adeligen Geschlechter von Münster. Gleichzeitig mit Owen More war
König von Leinster ein ebenso berühmter Fürst, Conn, der in hundert
Schlachten kämpfte. Beide stritten um die Oberhoheit in Irland und
in zehn Schlachten blieb Owen More Sieger und erhielt alles Land
südlich der wohlbekannten Drifthügel der Esker Riada, welche von
Dublin nach Galway quer durch Irlands Ebene hindurchziehen. Owen
More war dann neun Jahre in Spanien und ein König dieses Landes
gab ihm seine Tochter Beara zur Frau. Er kehrte von Spanischen
Hülfstruppen begleitet zurück, um wieder gegen den König Conn zu
Felde zu ziehen, und die Stelle, wo er in der Bay von Bantry landete,
trägt noch heute den Namen Bearahafen oder Bearhaven. So ist also die
Annahme eines innigen Zusammenhanges der heute im südwestlichen Ir-
land lebenden Bevölkerung mit spanischer Race eine auf althistorischen
Vorgängen basirende, und die milesische Race ist ziemlich scharf von
allen übrigen Bewohnern Irlands zu unterscheiden. Auch unter den
Männern sieht man hier schöne, dunkelhaarige, elegante Figuren, aber

im Allgemeinen scheinen die Weiber schöner zu sein, als die Männer. Unter den verschiedenen Bewohnern der Umgebungen von Killarney, welche dieser Race angehörten, beobachtete ich nur dunkelhaarige und dazwischen rothhaarige, aber keine eigentlich Blonden. Zweifellos sind aber hier auch noch vereinzelte Reste der alten vormilesischen Bewohner erhalten, Celten, denen man jedoch häufiger in den Gebirgen der nördlichen Grafschaften begegnet. Auch die celtische Race ist sofort zu erkennen. Es sind untersetzte, zum Theil kleine, grobknochige Figuren mit rundem Kopfe und Gesicht, dessen starke Backenknochen und wulstige, dicke Lippen meist in hohem Grade unschön sind. Braune und dunkelblonde Haare kommen bei diesen vor, die dunkleren Farben scheinen die ursprünglichen zu sein. Wie ganz anders sehen da die jetzigen Irländer aus sächsischem Stamme aus, welche vorzüglich im Osten in den Umgebungen von Belfast, Dublin und den südlichen Grafschaften wohnen. Freilich ist dort nirgendwo zu bestimmen, in wiefern dänische und normännische Race in der jetzigen Bevölkerung mit enthalten ist. Hochgewachsene, breitschultrige und kräftige Gestalten, blondhaarig und blauäugig, meist mit langem Kopf und ebensolchem Gesicht, schöngeformter Stirne und schmaler Nase. Wie auch der Einfluss verschiedener Elemente hier sich geltend gemacht haben mag, jedenfalls sind es vorherrschend nordische Typen, im Gegensatze zu dem südlichen Ausdrucke der milesischen Gestalten. Etwas abweichend ist die zwar ebenfalls nur nordische Keime enthaltende Bevölkerung in der Grafschaft Donegal und an der Nordküste geartet, wo stets schottische Einwanderung erfolgt ist, ja vielleicht die Picten schon gleichzeitig mit ihrer Ansiedlung in Schottland festen Fuss gefasst haben. Jedenfalls bestand zwischen den beiden Küsten immer enge Verbindung. Ein ganzer Küstenstrich von Newry bis zum Ravel Bache in Antrim heisst in alten Annalen das Land der Crutheni (von cruith, farbe = picti) und auch einige Ortsnamen in Nordirland haben noch die Erinnerung an dieses alte Volk bewahrt[1]).

Verhältnissmässig wenig noch heute sichtbare Erinnerungen hat die dänische Invasion hinterlassen. Nur vereinzelte alte Baureste lassen

---

[1] Joyce, l. c. Bd. I., S. 99.

sich den Dänen mit Sicherheit zuschreiben, und nur wenige, alle nahe der Ostküste gelegene Orte tragen noch Namen dänischen Ursprunges. Nur in den Namen Wexford, Waterford, Carlingford, Strangford, (ford = dem dänischen fjord) Lambay, Dalkey, Leixlip und einigen andern sind dänische Sprachreste erhalten; Wicklow soll norwegischen Ursprungs sein und mit Viking zusammenhängen. Es hat wohl die Vermuthung grosse Wahrscheinlichkeit, dass die Dänen nie anders dauernde Niederlassungen besassen, als unmittelbar an der Ostküste, und dass sie in das Innere nur auf kurzen Zügen eindrangen, in steten, mehrere Jahrhunderte dauernden Kämpfen mit den Eingeborenen. Daher wohl auch der Einfluss dänischer Bevölkerung auf die Umänderung der Race im östlichen Irland so ziemlich gleich Null geblieben sein mag. Man wird daher im Allgemeinen die Bevölkerung Irlands in 4 Gruppen theilen können, je nach den Stämmen, aus denen sie durch Vermischung mit der Urbevölkerung oder durch Invasion neuer Bewohner sich entwickelt hat. Die alten Celten, vorzüglich in den nordwestlichen Bergen und über das ganze Land sparsam erhalten; die Milesier im ganzen südwestlichen Irland; die Nordländer: Schotten und Skandinavier im Nordosten und von hier in südwestlicher Richtung bis über die centrale Ebene hinaus; endlich die jüngsten Angelsachsen an der ganzen südöstlichen Küste entlang.

Unsere flinken, schwarzen Milesierinnen und ein rothhaariger Bube kletterten so schnell vor uns her, dass sie, als wir am Eingange der Punch bowl anlangten, uns dort schon wieder in Empfang nehmen und hier endlich einen ihrer torfduftenden Whiskey's aufnöthigen konnten, um darin den Lohn für eine 2½ stündige Wanderung zu finden.

Gleich der Eingang zu dem tiefen, kraterförmigen Felsenkessel, der sich hier vor uns aufthat, bot eine Erscheinung, die für das Vorhandensein des See's in demselben von Wichtigkeit scheint. Eine Anhäufung eckiger Bruchstücke des grobkörnigen Sandsteines, wie er die Wände des Beckens selbst bildet, grosse und kleine durcheinander, bilden einen hohen Damm, der das Aufstauen der Wasser bewirkt, und in den nun allerdings schon eine ziemlich tiefe Rinne eingefressen ist, aus welcher die Wasser des Torc Baches dem See entströmen. Diese Blockanhäufung scheint jedenfalls eine ganz lokale Bildung zu sein und hängt nicht mehr mit den eigentlichen Drift-

massen zusammen. Auch kann man sie wegen dieses lokalen
Charakters nicht wohl für eine durch schwimmendes Eis bewirkte
Küstenanhäufung ansehen, wie einige irische Geologen anzunehmen
scheinen. Allerdings bleibt es aus vielen anderen Gründen durchaus
wahrscheinlich, dass die Berge von Kerry bis zu der Höhe von über
2000 Fuss einmal unter das Meer getaucht waren und sich aus dieser
Tiefe langsam erhoben. Aber der Blockwall vor der Devils Punch bowl
ist eine davon unabhängige spätere Bildung. In den Zeiten, wo noch
die Temperaturverhältnisse derartige waren, dass die ewige Schnee-
gränze nahe einer Linie von etwa 2000 — 2500 Fuss Höhe verlief, war
dieses Thal, das sich sonst in nichts von den andern Kesseln z. B.
am Fusse des Carantuohill unterscheidet, eine gewaltige Schneegrube
mit einer nach Aussen zu geneigten Schneedecke. Auf dieser fand
ein Abwärtsgleiten der von den Gehängen sich loslösenden Gesteins-
blöcke statt und dieselben lagerten sich am unteren Ende zu einem
hohen und breiten Walle zusammen, der später, als der Schnee verschwunden, hinter sich die Wasser, die an den Wänden niederriesel-
ten, zum See anzuschwellen zwang.

Von der Devils Punch bowl an (2206 Fuss hoch) steigen die
Felswände bis zum Gipfel des Mangerton 2750' ganz steil empor.
Auch das ist ein bemerkenswerther Umstand, der dafür spricht, dass
einst nur die höchsten Spitzen dieser Berge als aufragende Inseln
und Klippen aus tiefem Meere tauchten. Denn alle Berge zeigen
übereinstimmend bis zu der Höhe von ca. 2300' mehr abgerundete
Formen mit sanfteren Abhängen, während sie darüber hinaus scharfe
und zerfetzte Gipfel bilden, wie sie die athmosphärische Thätigkeit
erodirt. Das tritt ganz besonders auch an den Macgillicuddy reeks
hervor.

Rechts am Eingange zum Kessel treten auch die ersten
Zeichen der in der Mangerton Gruppe vorhandenen alteruptiven Gesteine auf. Hier ist es eine anscheinend nicht sehr mächtige Schicht
eines von den englischen Geologen als Felsstone Ash bezeichneten
Gesteines, das bei deutlich schiefriger Struktur auf den ersten Blick
als ein echter felsitischer Tuff erkannt wird, der wohl den Schichten
des Old Red conform eingeschaltet sein mag. Wir haben später noch
Gelegenheit andere Gesteine dieser Art zu sehen und zu besprechen.

Das Gipfel-Plateau des Mangerton ist bald erreicht. Dasselbe ist vollkommen bedeckt mit einer fast 2 Fuss dicken, unmittelbar auf naktem Sandsteine aufliegenden Moorschicht. Hier erkennt man, wie mächtig die Torfbildung durch die fortdauernden Niederschläge unterstützt wird, und wie grosse Wassermengen hier gesammelt werden. Denn auf der luftigen Bergesplatte, abschüssig nach allen Seiten, sieht man Wasser quillen, wohin nur der Fuss tritt; jeder Wasserlauf gräbt eine Rinne in den Moorgrund und entblösst den Sandstein. Und so hängt ein dicker, oben mit grünem Moose und Haidekraut überzogener Teppich, sich im Absterben dieser auf ihm wuchernden Vegetation immer verdickend und erneuernd, über alle die steilen und weniger steilen Felsenwände nieder, wie ein zerlumpter Fetzen auf einer steinernen Tafel.

Die Aussicht vom Mangerton ist eine prächtige. Nach Norden überblickt man die weite Ebene und die flachhügelige, langsam ansteigende Landschaft der nördlich an die Seen anschliessenden Hügel der produktiven Kohlenformation über Tralee und Listower hinaus bis zur Mündung des Shannon, östlich, westlich und südlich das ganze Meer von Bergen und Schluchten der Grafschaft Kerry.

Im nördlichen Vordergrunde, dicht unter uns, liegt der tiefe Kessel der Teufelspunschbowle und von ihr nur durch eine einzige, schmale Felsenrippe getrennt, die vom Gipfel des Mangerton an mit einem jähen Absturze über 1000' niedergehende, gewaltige Felsenschlucht des Glenakappul[1]) (Horseglen). Sie trägt drei Seen, dem untersten entströmt der Owgarriff River. Der oberste der Seen, der Lough Erhagh ist von dem nächsten, dem Lough Managh nur durch eine ganz enge Felsengasse getrennt und da ausserdem hier die Schlucht fast rechtwinklig nach Norden umbiegt, so erscheint es in der That von oben gesehen, als ob der Lough Erhagh in tiefem Felsentrichter ohne jeden Ausgang gelegen sei. Die vom moorigen Wasser geschwärzten Wände und das vollkommen schwarze Wasser des See's lassen kein Bild passender zum Vergleiche erscheinen, als das eines Riesentintenfasses, darin tauchend man mit mächtiger Schrift die düstere Grossartigkeit dieser Gebirgswildniss beschreiben möchte.

---

1) Kappul: das romanische caballus.

Ein wildes Gewirre porphyrischer Aschen, die wir deutsche Geologen wohl alle lieber als felsitische Tuffe bezeichnen möchten, umsäumt den Riesenkessel. Mit den Schichten des Old Red scheinen diese Produkte einer der ältesten Eruptionsepochen conform gelagert, machen Sattel und Muldenbiegungen in vielfach gegen einander gewundener und verworfener Schichtenstellung mit. Sie sind an beiden Wänden des Kessels von dem durchschneidenden Thale entblösst und stehen dort in z. Th. verworrenen Profilen offen.

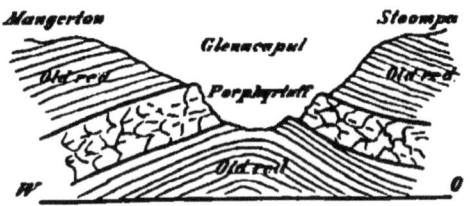

Querprofil von O. nach W. durch den nördl. Theil des Glenacappul.

Die vorstehende Figur stellt einen Durchschnitt durch den nördlichen Theil des Glenacappul dar, der in einfachster Form diese Lagerungsverhältnisse des Porphyrtuffes und des Old Red erläutert[1]).

Der dritte der Seen dieser Felsenschlucht, der Lough Garagarry liegt schon tief unten, wo dieselbe sich nach den Bergabhängen zwischen Mangerton und Stoompa öffnet. In den Trümmermassen, die abwärts im Bachthale des Owgarif liegen, lassen sich die Porphyre und Tuffe der z. Th. nur sehr schwer ersteiglichen Wände dieser Kessel in ziemlich reicher Auswahl sammeln.

Diese Porphyre und Tuffe bilden den einzigen grösseren Durchbruch eruptiver Gesteine, der im Gebiete der Old Red Formation des südwestlichen Irland auftritt. Die eigentliche Ausbruchsstelle dieser porphyrischen Massen liegt nördlich des gleichfalls vom Plateau des Mangerton aus unter uns sichtbaren Lough Guitane, aus dessen Mitte die einsame Klippe des Bare Island aufragt. Südlich dieses See's liegt die Gruppe der Eskduff Berge. Inmitten dieser liegt der Be-

1) Vergl. Explan geol Survey Sheet 184. S. 27.

naunmore, ein aus zum Theil deutlich säulenförmig abgesondertem
Felsit bestehender Kegel. Bei dem hohen Alter dieser Eruptivmassen
und der ungeheuren Erosion, die hier die Oberfläche der Berge tief-
greifend umgestaltet hat, kann man in diesem Porphyrkegel nur
den Rest des alten centralen Stockes annehmen, von dem aus auch
die gangförmigen Apophysen in das umgebende Gebirge eindrangen
und um den, als den mit erstarrten Massen erfüllten Schlot, sich
die jetzt zu festen Gesteinen cämentirten losen Auswurfsmassen, die
porphyrischen Tuffe, mantelförmig ausbreiten. Die Porphyre sind
fast dichte Felsite, oft vollkommen hornsteinartig ohne krystallinische Einsprenglinge, von rothbrauner oder grüngrauer Farbe, durchzogen von verschieden farbigen und verschieden harten Schlieren und
dadurch stellenweise von schiefriger Struktur. Das tritt an den verwitterten Rollstücken noch auffallender hervor. Kleine Krystalle von
weissem Orthoklas und gelbliche Plagioklase sind die einzigen Aus-
scheidungen, Quarz ist nur in der Grundmasse vorhanden und verräth
sich hier schon an der grossen Härte derselben. Die Tuffe sind zum
Theil auch an ihrer Struktur recht deutlich als solche zu erkennen,
ein felsitisches, hornsteinartiges Cäment verkittet Bruchstücke von
ähnlicher Beschaffenheit. Sowohl bei den Porphyren als bei ihren
Tuffen hat im Laufe der Zeit eine vollkommene Durchdringung mit
Kieselsäure stattgefunden. Hierin liegt manchmal die Schwierigkeit,
Tuffe von echten Porphyren zu unterscheiden; denn ganz allmälige
Uebergänge scheinen von solchen hornsteincämentirten Tuffen zu
ächten Porphyren zu leiten. Da ist das geognostische Auftreten meist
ein sichereres Kennzeichen. Nur die Masse des Benaunmore und von
ihm auslaufende Porphyrgänge treten abnorm durch die Schichten
des Old Red hindurch, während alle übrigen Tuffschichten den Old
Red Schichten vollkommen conform eingeschaltet scheinen. Die schönen
Untersuchungen des um die Kenntniss der Geologie gerade dieses
Theiles sehr verdienten Du Noyer haben ausser dem oben mit-
getheilten auch andere Profile dieser Verhältnisse ergeben, woraus
dieses vollkommen conforme Verhalten unzweifelhaft sich ergiebt[1]).
Allerdings sind die Verhältnisse nur selten so einfacher Art. Denn

---

1) Expl. of the geol. Surv. of Ireland. Sheet 184, S. 28.

sowohl die centrale Porphyrmasse als die umgebenden Tuffe sind den mächtigen späteren Bewegungen der Gebirgsbildung mit unterworfen gewesen, die sie mit den Sandsteinschichten von ihrer ersten untermeerischen Lagerstätte emporhob. Diese bewirkten die Zerreissung, Faltung und Zertrümmerung dieser Schichten in einer Weise, dass ihr Zusammenhang und Verlauf, besonders an den vielen, durch die spätere Erosion isolirten Parthien, nicht mehr zu verfolgen ist. Damit im Zusammenhang stand dann die Ausfüllung der zahlreichen Spalten und Klüfte durch secundäre Produkte, meist ähnlich dem Hornsteincämente, welches die Tuffe verkittet; das lieferte die zahlreichen Hornsteingänge, die in den Tuffen und auch den Porphyren selbst auftreten und in keiner Weise als eruptive Gänge charakterisirt sind.

Wenn wir dieser Berggruppe, in die wir vom Mangerton hineinblicken, in der sich die Aeusserungen der ältesten vulkanischen Regungen unseres Planeten documentirt haben, den Rücken kehren und uns nach Südwesten wenden, so liegt hier vor uns ein Gebiet, welches die gewaltigsten Wirkungen des Wassers, das in der Geologie überall mit der vulkanischen Kraft zu rivalisiren bemüht ist, in trefflichem Bilde entfaltet.

Wir schauen hier gerade in die tief in das Land einschneidende Bucht von Kenmare hinein, die sich, schmal wie ein breiter Fluss, mit starken Windungen, bedeckt mit zahlreichen Inseln und Klippen hinzieht. Es ist nicht der einzige dieser fjordenähnlichen Einschnitte, die man hier vor sich hat. Etwas weniges nördlich, gerade über das Ende der Kenmare Bay hinaus, erblicken wir die Bay von Bantry, die berühmteste ihrer Schwestern. An ihr ist das malerische Glengariff gelegen, einer der schönsten Punkte des südwestlichen Irland. In dieser Bucht versuchten zweimal französische Flotten zur Invasion in Irland zu landen. Das erstemal, 1689, eilten sie König Jacob II. zu Hülfe, das zweitemal, im December 1796, galt es der Unterstützung der Erhebung Irland's gegen England. Stürme und Missgeschick aller Art vereitelten die letztere Expedition; von 43 Schiffen mit etwa 16,000 Mann kamen nur 16 mit ca. 4000 Mann überhaupt bis in die Bucht hinein. Ohne jedoch eine Landung ernstlich zu versuchen, segelten sie nach Frankreich zurück. Die Bayen von Kenmare und Bantry sind die beiden tiefsten Einschnitte von allen, die hier die südwestliche Küste Irlands ausfransen.

Wenn man von der Tralee Bai, deren östlichstes Ende man ebenfalls vom Mangerton aus, nordwestlich gerade über die Seen von Killarney weg, noch mit dem Auge erreicht, südlich wandernd der Küste von Kerry folgt, so überschreitet man eine ganze Reihe solcher Fjorden. Weiter nordwärts von Tralee, jenseits der Shannonmündung zeigen die Grafschaften Galway und Mayo zwar ebenfalls zerrissene und zerfetzte Küsten, aber die Form der Küstengliederung ist hier doch eine ganz verschiedene. Eine regellose Zersplitterung in Inseln, vorspringende Halbinseln mit zwischenliegenden kleineren und grösseren Buchten gestaltet hier die Küste, während südlich des Shannon die regelmässige Folge fingerartig nach innen greifender Buchten mit schmalen ebenso vorspringenden Landzungen für die Küste charakteristisch ist. Nur in diesem Theile kann von einer eigentlichen Fjordenbildung die Rede sein. Zwischen dem südlichen und nördlichen Theile der Küste liegt die breite, offene, in das Land mit weitem Bogen hineingehende Bucht von Galway, zwischen Loop Head nördlich des Shannon und Slyne Head, der westlichsten Spitze von Galway Co.

Dass bei der ungleichartigen Gestaltung der Küstenformen die Natur der die Küste bildenden Gesteine von wesentlichstem Einflusse gewesen, das zeigt ein Blick auf die geologische Karte. Hierin liegt zugleich ein wichtiger Fingerzeig für den Geographen, dass er lediglich formale, orographische Verhältnisse und ganz besonders Küstenformen und sogenannte geographische Homologien nie anders beurtheilen darf, als an der Hand geologischer Erfahrung.

Der ganze nördliche Theil der Küste ist gebildet durch Granite, krystallinische Schiefer und alte Gesteine des oberen Silurs. Alle diese Gesteine, wenn wir von geringen, in der jedesmaligen petrographischen Varietät solcher Gesteine bedingten Schwankungen absehen, besitzen eine ziemlich gleichartige, im allgemeinen nicht sehr grosse Widerstandsfähigkeit gegen die erodirenden Wirkungen des Wassers. Dieselben Formen, die wir an den Graniten und Gneissen der Magalhaesstrasse im südlichen Patagonien finden, sehen wir auch hier: „Das Gemälde einer durch Spalten und Klüfte in zahllose Strassen,

Engen, Sunde, Schluchten, Inseln, Felsenzungen, Hörner, Klippen und Scheeren zertrümmerten Planetenstelle"[1]). Mit steiler Küste grenzt das Land überall an's Meer und die Steilküste von Galway und Mayo zerfällt in ein zahlloses Heer von Klippen und Inseln, von ordentlichen Inseln abwärts bis zu seltsam aufragenden Steinpfeilern. Hier zeigt die Insel Achill, Co. Mayo die grossartigste Steilküstenbildung, auf der unmittelbar am atlantischen Ocean der Berg Croghan mit senkrechten Wänden von fast 2000' Höhe seinen granitenen Scheitel emporhebt. Auf derselben Insel Achill sind es besonders die Klippen von Minnean, die den Ruhm grottesker Formen besitzen. Sie ziehen sich in einer Länge von 3 Meilen mit fast durchaus steil aufsteigenden Wänden von 900 — 1000 Fuss längs der Küste hin. Gerade diese grossartigen Küstenformen, wie sie gewaltiger nirgendwo an der Küste von ganz Grossbritannien sich finden sollen, sind das Ziel zahlreicher Besucher.

In geradem Gegensatze zu der nördlichen Küste zeigt der mittlere Theil eine sehr einfache Gliederung. Von dem innern Ende der Galway Bucht an, gerade dort, wo die gleichnamige Stadt an der Mündung des Gallive River gelegen ist, bis südlich zur Mündung des Shannon säumen nur die Schichten des Kohlenkalksteines und der produktiven Kohlenformation die Küste. Das Gesteinsmaterial dieser Schichten ist der Verwitterung grossentheils schneller anheimgefallen und hat den Angriffen des Oceans weniger lange widerstanden. Daher hat hier die Küste die wenig gegliederten Umrisse angenommen, die solchen Gesteinen überall eigen sind. In einem weiten Bogen, mit sanft ansteigendem Ufer und einfach gestalteter Uferlinie tritt hier der Ocean in Irlands Festland hinein.

Von diesem Theile der Küste und auch vom nördlichen wiederum ganz verschieden ist nun die Gliederung der Südküste. Zunächst südlich des Shannon ihren Umrissen folgend, begegnen wir der Bucht von Tralee, von dem weiten Aestuarium des Shannon durch die vorspringende, in Kerry Head endigende Halbinsel getrennt. Diese besteht aus den Schichten des Old Red, während die Tralee Bucht im Kohlenkalke liegt. Weit greift südlich derselben die gebirgige

---

[1] O. Peschel, neue Probleme, S. 11.

Landzunge von Corkaguiny nach Westen hinaus. Ihren Kern bilden
die Schichten des Silurs, die im Brandon Hill auf der Westspitze bis
zu 3200' Höhe hinansteigen und ringsum mantelförmig von den
Schichten des Old Red umgeben sind. Diese Landzunge trennt mit
mächtigem Gebirgsdamm die Tralee von der Dingle Bay, die wiederum
in den Schichten des Kohlenkalkes ausgetieft ist. Dann folgt die hin-
ausspringende Halbinsel von Iveragh mit steilen Küsten und mehreren
losgelösten Inseln, darunter auch Valencia, der Ausgangspunkt des
transatlantischen Kabels. Iveragh ist in ihrer ganzen Ausdehnung gebildet aus den Schichten des Old Red; es sind die westlichen Ausläufer der Macgillicuddy reeks, welche hier die Trennung der Dingle
Bay von der Kenmare Bay bewirken. Diese letztere ist von allen die
charakteristischste und am tiefsten in's Land hineingreifende; ihre
Breite ist ganz genau bedingt durch eine Kohlenkalksteinzone, ihr
Becken genau in der Richtung der Kalksteinmulde ausgehölt. Von
der nächsten, der Bantry Bay trennt sie die von den Gebirgen der
Caha Mts. mit dem Hungry Hill (2251') und der Slieve Miskish gebildete Landzunge, die, wie eine Pfeilspitze auslaufend, in der vorliegenden Dursey Insel ihr Ende findet. Rings um diese Landzunge, sowohl
an dem südlichen Ufer der Kenmare Bay, als auch am Nordufer der
Bantry Bay liegen die einzelnen Fetzen der Gebirgsschichten noch
erhalten, aus denen vorzüglich diese Bucht ausgemeisselt ist. Es sind
die untersten Schichten der Steinkohlenformation in diesem Gebiete,
die sogenannten Coomhala grits, Sandsteine und schwarze Schiefer,
die im Südwesten Irlands nur hier in der Grafschaft Cork zwischen
Old Red und Kohlenkalkstein erscheinen, dann aber erst weit im
Norden Irland's in ausgedehnterer Entwicklung sich finden. Auch die
Bantry Bay ist beiderseitig noch von einer schmalen Kalksteinzone
eingefasst, den übrig gebliebenen Resten des hier zwischen dem Old
Red gelegenen Streifens des Kohlenkalkes. Das Head of Muntervary,
welches südlich die Bantry Bay begrenzt, trägt wieder Sandstein-
berge, im Kohlenkalke liegt die Dunmanus Bay, durch das Mizen
Head getrennt von der Roaringswaterbay, die südlich in dem im
Cap Clear auslaufenden Sandsteinzuge ihre Einfassung findet. Das
ist die südwestlichste Spitze des irländischen Continentes überhaupt.
Diese ganze Betrachtung lässt sich kurz dahin zusammenfassen: Zieht

man eine Linie von Kerry Head nach Toe Head an der Südküste
der Grafschaft Cork, so überschreitet man von den Old Red Klippen
des ersteren bis zu den Kalksteinfelsen des letzteren 6 parallel von
SW nach NO streichende Kohlenkalkmulden und sechs dazwischen
aufragende Zonen von Old Red, die ersteren die sechs sich folgenden
Fjorde, die letzteren die sechs zwischenliegenden Landzungen bildend.
Hiernach kann wohl kein Zweifel mehr obwalten, dass der wesentlichste Grund der fjordenartigen Küstengestaltung in dem regelmässigen Wechsel dieser verschiedenen Gesteine zu suchen ist. Der
Kohlenkalkstein ist hier überall das leichter verwitterbare Gestein.
Und so findet hier der Ausspruch Peschel's[1]) seine Begründung, „dass
zwar die Gegenwart oder Abwesenheit der Fjorde nicht an gewisse
Felsarten gebunden ist, wohl aber charakteristische Formen der Verwitterung mit ihnen im Zusammenhange stehen, so dass also ein
getreues Küstenbild uns etwas, wenn auch nur weniges, von der
geognostischen Beschaffenheit der Küsten errathen lässt". Dass nun
aber auch die anderen Vorbedingungen zur Ausbildung dieser Fjorde
sich hier vereinigt haben: die steile Aufrichtung der Küste und reichliche Niederschläge zur Gletscherbildung, das wird ebenfalls als unzweifelhaft gelten können. Aber eine nicht so ohne weiteres zu entscheidende Frage ist nun die, ob denn wirklich vorzüglich Gletscher-
wirkungen die Ausnagung der geologisch vorgebildeten Formen bewirkt habe, oder ob nicht hier an der Küste Irland's noch eine andere,
regelmässig wirkende Kraft mit thätig gewesen oder vielleicht gar
hervorragenden Antheil an dieser Formentwicklung habe.

Es steht allerdings fest, dass einst durch alle diese parallel verlaufenden Thäler Gletscher niedergingen und ihre abschleifenden Wirkungen ausübten. Denn die Spuren derselben finden wir allenthalben an
den Wänden dieser Buchten. So sind in der Bay von Kenmare und der
von Bantry Rundhöcker, Gletscherschliffe, erratische Blöcke eine ganz
gewöhnliche Erscheinung. Eine von Fremden gleichfalls besuchte Merkwürdigkeit ist der riesige Irrblock, der nahe der Hängebrücke von
Kenmare liegt und den Namen „Cloghvorra" trägt. Er besteht aus
dünnplattigem Kalksteine und hat über 6000 Kubikfuss Masse. Er

---

[1]) Probleme, 13. 1. Aufl.

gibt uns auch ein gewisses Maass der gewaltigen stattgehabten Erosion. Denn er liegt in einer Höhe von 260 Fuss über der See, während in dem Thale an keiner Stelle heute mehr ein Kalkstein höher als 200' zu finden ist.

Aber trotz der überall sichtbaren Spuren der Gletscherthätigkeit erscheint es doch nicht wohl annehmbar, dass dieser allein oder auch nur zum grossen Theile die aushöhlenden Wirkungen in diesen Buchten zuzuschreiben seien. Ehe eine Gletscherwirkung überhaupt denkbar und möglich ist, muss schon eine Thalbildung vorhanden sein. Das hat auch Pfaff[1]) in seiner Geologie auf das Bestimmteste ausgesprochen. Auch für diese erste Thalbildung bleibt uns ausser der durch das blosse Faltenwerfen der sich hebenden Gebirge gegebenen Ursache, die für Irland zweifellos die erste allgemeine Bedingung der Lage und Richtung der Thäler ist, nur die Erosion übrig; die Erosion durch die von den gehobenen Theilen niedergehenden Wasser und die Erosion durch die Meereswasser an der Küste. Und gerade diese letztere dürfte hier eine ganz besondere Bedeutung gehabt haben. Die starke Strömung des Golfstromes trifft gerade in einer nach NO. strebenden Richtung auf die Südwestspitze Irlands. Eine stete, in dem gleichen Sinne wirkende Brandung muss eine sichtbare Folge haben. Nun haben wir früher schon gesehen, dass viele andere Anzeichen uns auf das Bestimmteste erkennen lassen, dass Irland's Berge einmal bis zu der Höhe von fast 3000' unter das Meer getaucht waren. Mit der Erhebung der Küste sank die Zone der Brandung. Und da die zerstörende Arbeit des Meeres nur in dieser Zone stattfinden kann, so schritt die Erosion von oben nach unten an diesen Steilküsten hinab und bei der stetig und mächtig nach NO. gerichteten Strömung mussten sich die Furchen dieser Zerstörung in derselben Richtung einschneiden. So zerfiel mit der successiven Erhebung der Küste diese in ein System nordöstlich eindringender Buchten, und es geschah dieses um so bestimmter und leichter, weil in den natürlichen Mulden zwischen den aufgebogenen Falten des Old Red die Kohlenkalksteine, ihrer Lage und petrographischen Widerstandsfähigkeit nach, ganz besonders geeignet waren, der Erosion in dieser Richtung Bahn zu bieten.

1) Pfaff: Geologie als exakte Wissenschaft. Leipzig, Engelmann. S. 269.

Gleichzeitig umströmte der Ocean die als einzelne Inseln aufragenden Gipfel des Gebirges, gleichgültig ob dieselben schon ihre heutige Höhe erreicht hatten, oder, was vielleicht wahrscheinlicher ist, nur zu weniger steilen und hohen Sätteln und Mulden emporgetreten waren. Auch an der der nordöstlichen Richtung abgewendeten Seite dieser Inseln wirkte die Brandung und unterstützte die Anfänge und den Verlauf einer Gliederung der Küste, die sich mit den Wegen der abwärts gerichteten, athmosphärischen Erosion begegneten. Die vielen Glen's in den Flanken der Old Red Gebirge des südwestlichen Irlands möchte ich alle für alte Meeresbuchten halten. Erst später kam dann in den so geschaffenen und eigenthümlich geformten Thälern die Thätigkeit der Gletscher zur Geltung. Sie feilten und tieften aus und legten das Material der Erosion und der eigenen Arbeit in regelmässigen Wällen vor den Ausgang der einzelnen Thäler nieder. Durch diese Wälle war später der Abfluss der Wasser eines solchen Thales gehindert, und so entstanden Seen in den oberen oder unteren Theilen desselben.

Die Wirkungen der athmosphärischen Erosion waren bei alledem die bedeutendsten. Noch heute erzeugt, wie wir gesehen haben, der Saturationszustand der Luft in Irland einen Reichthum an Niederschlägen, wie wir ihn in Europa grösser wohl kaum irgendwo gehabt haben. Auch die Richtung, in der die athmosphärische Erosion besonders wirksam, ist die nordöstliche. Denn reichlicher und wirkungsvoller gehen in dieser Richtung auch die Niederschläge herunter; die Südwestwinde, die vom grossen, warmen atlantischen Ocean herüber kommen, sind die Regenwinde und die durchaus vorherrschenden. Schon auf den Südwestabhängen der Gebirge ist die Regenmenge eine grössere, als auf den nach Nord und Ost gewendeten Seiten.

So tritt uns hier das Bild eines complicirten Mechanismus entgegen, bei dem gewissermassen alle überhaupt erosive Wirkungen ermöglichenden Faktoren mit- und nacheinander zur Geltung gekommen sind und bis auf die Gegenwart zur Geltung kommen. Denn an den südwestlichen Uferbänken hat man die deutlichen Anzeichen noch jetzt fortdauernder Erhebung gefunden. Der verdiente geologische Erforscher dieser Gegenden, Du Noyer, berichtet von ausgedehnten Betten von heute lebenden Austernschalen, die mehrere

Fusse über der höchsten Seehöhe in der Kenmare Bay gefunden wurden[1]). So hört hier die sich von Zone zu Zone weiterschiebende Wirkung der vom Golfstrome gegen die Küsten getriebenen brandenden Fluth nicht auf, sondern arbeitet weiter, mit den immer kräftiger aus dem Innern abfliessenden Gewässern vereint. Die von der Brandung zerlegten Klippen und Inseln fügen sich bei fortschreitender Erhebung wieder zu Landzungen aneinander, auf denen sie als scharfe Gipfel emporragen, Landzungen, welche die länger und länger nach Südwesten zu fortwachsenden Buchten trennen.

Aber immerhin bleibt der erste Ausgangspunkt der regelmässigen von Südwesten nach Nordosten gerichteten Ausfransung des südwestlichen Küstensaumes von Irland die geologische Struktur und der Bau des Gebirges. Alle Falten von den Slieve Bloom Mts. an bis zum Cap Clear und ebenso an der nördlichen Grenze des centralen Kohlenkalkes vom Lough Neagh bis zu der Clew Bay, an der Küste von Mayo, streichen übereinstimmend von Südwesten nach Nordosten. Ueberall sind die nach Süden gerichteten Schichten die steileren, flacher liegen die Nordflügel. Wo die Kohlenflötze in dem Gebiete des centralen Irland's nahe den Randgebirgen auftreten, haben sie die gleiche Lagerung, die sie in Uebereinstimmung bringt mit den Flötzen der belgischen und westrheinischen Kohlenbecken, wo ebenfalls überall die vielfach zerbrochenen Flötze der Südflügel, die sog. Rechten, die steilere, die regelmässsiger gelagerten Flötze der Nordflügel, die Platten, die flachere Stellung zeigen. Hier in Irland sind die Old Red Schichten nach dem Rande zu über die Kohlenkalksteinschichten geschoben, wie dort bei Lüttich das Devongebirge von Süden her über die Flötze. Beim Aufstieg zum Mangerton und am Eingange zum Dunloe Passe überschritten wir diese in übergekippter Stellung dem Kohlenkalke scheinbar aufgelagerten Sandsteine des Old Red. Das deutet an, dass auch die Schichtenfaltungen dieser irländischen Gebirge dem vom westlichen Deutschland an durch Belgien und England hindurch allgemein gültigen Gesetze folgen, dass der tangentiale Druck, der diese Gebirge aufwölbte, nicht ein von beiden Seiten gleicher, sondern ein einseitiger gewesen und dass er nach

1) Explanation, Sheet 184, S. 86.

Nordwesten stärker gewirkt habe. Darum stehen z. B. schon an der Dingle Bay die Schichten in regelmässiger, nicht umgeworfener Folge. Es hat für Irland den Anschein, als ob man die Ursache aller Stauungen längs der Ränder der centralen Ebene in den alten Granitgneissgebieten von Wicklow und Carlow im Südosten, von Donegal und Mayo im Nordwesten zu suchen hätte. Zwischen diesen beiden granitenen Urschollen ist die ganze Schichtenreihe des Old Red und der Kohlenformation eingeklemmt und längs der Grenze zwischen beiden, die wir uns, um das Ganze deutlicher zu erkennen, nach Südwesten zu unter das Meer hin weiter fortsetzend denken müssen, sind die gepressten Schichten zur steilen, ja selbst zur übergekippten Stellung aufgebogen, im Süden gewaltiger als im Norden.

Dabei ist es dann auch noch bemerkenswerth, dass das Streichen der östlicher gelegenen Falten, die nahe an die Scholle der altkrystallinischen Gesteine herranrücken, in ein fast nördliches umgebogen ist, genau übereinstimmend mit der nördlicheren Richtung der Granitkette von Wicklow.

Alle Verwerfungen und grösseren Dislocationsspalten streichen in dem Gebirgszuge des südwestlichen Irland von Südost nach Nordwest, oder nahezu normal zu dem Streichen der Gebirgsfalten. Hiernach markiren sie sich als die Folge der horizontalen Verschiebung der einzelnen Theile der Gebirge gegeneinander, die gleichzeitig einer vertikalen Bewegung der beiden gegen einander bewegten Lippen aequivalent erscheint. Manche Thäler sind durch solche Verschiebungen bedingt und wir sahen schon früher einige südirische Flüsse, z. B. den Blackwater[1]), hierdurch einen auf den ersten Blick auffallenden Verlauf nehmen.

In seinem für unsere Anschauungen über den Bau der Gebirge hoch bedeutsamen Werke über die Entstehung der Alpen unterscheidet Suess[2]) vorzüglich 3 verschiedene Arten von Stauungen, welche die Aeusserungen der bewegenden Kraft beeinflussen. Die ersten sind jene, welche durch fremde Gebirgsmassen hervorgebracht werden und die Ablenkung des Verlaufes der Ketten bewirken. Sie sehen wir in Irland u. A. an dem nordwestlichen Fusse der Granit-

1) Vergl. S. 39.
2) l. c. S. 63.

kette von Wicklow. Eine zweite Gruppe von Stauungen entsteht durch den Widerstand, den die faltende Masse selbst leistet; mit den Luftsätteln am Säntis und andern Punkten der nördlichen Alpen sind die auffallenden Schichtenstellungen des Old Red, wenn auch in kleinerem Massstabe vollkommen zu vergleichen. Durch die stellenweise Einschaltung grosser Massen altvulkanischer Gesteine entsteht eine dritte Gruppe von Stauungen, für die wir in Irland kein so recht charakteristisches Beispiel finden; denn die Porphyre des Benaunmore sind zu lokal, als dass ihre Einwirkung auf die Faltung der Schichten im Grossen hätte bemerkbar werden können.

Treffend hat ferner Süss [1]) die stauenden Massen selbst als zweierlei Art geschildert. Es sind entweder aufeinander geschobene und sich kreuzende Gebirgszüge, Packeis vergleichbar, oder sie bestehen aus einer weiten Fläche, deren Schichten, selbst die ältesten, ihre horizontale Lagerung beibehalten haben, wie die grosse russische Scholle, deren überall fast horizontale Lagerung, frei von allen vulkanischen Störungen und Dislokationen schon L. v. Buch so in Erstaunen setzten, dass er an eine grosse Tafel einer einheitlich zusammengesetzten Gebirgsart dachte, die sich hier schützend in der Tiefe vorgeschoben habe [2]).

Solche stauenden Massen der zweiten Art sind nun in Irland freilich nicht vorhanden, denn die Schichten des Silurs sind so wenig wie die jüngeren in horizontaler Stellung geblieben. Aber um so treffender passt das Bild des Packeises auf die Verhältnisse, wie sie die Gebiete der altkrystallinischen Schiefer in den nördlichen Grafschaften, Donegal vor allem, und in gleicher Weise im Südosten, in den Bergen von Carlow und Wicklow zeigen. Denn hier ist in den Gebirgen nirgendwo Regel und Ordnung, sondern diese sind eben nur Haufwerke regellos über und in einander verschobener Gebirgstheile ohne irgend eine erkennbare gemeinsame Struktur.

Und wie im continentalen Europa z. B. in Böhmen und Russland beide Arten von stauenden Massen durch die Lückenhaftigkeit der sedimentären Reihe, insbesondere durch das fast gänzliche Fehlen

---

1) l. c. S. 166.
2) Suess, l. c. S. 157; Murchison Quarterly Journ. XXV. 1869. 2.

oder doch nur sehr unvollkommene Auftreten der Ablagerungen zwischen der permischen und der cenomanen Stufe und das Fehlen der älteren Eocänbildungen ausgezeichnet sind, so müssen wir diesen grossen Hiatus in der Schichtenfolge auch für Irland als eine der bemerkenswerthesten Erscheinungen in der geognostischen Constitution der Insel hervorheben, wie das auch schon mein verehrter Reisege-fährte F. Römer in einer brieflichen Notiz über unsere Reise gethan hat[1]. Denn Perm und Trias sind nur in kleinen Partien im Nordwesten vor-handen, und zwischen dem unteren Lias und dem cenomanen Grün-sande fehlen alle andern Glieder der Jura und Kreideformation, und das Tertiär erscheint nur mit sparsamen Schichten des Miocän in der Grafschaft Antrim.

Jedenfalls drängte sich uns aus der Betrachtung der all-gemeinen Gebirgsverhältnisse, zu der uns der Blick vom Mangerton auf die geradlinig vor uns liegenden, mächtig aufgestauten Ketten der Gebirge von Cork und Kerry antrieb, die Ueberzeugung auf, dass auch hier nirgendwo eine radiale, erhebende Kraft erkennbar sei, die die Gebirge, vom Erdinnern gegen die Oberfläche wirkend, emporge-trieben habe, sondern dass nur ein Wechsel mehr oder weniger be-wegter Theile, die in tangentialer oder horizontaler Richtung, nicht ohne ein einseitiges polares Streben erkennen zu lassen, sich zu grossen Faltensystemen in einander schoben, auch hier in Irland den Aufbau der Gebirge bedinge.

Beim Abstiege vom Mangerton über den Driftwall, der seinen Fuss umlagert, hatten wir Gelegenheit noch eine andere Erscheinung zu beobachten, auf welche uns schon die Beschreibung Du Noyer's aufmerksam gemacht hatte. Es sind dieses einige weite, trichterförmige Kessel, die hier unter dem Namen von Schlinghöhlen (Swallow Holes) bekannt sind und in ihrer Form durchaus an die Erdfälle in dem Kalksteingebirge des Karst und an die schon von Virlet[2]) beschrie-benen kesselförmigen Einsenkungen in den Kalksteinplateau's des Departements Haute Saone in Frankreich erinnern, für die er den Namen cirques d'enfoncement oder Cavernes à ciel ouvert wählte. Es sind in der That wahre Schlinggruben, entstanden durch den Einsturz

---

1) Jahrb. 1877. S. 71.
2) Bull. d. la Soc. geol. VI. 158.

der Decke von Höhlen im unterliegenden Kohlenkalkstein, in welche nun der Regen die Gerölle der Driftmasse hineinspült und sich darin verliert. Recht treffend vergleicht sie Du Noyer mit der trichterförmigen Vertiefung, die sich an der Oberfläche im Sande einer ablaufenden Sanduhr bildet [1]).

So gestaltet sich in vielfacher Beziehung der Besuch des Mangerton als ein lehr- und genussreicher für den Geologen.

Uns trieben am andern Morgen, ohne dass es uns vergönnt gewesen wäre, einen Blick in die gewiss grossartigen Küstenbilder von Galway zu werfen, die allzu andauernd niederströmenden Segenspenden des alten O'Donohue's zur Rückfahrt nach Dublin.

Von hier aus wurde ein zweiter Ausflug in die vielgerühmte Grafschaft Wicklow unternommen.

[1]) l. c. S. 35.

Die Berge von Wicklow.
(Rechts der grosse Zuckerhut.)

VII.

KILLINEY UND DIE GRAFSCHAFT WICKLOW.

Von Dublin führt die Bahn über Kingstown hinaus, mit der wir auch nach der Ueberfahrt von England angekommen. Sie geht dann, immer unmittelbar an der Küste des Georgscanales sich haltend, über Killiney nach Bray und Wicklow, von wo sie sich landeinwärts wendet. Die zweite Station nach Kingstown ist Killiney, berühmt durch seine schönen Granite und den aus ihnen bestehenden, treffliche Aussicht gewährenden Hügel; auch ist es der Ausgangspunkt zum Besuche der Insel Dalkey.

Von der unmittelbar am Strande gelegenen Bahnstation steigt der Weg durch ein mit hohen Mauren sorgsam eingefasstes Gässchen nach dem hochgelegenen kleinen Dorfe empor. Man durchschreitet dasselbe und kommt dann zum Eingangsthore des rings wiederum mit Mauern abgeschlossenen Hügels, auf dem der Besitzer, dessen Villa nach der Meeresseite zu gelegen ist, einen kleinen Pavillon, Bänke und Wege angelegt hat, die dem Fremden einen ruhigen Genuss des prächtigen Bildes erleichtern, das sich von hier oben den Blicken bietet. Der vornehmlichste Reiz der Aussicht liegt in den prächtigen grossen Bogen der Küste, die nördlich die Bay von Dublin, südlich die von Bray umspannen. Etwas enthusiastische Eng-

7

länder vergleichen den Blick auf diese Küste wohl mit dem Bilde
der Bay von Neapel, von den Abhängen des Vesuv aus gesehen.
Dazu gehört allerdings ein ziemliches Maass vaterländischer Begeisterung. Denn es fehlt nicht nur die Grossartigkeit der Formen, sondern
vor allem das warme Licht, das auf dem Süden Italiens liegt, der
wolkenlose Himmel und die scharfen Contraste von Beleuchtung und
Schatten, und auch der prächtige blaue Glanz des Mittelmeeres. In
dem Bilde von Killiney ist der Schatten zu überwiegend, und das
wenige Licht ist kalt. Der bewölkte Himmel, unter dem ich den Blick
hinausthat, mochte diesen Eindruck mehr als gewöhnlich steigern.
Düster liegt der unruhige Georgscanal vor uns, schon die stete Bewegung lässt einen wirksamen Lichtreflex nicht zu. So verhält sich
die Bucht von Neapel zu der von Bray wie ein in frischen Farben
wohlthuend wirkendes Oelbild zu einer Landschaft in Sepia. Aber
dennoch ist die Aussicht eine überraschend schöne, und es mag in
der That wenige Küstenbilder in Europa geben, die sich damit vergleichen lassen können.

Im Vordergrunde liegt der ganze Kranz von eleganten Villen
und freundlichen Häusern, der sich südlich von Dalkey bis zum Bray
Head hin über die Uferterrasse gelegt hat. Der schöne Hafen von
Kingstown, der lange Streifen des Liffeydammes an der Mündung des
Flusses, der in seinem äussersten Ende den Leuchtthurm des Pigeon
House trägt, darüber hin der regelmässige Kegel von Hawth, bilden
den Vordergrund nach Norden zu. Und über die Wellen des Georgscanales hin blauen in grosser Ferne die Gipfel der englischen Westküste.

Landeinwärts aber hat man einen trefflichen Ueberblick über
die Berge von Wicklow, so dass auch zur Orientirung über diese der
Besuch des Hügels von Killiney seinen Werth hat.

Er selbst ist der am meisten nach Norden vorstehende von
drei flachrunden Granitkuppen, welche die erste Stufe des granitischen
Gebirgszuges der Grafschaften Wicklow und Carlow bilden. Gross-
artige Granitbrüche befinden sich in der nordwestlichen Flanke dieser
Hügelgruppe. Aus diesen Brüchen sind schon ganz enorme Massen
von Bausteinen gewonnen worden. Besonders ist der prächtige Hafen
und Pier von Kingstown und die ganze Mauerrampe der Themse zu

London aus diesem Granit erbaut. Zahlreiche der grösseren Bauten
von Dublin sind darin ausgeführt, so das O'Connell-Monument zu
Glasnevin. Quarz, Orthoklas, silbergrauer Glimmer und zuweilen
schwarzer Glimmer und Turmalin sind die Gemengtheile des Gesteines,
dessen herrschende Farbe eine fast weisse, hellgraue ist. Ganz wie in
den schönen Granitbrüchen der schlesischen Heimath zu Striegau und
Strehlen zeigt sich auch hier eine den flachrunden Conturen der Hügel
parallele, ausgezeichnete plattenförmige Absonderung. Die Qualität
der Granite dieses Distriktes ist sehr wechselnd; Struktur und Korn,
Härte und damit Tragfähigkeit und Widerstand gegen die Verwitterung lassen die Granite einiger Orte ganz besonders geschätzt erscheinen. So sind die Granite von Glencullen und Kilgobbin, nur
wenige Meilen südwestlich von Killiney gelegen, und besonders der
Granit von Ballyknokan, Co. Wicklow, durch ein gleichmässigeres
Gefüge noch dem von Killiney vorzuziehen. Das prächtige Gebäude
der Four Courts (der Gerichtshof am King's Quay in Dublin) und
das durch öffentliche Subscription errichtete Wellingtondenkmal im
Phönix-Park und die Nelson-Säule in Sackville Street sind aus dem
letztgenannten Granite erbaut.

Der Granit von Killiney ist zum Theil als Granitporphyr ausgebildet, prächtige grosse Krystalle von Orthoklas heben sich auf den
Bruchflächen ab; Zwillinge nach den beiden gewöhnlichen Gesetzen,
dem von Carlsbad und von Baveno sind nicht selten. An manchen
Stellen zeigen sich Uebergänge zu pegmatitischer Ausbildung, indem
Quarz und Feldspath in der regelmässigen Weise mit einander ver-
wachsen scheinen, wie es den Schriftgraniten eigen. Auch zeigen diese
Verwachsungen palmenartige und sphärolithische Struktur, wie sie in
manchen Porphyren vorkommen. Der Glimmer tritt an solchen Stellen
zurück und ist wie in andern Pegmatiten an einzelnen Stellen zu-
sammengehäuft, hier blumenähnliche Büschel und Sträusse von manchmal zierlicher Gruppirung der einzelnen Glimmerblättchen bildend.

Von der Insel Dalkey an, die nur eine durch die Brandung
des Meeres von dem Granite des gegenüberliegenden Ufers getrennte
Klippe ist, zieht sich der granitische Gebirgszug in S.S.W. Richtung
durch die Grafschaften Dublin, Wicklow und Carlow hindurch, erst
nahe der Südküste endigend, wo sich die ebenen Uferflächen der

Grafschaft Waterford zwischen die Berge und das Meer einschieben. So misst diese Kette in ihrer ganzen Länge fast 80 engl. Meilen. Während sie noch bei Wicklow dicht an die Meeresküste tritt, divergirt sie von der fast genau von N. nach S. verlaufenden Küste immer mehr und es schiebt sich auch hier ein sich erbreiterndes Vorland zwischen die Berge und das Meer ein, das südöstlich und südlich in weitem Bogen den Fuss des Gebirges umsäumt.

Die ganze Kette, die geologisch und orographisch als ein einziges Ganze aufzufassen ist, zerfällt in mehrere, mit besonderen Benennungen belegte Theile. Der nordöstlichste Theil, als dessen Stufe wir den Hügel von Killiney angesehen haben, wird als Dublin und Wicklow Mts. bezeichnet, der höchste Punkt dieser Berge ist der Threerock Mount, 1479' hoch. Die eigentliche hohe Kette des Zuges, dessen allgemeiner Charakter der eines gerundeten Walles mit darauf aufsitzenden runden Höckern und seichten, offenen Thälern ist, beginnt erst in den Bergen von Kippure, im Mullaghcleevaun und dem Lugnaquillia (3039')[1], dieser letztere der höchste Berg des östlichen Irland's überhaupt. Die östliche Seite dieses Granitwalles, dessen mittlere Höhe ca. 1600' betragen mag, ist zum Theil auch in tieferen und pittoresken Thälern gegliedert, zwischen denen einzelne Bergspitzen mit scharfen, conischen Formen sich erheben. So treten vor allem die beiden Zuckerhüte, (1659' und 1120'), rechts über der Bay von Bray hervor, mit ebensolcher scharfgeschnitter Form stürzt auch das Bray Head (795') gegen den Kanal ab.

Die Verschiedenheit der Berg- und Thalformen ist wesentlich bedingt durch die Art der auftretenden Gesteine. Denn als einen granitischen Wall dürfen wir streng genommen nur die centrale Axe der Gebirgskette bezeichnen, der nach beiden Seiten krystallinische Schiefer und alte cambrische und silurische Schiefer angelagert sind. Diese sind wieder von Eruptivgesteinen durchbrochen. Darum steht nun die Einförmigkeit der Formen des Granites im Centrum der Kette gegenüber dem fein ausgearbeiteten Formenwechsel der Glimmerschiefer, den steil aufragenden Felsen und Gipfeln der quarzreichen Gesteine der cambrischen Formation. Mit den sehr verwitterten, aber in

1) Auf der beigefügten Karte ist die ältere Höhenangabe mit 2851' angeführt.

sanfter Rundung auftretenden Abhängen der silurischen Schiefer wechseln die spitz kegel- oder auch mauerförmigen Aufragungen der dioritischen und felsitischen Eruptivgesteine.

Schon Jukes[1]), dessen trefflicher Karte von Irland wir schon gedacht haben, sprach es auf das Bestimmteste aus, dass trotz der regelmässigen centralen Lage des Granites in dieser Gebirgskette, er dennoch keineswegs in dem Sinne als geologische Axe gelten könne, dass er als der Träger der erhebenden Kraft dieses Gebirges angesehen werden dürfe, so wenig wie der Verlauf der geschichteten Glieder der alten Formationen, die auf beiden Seiten und vorzüglich auf der Ostseite auftreten, einen inneren Zusammenhang der Stellung und Lage dieser mit der orographischen Aussenseite des Gebietes erkennen lässt. Nur in dem hiernach beschränkten Sinne kann daher der Granit dieser Gebirgskette als eine centrales Massiv bezeichnet werden. Von diesem aus greifen dann gewaltige Ausläufer und Apophysen in die umgelagerten cambrischen und silurischen Schichten hinein.

Die cambrischen Gesteine, rothe und grüne Sandsteine und Schiefer mit eingeschalteten mächtigen Lagen von gelben Quarziten treten in so regelloser, vielfach gestörter Stellung auf, dass eine gemeinsame Streichlinie unmöglich festzustellen ist. Auch der Lagerverband mit silurischen Schichten kann nur sehr unklar erkannt werden, wenngleich solche Stellen von Jukes[2]) nachgewiesen sind, wo eine deutliche Discordanz zwischen dem aufgelagerten Silur und den unterliegenden cambrischen Schichten evident wird.

Die granitische Centralmasse ist von einer Zone von krystallinischen Schiefern umgeben, die als metamorphosirte silurische Schichten gelten müssen und die in ihrer petrographischen Entwicklung sehr an die ähnlichen Schichten des Harzes und des Königreichs Sachsen erinnern. Ueberall von dem Granite aus durch die verhältnissmässig schmale Zone solcher Schiefer hindurchschreitend, wiederholt sich eine regelmässige Folge von schönen Andalusit- und Staurolith-führenden Schiefern, Glimmerschiefern und Frucht- und Knoten-

1) Expl. Sheets 121 and 30. S. 15.
2) l. c. S. 13.

schiefern, die nach aussen hin mit ganz allmäligen Uebergängen die Beschaffenheit der gewöhnlichen Thonschiefer des unteren Silurs annehmen. So scheinen sich verschiedene Stadien der Metamorphose hier verfolgen zu lassen, und es dürfte ein detaillirtes Studium dieser Gesteinszone eine lohnende und an Resultaten reiche Aufgabe für die irische Landesuntersuchung werden. Es würde sich dann mit Sicherheit ergeben müssen, ob die einigermassen wahrscheinliche Annahme, dass die blossen Knotenschiefer die äusserste und am wenigsten umgeänderte Zone, dagegen die Andalusit führenden Glimmerschiefer die dem Granit nächste und am meisten metamorphosirte Zone bilden, in der That für dieses Gebirge allgemeine Gültigkeit hat. Mir war es nur vergönnt, in dieser Richtung hin ganz lokale Beobachtungen zu machen, über die später noch Einiges zu berichten sein wird.

Aus dem ganzen Verbande der geschichteten Gesteine auf beiden Seiten des Granites ergibt sich, dass diese Gebirgskette nicht als eine normale gelten kann, deren Abhänge beiderseitig aequivalent und symmetrisch von der hebenden Axe aus gelagert sein müssten. Auch hier lässt sich im Gegentheile eine Einseitigkeit nicht verkennen, die auf seitlich gerichtete und nach Nordwesten strebende Pressungen hindeutet. Die zusammenschiebende Kraft aber mochte wirksam gewesen sein, lange ehe die Granite an der Oberfläche lagen, deren Entblössung grösstentheils oder vielleicht ganz der gewaltigen Erosion zugeschrieben werden muss, welche die Gebirge abgetragen hat.

So reich bewohnt und freundlich die Küste sich längs des Fusses dieses Gebirges hinzieht, von Dublin bis Wicklow einer der wohlhabendsten und dichtbevölkertsten Theile von Irland, so vollkommen trostlos und öde sieht es überall in dem Gebirge selbst aus. Denn die Bergrücken, welche den Lugnaquillia umgeben und die weiter nach der Grafschaft Carlow hin verlaufen, heissen geradezu die unbewohnten Berge (uninhabited Mountains); ein fast 60 englische Meilen langer und zum Theil 40 Meilen breiter Landstreifen, in dem die Thäler und Berge gleichmässig baar sind der Bewohner und der Vegetation. Eine einzige nackte, felsige Oberfläche, nur mit Haidekraut und Moorgrund und kümmerlicher Weide bedeckt, der Aufenthalt der Birkhühner und der wilden Ziegen. In der That treiben sich die Ziegen im halbwilden Zustande in diesen Bergen umher, bis sie von den Hirten abgeschossen werden. Nirgendwo Ackerbau oder Versuch einer Cultur. Und dennoch liegen inmitten dieser Bergwüsten die malerischsten der irischen Thäler, von den Dichtern besungen und von den Fremden besucht. In diesen Thälern aber und hin und wieder auch auf den unwirthlichen Höhen glaubt man die Anzeichen zu finden, dass die jetzige Beschaffenheit als ein Ruin bezeichnet werden muss. Allerdings mögen die höchsten Gipfel der Berge schon seit langem wüste liegen; denn der alte Name Lugnaquillia d. i. Höhle der Birkhühner, lässt schon an weite Haideflächen denken. Aber die zahlreichen Ruinen von Burgen, Klöstern und Orten deuten doch auch an, dass bessere Zeiten über diese Einöden hingingen, wo mehr und wohlhabende Menschen hier ihre Heimath hatten. Auch die Wohnstätten der jetzt in den Thälern lebenden Bevölkerung sind nur traurige Reste besserer Tage.

Das gewöhnliche Ziel der in dieses Gebiet eindringenden Reisenden ist ein Punkt, an dem drei dieser wilden und öden, auch jetzt noch menschenleeren Thäler zusammentreffen, das Glendalough, Glen Avon und Glenmacnass. Früher erreichte man diesen Punkt am besten auf dem grossen Militärwege, den die Engländer, mit einer Reihe von Polizeistationen ihn ausrüstend, durch diese einsame Landschaft gelegt haben. Jetzt aber, wo Dublin mit Wicklow durch eine Bahn verbunden, ist die Station Rathdrum der geeigneteste Ausgangspunkt geworden.

Als ich längs des Strandes von Killiney auf- und abwandelte, um den Zug zu erwarten, der mich nach Bray zunächst bringen sollte, hatte ich Gelegenheit, in den Geschieben, welche ein Bach aus dem Innern der Küste zuführte und in denen, welche zerstreut längs des ganzen Ufersaumes lagen, den die Ebbe trocken gelegt, eine grosse Zahl verschiedener Gesteine zu erkennen, die im Innern des Gebirges vorhanden sind. Besonders fielen mir darunter schon hier die schönen Andalusitschiefer auf. Auf den abgerundeten Flächen der Geschiebe bildeten die sternförmigen Gruppen von Andalusitkrystallen erhabene Formen, die man für alte Druidenzeichen hätte ansehen können. Auffallend waren auch andere Geschiebe, von glatter, eiförmiger Gestalt, aber mit tiefen, cylindrischen Höhlungen, wie Röhren in das Innere derselben eindringend. Ganz ähnliche Geschiebe mit Eindrücken sah ich in den Schichten der Nagelflue am Züricher und Genfer See. Es

waren Gesteine von ganz verschiedener petrographischer Beschaffenheit, welche diese Erscheinung in gleicher Weise zeigten: Gneiss,
Porphyrit, Diabas. Die Bildung dieser tiefen Eindrücke ist schon der
Gegenstand vielfacher Erörterung gewesen. In der That erscheint
es nicht so ganz einfach, sich die Entstehung derselben zu erklären.
Einige dieser Röhren enthielten fest darin eingeklemmte Stückchen
eines anderen Gesteines und darin ist wenigstens eine Andeutung
ihrer Bildung gegeben. Kleinere, harte Stücke werden von dem lau-
fenden Wasser gegen ein festliegendes grösseres Geschiebe gedrückt,
so dass beide fest und unbeweglich nur vom Wasser umspült werden.
An der Berührungsstelle, wo der Druck in chemische Arbeit umge-
setzt wird, findet zunächst die Auflösung, die Bildung eines Eindruckes
statt. Wenn dieser Eindruck erst etwas vertieft ist, so kommt auch
die blosse mechanische Wirkung durch Stoss und Umherwälzen von
scharfen Gesteinsstückchen in der Höhlung hinzu. So entsteht eine
vollkommene Bohrung, die nach Massgabe der anfänglich gebildeten
Vertiefung röhrenförmig in das Innere des Geschiebes fortschreitet.
Wird endlich das Geschiebe losgelöst und vom Wasser weiter trans-
portirt und in anderer Stellung in eine feste Lage gebracht, so können
mehrere Eindrücke in verschiedenen Richtungen ein solches Geschiebe
nach und nach anbohren.

Bray ist die nächste Station nach Killiney. Hier treten die
Berge, die von Killiney an in grossem Bogen von der Küste zurück-
wichen, wieder dicht und mit steilen Abfällen, dem Bray Head, an
dieselbe heran. Das bedingt z. Th. die überaus freundliche Lage
dieses Städtchens. In einer kurzen Reihe von Jahren hat sich dasselbe aus einem nur aus wenigen armen Hütten bestehenden Fischer-
dorfe zu einem ziemlich eleganten Badeorte mit reizenden Promenaden
gestaltet, das Werk des dafür von seinen Landsleuten gesegneten
Iren Mr. Dargan. Erst im Jahre 1856 fasste er die Idee hierzu;
zwanzig Jahre opferwilliger Arbeit haben hingereicht, den Plan in
vortrefflicher Weise durchzuführen. Bray sieht jetzt recht einladend
aus, mehrere schöne Hôtels und zahlreiche in Gärten umherliegende
Villen dienen zur Aufnahme der Badegäste. Es ist eines der wenigen
Beispiele einer erfreulichen Entwicklung, denen wir ausserhalb der
nördlichen Industriedistrikte begegnet sind.

Im Mittelalter mochte dennoch Bray bedeutender gewesen sein. Jedenfalls ist es ein sehr alter Ort; man schreibt seine Gründung und seinen Namen dem Brea zu, dem Sohne des Seanboth, einem der Krieger des Parthalon, der der ersten Colonie vorstand, welche nach den Zeiten der grossen Fluth in den Ebenen von Dublin sich niedergelassen hatte[1]). Diese Legende, die nach Joyce in sehr alten Chroniken sich findet, erzählt weiter, dass die Leute dieses Stammes, nachdem sie dreihundert Jahre in dieser Gegend gelebt hatten, einer Seuche zum Opfer fielen, die ihrer 10,000 in einer Woche dahinraffte. Sie wurden auf einem Hügel: Taimhleacht-Mhuintire-Parthaloin, d. i. das Seuchengrab des Volkes Parthalon's, begraben. Der Name dieses Hügels ist noch in dem 5 Meilen von Dublin gelegenen Tallaght erhalten und auf dem Hügel, der bei diesem Orte liegt, sind in der That noch heute eine grössere Zahl von Grabhügeln zu sehen, in denen Aschenurnen in grosser Menge gefunden wurden.

Aber welchen Ursprung auch diese Legende haben mag, für Bray erscheint es wahrscheinlicher, dass sein Name nur von dem alten Worte Bree herkommt, was einen Berg bedeutet und hier auf das nahegelegene Bray Head zu beziehen ist. In der That heisst es in mittelalterlichen Dokumenten: Bree.

Ganz in der Nähe liegt die schöne Besitzung des Mr. Hodson: Hollybrook, die alte Residenz des auch bei uns in Deutschland durch mehrfache Compositionen des schönen Liedes von Robert Burns: „Gruss dir im Heimathlande" etc. wohlbekannten Robin Adair. Mein Führer hatte mir keine Ruhe gelassen, und ich musste die 20 Minuten Weges bis dorthin machen, um die alte Harfe und den Trinkbecher Robin Adairs zu sehen, die in der alten, mit schönem Schnitzwerk aus Eichenholz geschmückten Schlosshalle aufbewahrt werden.

Gleich hinter Bray durchschneidet die Bahn das hier fast 800' hoch steil über dem Seespiegel aufragende Bray Head. Es sind cambrische Schichten, meist dünnschiefrige Gesteine, die in zahlreichen Sattel- und Muldenwindungen in den Bahneinschnitten offen liegen. Durch sie hindurch führen einige Tunnels und auf der andern Seite öffnet sich vor uns eine zweite Bucht, der schon durchmessenen ganz

<hr/>

1) Joyce, l. c. 1. 160. 390.

ähnlich. Die im weiten Halbkreise zurücktretenden Berge schliessen hier im Head of Wicklow ab, das mit seinen beiden Leuchtthürmen im Süden weithin sichtbar ist.

Hier hört die Bahn auf längs der Küste zu gehen, sie biegt nach Westen um und erreicht schon bei der nächsten Station Rathnew das Vorland der uninhabited Mountains. Dieses elende Dorf, ein Haufen zerfallener Hütten, contrastirt gewaltig mit der eben verlassenen Landschaft.

Zur Rechten hat man bei der Weiterfahrt einen auf breitgewölbtem Unterbau mauerähnlich aufragenden, langgestreckten Bergrücken. Es sind cambrische Schichten, die ihn zusammensetzen. Sie ragen in einem nach NO. verlaufenden Streifen aus dem Silur auf und die in ihnen alternirend mit andern Schichten auftretenden Quarzite sind es, die jene lange Felsenmauer bilden.

Das Ziel meiner Fahrt, die Station Rathdrum, liegt in einem tiefen Einschnitte der Bahn im Thale des Avonmore Baches, hoch über demselben. Sie hat ihn auf schöner Brücke gerade ehe sie in den Bahnhof einmündet, überschritten. Der Ort selbst liegt auf der Höhe über der Station, in weitem Bogen führt ein Weg durch Mauern hinauf: Ein schmutziges, zum Theil verfallenes Nest! Nur die aus rothem Schiefergestein erbaute neue Kirche, deren schlanker, gothischer Thurm und das im gleichen Style gebaute Pfarrhaus freundlich in das Avonthal hinunterblicken, machen eine Ausnahme. Wenn man diese sieht, vermuthet man kaum, wie elend es im Orte selbst aussieht. Von dem netten, ordentlichen Städtchen, das J. G. Kohl im Jahre 1841 gesehen und an dem er es ausdrücklich bejahen zu können glaubt, dass Irland ein improving country (ein fortschreitendes Land) sei, konnte ich keine Spur mehr wahrnehmen, trotz Eisenbahn und der 30 Jahre, die seitdem vergangen und die Fremden hierhin führten.

Zwei Ausflüge schienen mir von Rathdrum aus bei meiner etwas knapp gemessenen Zeit am besten geeignet, einen möglichst umfassenden Ueberblick zu gewinnen und recht viel Einzelheiten zu sehen: Einmal abwärts durch das Avonmorethal bis zu der Station Woodenbridge und dann das Avonthal aufwärts bis zu den Seven churches und den Erzgruben von Glendalough.

Das Avonmorethal abwärts von Rathdrum ist eine enge Schlucht, durch welche nicht überall der Weg möglich und noch weniger erlaubt ist. Die drohenden Grüsse für die Trespassers stehen auch hier an allen Zäunen. Wenn man aber der grossen Strasse folgt, die oben über die Höhe geht, verliert man den trefflichen Einblick, den die Wasserstrasse des Avon und die Eisenbahn in die Struktur der Gebirge gewährt. Unterhalb des auf schöner, prächtig bewachsener Anhöhe gelegenen Castle Howard liegt die Vereinigung des Avonbeg und Avonmore und von hier ab bilden sie das Thal von Ovoca. Dieser letztere Name ist dem Ptolomäus entlehnt, der auf seiner Karte einen Oboka-Fluss aufführt, mit dem er wohl diesen gemeint haben mag [1]. Aber erst ganz in neuester Zeit wurde dann dieser Name wieder aufgenommen, während er im ganzen Mittelalter unbekannt gewesen zu sein scheint, wo immer nur der Avonmore genannt wird. Avonmore oder Owenmore (Abhainn-mor, im Sanskrit avani) heisst aber weiter nichts, als der grosse Fluss, während Aw- oder Ow-beg der kleine Fluss bedeutet.

Mir erging es wie gewiss noch vielen anderen Reisenden, die dieses Thal besuchen. Durch die Poesieen des von den Schönheiten des Heimathlandes über das Maass begeisterten Moore hat man eine etwa zu hohe Erwartung von diesem Punkte. Es ist das berühmte Meeting of waters, von dem Moore so herrlich singt:

„There is not in the wide world a valley so sweet,
As that vale in whose bosom the bright waters meet[2]".

An der Stelle selbst steht man etwas enttäuscht und die wirkliche Schönheit des Ortes macht darum minderen Eindruck. Ein düsterer Regenhimmel lag heute zudem über der Landschaft.

Jedenfalls scheint es berechtigt, die Berühmtheit des Thales nicht so sehr auf dessen natürliche Schönheit als auf Moore's Dichtungen zurückzuführen. Wenn eine Marmorsäule dankend den Ort bezeichnet, wo er die liebliche Dichtung schuf, die dieses Thales Namen über ganz Grossbritannien trug, so ist das nur eine wohl berechtigte Anerkennung, dass er dem Thale seinen Ruhm geschaffen.

---

1) Joyce, l. c. I. 80.

2) Kein Thal mir so süss in der weiten Welt scheint,
Als der liebliche Grund, der die Wasser hier eint.

Von diesem Meeting of Waters an öffnet sich das liebliche, reich bewachsene Ovocathal mit frischen Wiesenflächen und gutem Hôtel, dessen Lage eine treffliche Aussicht über das Thal gewährt. Es liegt gerade dem Einflusse des Aughrim Baches in den Avon gegenüber. Das ist die Stelle, die als ein zweites Meeting of waters berühmt ist und in der That streiten die Ansichten darüber, welches das echte Meeting sei, das Moore begeisterte, zumal er selbst später darüber nicht mehr im Klaren gewesen zu sein scheint, welchem von Beiden er den Vorzug seines Originalmeetings gewähren sollte. Hier am unteren Meeting liegt jetzt die Station Woodenbridge. An ihr theilt sich die Bahn in 2 Arme; der eine führt östlich in wenigen Minuten Fahrt wieder an die Küste, zu dem nur 3 Meilen entfernten Arklow und geht dann südlich über Enniscorthy nach Wexford. Der andere Arm geht westlich bis nach Shillelach.

Gerade der Station von Woodenbridge gegenüber öffnet sich nach Süden ein kleines Thal, das sich bald aufwärts gabelt; es ist der Goldgrubenbach der Grafschaft Wicklow, der von dem dieserhalb besonders berühmten Berge Croghan Kinshella 1987' in diesem Thale niedergeht.

Im Jahre 1795 wurden durch Zufall in dem Bachsande hier Goldkörner gefunden und sobald dieser Fund bekannt geworden, so kamen Scharen der nahe wohnenden Bevölkerung, um dort Goldwäschereien zu etabliren. Eine grosse Zahl kleiner Halden, die von diesen Wäschereien herrühren, sind noch jetzt dort in dem Thale zu sehen, in denen ich jedoch nur einige Pyrit- und Magneteisenkörner auslas. Später wurde durch einen speciellen Parlamentsbeschluss die Goldwäscherei geregelt und unter die Aufsicht eigener Commissarien gestellt. Bis zum Ausbruche der Revolution von 1798 war dann der Ertrag ein lohnender. Die während der Revolution zerstörten Werke wurden erst im Jahre 1801 wieder in Betrieb genommen. Man begann dann auch einen Stollen in die Flanken des Croghan Berges hineinzutreiben und Versuchsarbeiten verschiedener Art vorzunehmen, aber vergeblich, kein Körnlein Gold wurde in anstehendem Gesteine gefunden. Bald mussten auch die Goldwäschereien als nicht mehr lohnend verlassen werden und spätere Versuche, dieselben wieder aufzunehmen, blieben ohne Erfolg. Nur hin und wieder

wusch noch einmal einer oder der andere der Einwohner die gold-
führenden Sande, aber auch diese scheinen kaum für ihre Arbeit
den Lohn gefunden zu haben. Unter den gefundenen Goldkörnern
hatte das grösste 22 Loth Gewicht; das Modell desselben ist im
Trinity College in Dublin zu sehen. Dort wird auch ein echtes Korn
von 815 Gramm aufbewahrt[1]. Als Begleiter des Goldes wurden in
den Sanden eine ganze Reihe anderer Mineralien gefunden, unter
denen Zinnerz, Pyrit, Magneteisen, Eisenglanz, Wolfram, Quarz, Bleiglanz, Kupferkies und die edelen Mineralien: Topas, Saphir, Zirkon
und Spinell besonders regelmässig gewesen zu sein scheinen[2]. Auch
soll das seltene Platin dort vorgekommen sein.

Ueber die Herkunft des Goldes in dem Sande dieses kleinen
Thales weiss man also nichts; das Thal selbst steht ganz in unteren
silurischen Schichten. In diesen treten Grünsteine auf und ich fand
Bruchstücke eines ziemlich pyritreichen Grünsteines, die einem Gange
angehört haben mochten, der quer über den östlichen Arm des Thales
hinübersetzt. Das Auftreten solcher pyritführenden Diabase und Diorite
lässt fast vermuthen, dass das Vorkommen des Goldes zu jenen in
Beziehung zu bringen sei, wie es z. B. in so ausgezeichneter Weise
in den Golddistrikten von Queensland in Australien der Fall ist, wo
ein Pyritdiorit geradezu als der Goldbringer bezeichnet werden kann[3].

Uebrigens ist die Kenntniss und die Verarbeitung des Goldes
in Irland von sehr hohem Alter, und es scheint aus den alten Legenden hervorzugehen, dass einst das Land noch viel goldreicher gewesen.
Nicht nur sprechen die ältesten Traditionen von Goldgruben, auch
die Namen der Könige, die das Gold gewannen und verarbeiteten,
sind in den Sagen erhalten. Der erste, so erzählen die alten Barden,
der Gold in Irland geschmolzen hat, war Tighernmas, (Tiernmas,
etwa um 1000 vor Chr.). Er liess goldenen Schmuck und Trinkbecher
verfertigen; der Künstler, der das Gold verarbeitete, hiess Uchadan
und lebte in der Gegend der Grafschaft Wicklow, in der jetzt Powers-
court gelegen ist ; die Gruben, aus denen man das Gold gewann, lagen

1) On the mines of Wicklow and Wexford by W. Smyth. London 1853. S. 401.
2) Mallet. Trans. Geol. Soc. Dublin. IV. 271.
3) Vergl. Daintree; Geol. of the Col. of Queensland. Quart. Journ. 1872. 271.

in den waldigen Distrikten östlich des Liffey. Das deutet ziemlich bestimmt auf diese Gegend hin. So viel scheint mit Sicherheit aus dieser und andern Sagen hervorzugehen, dass die Goldfunde zu Ende des vorigen Jahrhunderts nur ein schon im hohen Alterthum bekanntes Vorkommen wieder aufdeckten, das im Laufe der Zeiten gänzlich vergessen worden war. Auch in dem Namen, den hin und wieder in alten Schriften die Bewohner der Grafschaft Leinster tragen: Laighnighan-oir, die Gold-Lagenier, liegt eine Andeutung auf den früheren Goldreichthum von Wicklow [1]. Das altirische Wort für Gold ist: or, oir, derselbe Stamm wie im Lateinischen: aurum und dem wälischen: aur. Eine grosse Zahl von Ortsnamen in Irland enthalten dieses Wort; besonders scheint ausser Wicklow auch die Grafschaft Tipperary einst goldreich gewesen zu sein. Hier liegt Gortanore d. i. das Goldfeld, das noch heute diesen Namen behalten. Auch die grosse Zahl goldener Schmuckgegenstände verschiedener Art, welche in den Torfmooren gefunden worden sind, sprechen mit Bestimmtheit dafür, dass alle diese Legenden einen wirklichen, thatsächlichen Boden gehabt. Die unübertrefflich schöne Sammlung in der Royal Irish Academy zu Dublin ist nur ein kleiner Theil der überhaupt in den irischen Torfmooren gefundenen Goldarbeiten. Das Gold dieser Gegenstände ist fast absolut rein und vollkommen silberfrei, daher es auch eine tief goldgelbe Farbe hat, die die in alten und neuen irischen Schriften vorkommende Bezeichnung derg-ór d. i. rothes Gold geschaffen.

Das Thal des Avonmore von Rathdrum abwärts bis zur Vereinigung mit dem Avonbeg ist durch das Auftreten zahlreicher gangartiger und den Schichten des Silurs conform eingeschalteter Eruptivgesteine und der ihnen zugehörigen Tuffe ausgezeichnet: Felsite, Felsitporphyre und felsitische Tuffe, Diorite, Diabase und schalsteinartige Gesteine. Gleich dem Bahnhofe von Rathdrum gegenüber streicht ein mächtiger Gang eines dunkelgrünen, pyrithaltigen Diabases quer über das Thal hinüber, durch fast senkrecht stehende Schichten eines grünlich grauen sehr feinschiefrigen Thonschiefers in Nordöstlicher Richtung hindurchsetzend. In der unmittelbaren Nähe von Rathdrum tritt auch ein typischer Glimmerdiorit, Minette, auf, zahlreiche Blätter eines

1) Joyce, l. c. II. 340 ff.

bronzefarbigen Glimmers enthaltend, aber daneben auch deutlich
Hornblende. Solche Minetten sah ich in der Sammlung der Geological Survey zu Dublin auch noch von andern Punkten dieses Gebietes, so z. B. von West Aston und Dunganstown, beide in der
Co. Wicklow. Avondale gegenüber treten andere dioritische Gesteine
auf, ebenfalls ein in grauen Schiefern stehender Gang. Der von der
Eisenbahn geschaffene Einschnitt zeigt eine roh pfeilerförmige Absonderung, auf den Fugen des Gesteines liegen dünne Lagen krystallinischen, strahligen Epidotes. Bruchstücke eines sehr harten, hornstein-
ähnlichen Gesteines, die hier mit den Dioritgeröllen gemengt liegen,
lassen die Nähe eines Felsitdurchbruches vermuthen. Diese letzteren
werden besonders weiter südlich bei Newbridge Station häufiger.
An der Woodenbridge Station kommt ein als Grünsteinasche bezeich-
netes Gestein vor, das mir am meisten Aehnlichkeit mit einigen unserer Nassauischen Schalsteine zu besitzen schien und in dem Parthien und Krystalle von Bleiglanz auftreten.

Alle Gänge scheinen ein gemeinsames Streichen von SW nach
NO zu besitzen; da auch das Streichen der silurischen Schichten hier
vorherrschend in der gleichen Richtung verläuft, so ist es in vielen
Fällen recht schwer, zu entscheiden, ob eine der in oftmaliger Wiederholung auftretenden Gesteinsbänke als gangförmig durchgreifend oder
als conform eingeschaltet anzusehen sei. Auch die petrographische
Beschaffenheit mancher Gesteine gestattet erst nach einer sehr sorg-
samen Untersuchung die Entscheidung, ob ein krystallinisches Gestein oder eine klastische, tuffartige Bildung vorliegt. Wenn manche
dieser Gesteine an unsere Schalsteine erinnern und wenn andererseits die Feldstone- oder Feldspatic ashes als identisch mit unsern
Porphyr-Tuffen angesehen werden können, so wollte es mir doch bei
der Betrachtung einiger dieser Gesteine auch scheinen, als ob sie den
Porphyroiden des Taunus und der Ardennen in der petrographischen Beschaffenheit sich näherten und als ob auch sericithaltige,
augitführende grüne Schiefer in dieser Schichtenreihe und unter den
sogenannten greenstone ashes vorhanden seien. Es ist das noch ein
schönes Feld, auf dem die mikroskopische Gesteinsuntersuchung
neue Thatsachen förderen und das Gewirre der vielen hier vorhandenen Gesteinstypen aufklären kann.

Auch gangartige Granitdurchbrüche treten in diesem Gebiete auf, wenngleich die meisten derselben mehr nach Westen, also dem Granitmassiv selbst näher liegen. Wenn man von dem oberen Meeting of Waters etwa eine engl. Meile weit in dem Thale des Avonbeg aufwärts geht, so findet man unweit der Brücke von Ballinaclash eine Granitmasse, welche, kaum 2—300 Schritte mächtig, quer über das Thal hinübersetzt. Es ist ein sehr feinkörniger Granit, der nur wenig dunklen Glimmer enthält, stellenweise mit Andeutungen einer pegmatitischen Struktur. Scharf und eng begrenzt tritt auf beiden Seiten zwischen den grauen silurischen Thonschiefern und diesem Granite eine Contaktzone auf, gebildet durch glimmerreiche Schiefer, die nach dem Granite zu hart, zuweilen hornsteinartig erscheinen. In der feinkörnigen Beschaffenheit dieser Granitapophyse, (denn es darf diese Granitmasse wohl als solche bezeichnet werden, die von dem centralen Granite ausgeht,) sehe ich den petrographischen Uebergang zu den weiter westlich und südlich in diesem Gebiete auftretenden Elvangängen, von denen ich die Stücke in der Sammlung der Geological Survey zu Dublin sah. Ich selbst konnte nur ein unbedeutendes, gangförmiges Vorkommen von Elvan besichtigen, das in der Nähe von Rathdrum, etwa ½ englische Meile westlich gelegen ist. Diese Elvane sind äusserst feinkörnige, glimmerarme, oft ganz glimmerfreie Gemenge von Quarz und Feldspath. Der Glimmer tritt dann in einzelnen Blättern ein und so werden vollkommene Uebergänge zu Graniten gebildet. Am dichtesten, hier stellenweise in der That Felsiten gleichend, sind sie nach den Salbändern der Gänge zu, während nach der Mitte die granitische Textur meist noch recht deutlich ist. Aber auch die ganz dicht erscheinenden Elvane lassen unter dem Mikroskope noch die körnige Vereinigung von Feldspath und Quarzindividuen erkennen. Ich wüsste sie mit nichts besser zu vergleichen, als mit den granulitartigen Schnüren und Gängen, die unsere schlesischen Granite durchziehen und z. B. besonders reichlich am Streitberg bei Striegau aufzutreten pflegen. Wie diese dürfen die Elvane nur als eine lokale, feinkörnige und glimmerarme Ausbildung der Granite angesehen werden, wie eine solche besonders in Apophysen und schmalen Trümmern verständlich erscheint. Von echten Felsiten, mit denen sie Haughton unter der Bezeichnung Siliceo-Feldspathic rocks vereinigt, sind sie durch das gänzliche Fehlen einer eigentlich felsitischen Grundmasse zu trennen. Gleichwohl mögen unter den als Elvan bezeichneten Gesteinen auch einzelne echte Felsite mit einbegriffen worden sein.

Nach Rathdrum von dieser nach Süden gerichteten Excursion zurückgekehrt, wandte ich mich nun aufwärts in das Thal des Avonmore. Auffallend war die Aehnlichkeit der Landschaft mit den Thälern der oberen Ourthe und besonders der Amblève, jener aus den Ardennen dem Stromgebiet der Maas angehörigen Flüssen, deren Thäler zu den malerischsten Gegenden des östlichen Belgiens gehören. Eines der an der Station Rathdrum bereitstehenden Cars brachte mich schnell bis an den Zusammenfluss der drei Bäche: Avonmore, Glenmacnass und Glendasan zu dem ruinenreichen Seven churches. Avonmore und Glenmacnass vereinigen sich bei dem freundlichen Orte Larash und etwa 1½ englische Meile höher liegt der Zusammenfluss von Glendalough und Glendasan. Zwischen diesen beiden Thalgabeln und besonders nahe der oberen liegen die Seven churches. Es ist dieses ohne Zweifel einer der historisch merkwürdigsten Punkte von Irland, eine ganze Collektion verschiedenartiger und verschieden alter Ruinen, die erkennen lassen, dass dieser Ort einst eine blühende Stätte menschlichen Lebens und Treibens gewesen ist.

Im sechsten Jahrhundert soll St. Kevin, einer der irischen Specialheiligen, an dessen Namen alle die vielen Sagen und Dichtungen anknüpfen, die hier dem Epheu gleich um Felsen und Trümmer sich ranken, diesen Ort gegründet haben. Wie das Epheu auf dem morschen Gemäuer, so hat sich die Geschichte dieses Ortes, in der Erinnerung des Volkes Wurzel fassend, fortgepflanzt. Im zwölften Jahrhundert war es nach irischen Chroniken die Hauptstadt des Fürsten von Imayle, O'Tooles, aus der Familie der alten Könige von Wicklow, dem es Dermod Mac Muragh, König von Leinster, im Jahre 1176 in stürmischer Fehde entwand. Später zerstörten es die Normannen und im 14. Jahrhundert vollendeten die Engländer den Ruin, aus dem kein Wiederaufleben möglich war. So erzählen die grünen Ruinen von Glendalough eine lange Reihe von Schicksalen, die sich in dem düstern, von steilen Felsenwänden umschlossenen Thale abgespielt haben.

Den Namen Seven churches geben der Oertlichkeit die Trümmer von 7 Kirchen oder besser gesagt Kirchlein; denn einige, darunter sogar die sogenannte Kathedrale, sind nichts weiter als kleine Kapellen, von denen Thakerey treffend schreibt: „Welch' kleines Bischöflein muss darin einst präsidirt haben! denn der Raum würde heute kaum hinreichen den Bischof von London aufzunehmen, und zwei gutgenährte Mitglieder der heutigen Clerisei würden hier sicher über den Mangel an Platz in Streit gerathen sein." Das Zusammenliegen von 7 Kirchen ist nicht vereinzelt, sondern wiederholt sich auch an anderen Punkten Irland's; immer ist dann ein ganz besonderer Heiliger zu ihnen in Beziehung gebracht.

Zwischen den sieben Kirchen liegen die Ruinen eines Klosters mit der Grabstätte des heiligen Kevin und der alten Könige von Wicklow. Inmitten des Kirchhofes steht ein prächtiger Rundthurm, einer der schönsten, die ich in Irland sah. Gebaut ist er aus dem silurischen Schiefer, mit granitenen Hausteinen versehen, 110' hoch und an seiner Basis etwa 50' im Umfang messend. In der Construktion stimmt er mit den anderen Thürmen dieser Art, die ich in Irland zu sehen Gelegenheit hatte, im Allgemeinen überein; bei der Besprechung des Rundthurmes von Antrim, eines der vollkommensten Exemplare, werde ich noch einige weitere Bemerkungen über diese Bauwerke zu machen haben.

Der Name Glendalough bedeutet nur das Thal der zwei Seen. Um den lower Lake ist das Gebiet der seven churges gelegen. Eigenthümlich geformte Steinkreuze, von der Form des Kreuzes von Cong, das wir in Dublin gesehen, bezeichnen gewissermassen das Weichbild dieser Stadt der Ruinen. Diese Steinkreuze, die man über ganz Irland verbreitet findet[1]), erinnerten mich in der Form immer lebhaft an die preussische Erinnerungsmedaille für Königgrätz. Auf hohem, oft mit seltsamen, aber sorgfältig ausgearbeiteten Relief-Darstellungen verziertem Sockel sitzt ein Kreuz, wie jene Medaille gebildet aus der Verschmelzung eines in seinen gleichlangen Armen nach auswärts ausbiegenden Kreuzes und eines durch dieses hindurch gehenden Kreises.

Der untere See ist mit dem ½ Meile höher gelegenen oberen See durch einen seichten Wassergraben verbunden und das ganze

1) Vergl. S. 74.

zwischen ihnen liegende Schwemmland lässt erkennen, dass diese beiden Seen früher einmal vereinigt gewesen. Aber die Trennung ist doch schon vor dem Beginne der ältesten menschlichen Geschichte in diesem Thale geschehen. Denn gerade auf der Landzunge zwischen beiden Seen liegt uraltes Strassenpflaster unter dem Boden und alte, für Druidisch gehaltene Ringwälle oder Cromlegs liegen neben den Steinkreuzen einer späteren Zeit; menschlich uralt auf geologisch jugendlichem Boden. Am oberen See treten die Felsen in steilen, z. Th. vollkommen überhangenden Wänden unmittelbar bis an den See heran. Seine Länge mag etwa eine halbe Meile betragen. Unterhalb sind es die Glimmerschiefer der Contaktzone, am oberen Ende Granite, die ihn einfassen. Die grotesken Verwitterungsformen der Glimmerschiefer vor allem bedingen die wilde Grossartigkeit dieses Wasserbeckens, über dem die Wände des Lugduff und Mullacor Berges (2176') mehrere hunderte von Fussen steil emporsteigen. Am nördlichen Ufer durchsetzt ein mächtiger Gang von hornblendereichem, grosskörnigem Diorit den Glimmerschiefer. In den Felsencoulissen, die südlich den See einfassen, liegt gleich am unteren Ende St. Kevin's Bed, eine in der schroff über dem Wasser hängenden Felswand sichtbare kleine Höhle, deren Inneres etwa 3 Menschen zu fassen vermag. An den Wänden sind die Namen vieler berühmten Besucher verzeichnet (Walter Scott), sonst aber bietet die Grotte gar nichts sehenswerthes. Nur durch den poetischen Kranz der Legenden, die von Dichtern nacherzählt und berühmt geworden sind, übt dieser Ort eine gewisse Anziehung auf den Fremden aus. Hier ist der Boden, auf dem Moore's schöne Ballade spielt, nach der St. Kevin einst in diese Grotte floh, um seine Liebe zu schön Kathleen zu unterdrücken; sie aber folgte ihm und fand ihn hier schlafend. Und als sie liebend über ihn gebeugt stand, erwachte er, glaubte ein Trugbild des Teufels zu sehen und stiess sie heftig von sich, so dass sie rückwärts in den See stürzte:

> „Glendalough! thy gloomy wave,
> Soon was gentle Kathleen's grave,
> Soon the saint — yet ah! too late
> Felt her love and mourned her fate.

When he said: Heaven rest her soul,
Round the lake light music stole.
And her ghost was seen to glide,
Smiling o'er the fatal tide[1]".

Nachdem mich der Nachen über den oberen See gebracht, in welchen sich der kleine Gleneolo Bach ergiesst, schritt ich auf Granit aufwärts und an den Abhängen des Camaderry Mt. entlang über das durch seine Erzgruben bekannte Gebiet dem oberen Thale von Glendasan und dem im Centrum des Granitrückens gelegenen einsamen Kessel des Lough Nahanagan zu. Derselbe liegt rings von wilden Felswänden umschlossen in einer Höhe von 1384' am Nordabhange des Camaderry. Ihm entströmt der Glendasan Bach. Die malerische Lage dieses See's verdient wohl, dass man einen Spaziergang von Seven churches bis hierhin unternehme, was allerdings, wie mein Führer versicherte, nur selten von Fremden zu geschehen pflegt.

Der Granit dieses ganzen Districktes ist wegen des Auftretens zahlreicher erzführender Gänge berühmt geworden. Ihnen allen scheint ein ziemlich nahe übereinstimmendes Streichen von S-SW nach N-NO gemeinsam zu sein, die Gangmasse ist immer vorherrschend Quarz. Solche nicht erzführende Quarzgänge oder Gänge einer dichten granitischen Gesteinsmasse[2] sind zahllos im Granit vorhanden und auf dem Wege zum Lough Nahanagan überschritten wir mehrere derselben. Allerdings ist der Einblick in die Structur des Gebirges auch hier grösstentheils durch eine dichte Moordecke erschwert, nur in den Wasserläufen tritt der unterliegende Granit sichtbar hervor. Die Gänge setzen alle scharf an dem den Granit umschliessenden Glim-

---

1) Moore: Irish Melodies: By that Lake, whose gloomy shore etc.

     Glendalough, deine düstre Welle,
     Ward schön Kathlins Grabesstelle,
     Und zu spät den heil'gen Mann
     Liebe fasst und Reue dann.
     Als er ruft: Gott geb' ihr Ruh'!
     Klingts wie Sang vom See dazu.
     Ihren Geist mit Lächeln zieh'n
     Sieht man übers Wasser hin!

2) Vergl. Elvan, S. 112.

merschiefer ab. Neben dem Quarz erscheinen Kalkspath und Schwer-
spath als begleitende Mineralien der Erze, die vorzüglich Bleiglanz,
Zinkblende, Kupferkies, Spateisenstein und Pyrit sind.

Zwei Gruppen erzführender Gänge sind von ganz besonderer
Bedeutung, und auf ihnen hat sich vorzüglich ein nutzbringender
Bergbau schon seit langem entwickelt und erhalten; es ist der Gangzug des Thales von Glenmalure, so heisst das Thal des oberen Avonbeg, südlich des Mullacor Mt., und der des Thales von Glendasan, das
vor uns liegt. Den südlichen Grubendistrikt habe ich nicht selbst
besuchen können, es mag hier angeführt sein, was die geologische
Landesuntersuchung darüber mitgetheilt hat[1]). Das Auftreten der
Gänge scheint hier ein abweichendes zu sein; sie setzen unmittelbar
auf der Grenze zwischen Granit und Glimmerschiefer durch beide hindurch. Aber im Glimmerschiefer werden sie taub, nur im Bereiche
des Granites sind sie erzführend. Jedoch sind auch entgegengesetzte
Beobachtungen gemacht worden. So hat einer der vorzüglichsten
Gänge seinen grössten Erzreichthum da, wo er eine dem Granit vollkommen eingelagerte, mächtige Bank von Glimmerschiefer kreuzt[2]).
Der Betrieb ist auf allen Gruben des Glenmalure Distriktes fast als
erloschen anzusehen.

Im nördlichen Distrikte von Glendasan überschritten wir
die auf den verschiedenen Gängen liegenden Grubenbauten beim
Abstiege vom Nahanagan See. Der vorzüglichste der Gänge, der
auch heute noch einen erträglichen Betrieb gestattet, ist der Luganure
Gang, der auf eine weite Erstreckung hin mit einem fast vollkommen nordsüdlichen Verlaufe durch den Bergbau erschlossen wurde.
Seine Gangmasse ist ein reiner, weisser Quarz, 5—10' mächtig, in
welchem Bleiglanz und Blende in ziemlich reichem Maasse aber in
regellosen Knauern eingeschlossen sind; nur an einigen Stellen führt
der Gang auch Kupferkies und Pyrit und etwas Malachit. Die
schönen Krystalle von gediegen Silber, die ich in den Sammlungen
zu Dublin sah, entstammen grösstentheils diesem Gange. Meist ist als

1) Explan. Sheet 121 u. 130, S. 43, und W. Smyth: on the mines of Wicklow,
London 1853, aus dem Records of the school of mines.

2) W. Smyth, l. c. S. 361.

Fundort Ballycorus angeführt, wo sich der Sitz der den Betrieb führenden Gesellschaft befand. Aber die Krystalle stammen wohl nur zum kleineren Theile aus einem in der Nähe von Ballycorus, Co. Dublin aufsetzenden, Bleiglanz führenden Gange, auf dem allerdings haarförmiges gediegen Silber vorgekommen ist. Der Bleiglanz der Luganure Gruben ist durch einen zuweilen recht beträchtlichen Silbergehalt ausgezeichnet (11 Unzen per Tonne), so dass die Extraktion des Silbers mit Nutzen geschehen kann. Mit dem Luganuregang schaart sich der fast in gleichem Streichen verlaufende Ruplagh Gang, von weniger reicher Erzführung. Der Vandiemens Gang, welcher südlich den Luganure Gang mit westöstlichem Streichen kreuzt und zu verwerfen scheint, soll gleichfalls schöne Erze geliefert haben. Es ist ein bis zu 14' mächtiger Quarzgang, der ausser Bleiglanz, Blende, Kupferkies und Pyrit auch Spatheisenstein und Eisenglanz führt.

Die Gänge, welche im Thale von Glendasan selbst gebaut werden, sind vorzüglich drei: Der Herogang, Moll Doyle'sgang und der Foxrockgang; ein echter Gangzug mit vollkommen parallelem NNO-SSW. Streichen, in Gangmasse und Erzführung mit dem Luganuregange übereinstimmend. Auch auf diesen Gängen ist die Erzvertheilung keine regelmässige, der Bleiglanz fand sich vorzüglich in zwei mächtigen Anhäufungen (Cunches) des Heroganges. Die grösstentheils verlassenen und verfallenen Schächte dieses ganzen Distriktes haben zum Theil ziemlich bedeutende Tiefe erreicht: Die Schächte auf dem Luganure und Ruplaghgange über 100 Faden, der Bogschacht auf dem Herogange 80 Faden. Die Gruben sind jetzt im Besitze der Mining Company of Ireland, die ihren Sitz zu Ballycorus am nördlichen Fusse des Shankhill hat, wo früher gleichfalls Bleierzbergbau stattfand, der nun aber schon lange erloschen ist. Dort liegen auch die Hütten der Gesellschaft, während die Wäschen und Aufbereitungen im Thale von Glendasan errichtet waren. Jetzt sind es ausser den spärlichen Erzen, welche die Distrikte von Glendasan und Glenmalure noch liefern, vorzüglich ausserirische, spanische Erze, welche die Gesellschaft in ihren Hütten verarbeitet. Die besten Zinkerze, welche die Gesellschaft in Irland selbst gewinnt, liegen in der Grafschaft Tipperary, wo ein neues Vorkommen von Kieselzinkerzen und Zinkspath ausgebeutet wird. Hier kommen stalaktitische und nieren-

förmige Bildungen vor, welche den bekannten Erzen dieser Art in
der spanischen Provinz Santander durchaus gleichen [1]). Ausser dem
Werkblei, Zink und dem Silber, welches die Gesellschaft auf ihren
Hütten zu Ballycorus darstellt, fabricirt dieselbe vorzüglich auch Men-
nige, Bleiweiss, Bleiröhren und Schrot.

Derselben Gesellschaft gehören auch die weiter südlich gelegenen Gruben im Distrikte von Rathdrum und im Ovocathale. Hier
sind es Gänge in den silurischen Schiefern, Kupferkies und Pyrit
führend, die jedoch nie einen erheblichen Ertrag gegeben haben und
jetzt wohl grösstentheils ganz verlassen sind.

Durch das Thal von Glendasan abwärts erreichten wir bald
wieder Laragh und von dort führte der Car uns schnell nach Rathdrum zurück. Wir durcheilten noch einmal das ganze liebliche Thal,
das Vale of Clara genannt. Dieser wohlklingende Name hat keineswegs, wie man vermuthen sollte, irgend einen poetischen Hintergrund.
Clara ist nur eine vollere Umbildung des altirischen Clar, womit man
einen schmalen, flachen Landstreifen bezeichnet. In diesem Sinne
findet sich Clar, Clare und Clara in einer ganzen Reihe irischer Ortsnamen wieder. Drüben auf der Nordseite des Thales liegen ausgedehnte Waldungen, ein seltener Anblick in Irland; es sind die grössten
Wälder und die besten Jagdgründe der Grafschaft Wicklow, zu Copse
Desmesne gehörig, der Besitzung des Earl Fitzwilliam. Kurz vor
dem Eisenbahnviadukt von Rathdrum konnten wir noch einen Blick
in einen der Schieferbrüche werfen, in welchen hier die silurischen
Schichten aufgeschlossen sind. Es sind vortreffliche, röthliche, gross-
tafelige und feinspaltende Dachschiefer, die hier gewonnen werden.
In diesen Schieferbrüchen und andern in der Umgegend von Rathdrum sind auch die Versteinerungen gefunden worden, welche die
silurischen Schichten dieses Gebietes charakterisiren: Leptaena Grif-
fithiana, Orthis calligramma, Phacops Brongniarti u. A. [2]). Etwa fünf
Meilen nordöstlich von Rathdrum liegt der Carrik Mt., der Fundort
für die cambrischen Pflanzenreste der Oldhamia antiqua.

1) Vergl. W. Sullivan and J. O'Reilly: Notes on the geology and mineralogy
of the spanish provinces of Santander and Madrid. London 1863.

2) Expl. Sheet 121 u. 130, S. 16.

Die Zeit gestattete nicht, den Rückweg durch das obere Avonmorethal, den Weg, der gewöhnlich von den Fremden eingeschlagen wird,
zu nehmen. Dann hätte man Gelegenheit gehabt, die Schichten des
cambrischen Systemes in grösserer Entwicklung zu sehen; denn der
Vartry river, durch dessen Thal man dann abwärts zur Station Rathnew bei Wicklow wandert, hat sich tief in diese Schichten eingegraben
und bildet die gerühmte enge Felsenschlucht des sog. Devil's glen.
Hoch oben im Vartry Thale, nahe bei dem Dorfe Roundwoot, liegt
auch das grosse Reservoir, in dem die Wasser des Baches aufge-
sammelt werden, um die Stadt Dublin mit Trinkwasser zu versehen;
ein über 20 engl. Meilen langer Canal führt dasselbe in die Hauptstadt
hinunter.

Uns brachte der Zug von der Station Rathdrum direkt nach
Dublin zurück.

VIII.

ENNISKILLEN.

Tief im nordwestlichen Innern von Irland, überragt von den aus Kohlenkalk und Millstone grit bestehenden Bergen der Lacagh Hills und des Cuilcagh (2188'), in denen der königliche Shannonfluss seinen centralen Lauf durch die Insel beginnt, und um deren Fuss sich die fischreichen Seen der Grafschaften Fermanagh und Leitrim herumziehen, liegt inmitten eines prächtig grünen Parkes, fast auf den waldreichen Abhängen dieser Berge, das gastliche Schloss des Earl of Enniskillen: Flourencecourt. Die berühmte Sammlung fossiler Fische, welche der Earl dort zusammengebracht, war uns durch eine liebenswürdige Einladung des Besitzers als ein erwünschtes Reiseziel gegeben.

Die Züge der Dublin-Belfast Linie verlassen die Hauptstadt von dem Bahnhofe der Amiensstreet aus' und gehen lange Zeit direkt längs der Küste nordwärts. Rechts erblickt man den Hügel von Howth, der nur durch einen schmalen Landstreifen mit dem Festlande verbunden, fast ringsum vom Meere umspült ist. Mit seinen Ruinen und seiner schönen Aussicht ist er in gleicher Weise wie der Hügel von Killiney das Ziel häufiger Ausflüge der Bewohner von Dublin. Der kegelförmige Hügel ist eine einsame Scholle cambrischer Schiefer, die sich hier östlich unter dem Kohlenkalk hervorschiebt. Es ist die Fortsetzung der weiter südlich jenseits Killiney gelegenen Schichten der cambrischen Formation, welche von jenen nur durch die Bay von

Dublin getrennt sind. Es greifen sonach die cambrischen Schichten
nördlich um das Ende der Granitlinse von Wicklow herum.

Ein tiefer Einschnitt hinter der Station Portmarnock lässt
wieder die fast horizontal liegenden Schichten des Kohlenkalkes
erkennen. Auf langem Viadukte, ein eisern Gitterwerk auf granitenen
Pfeilern, überschreitet die Bahn die Meeresbucht von Malahide[1]) und
bald nachher auf hölzerner Brücke die Bucht von Lusk, von wo aus
ein Rundthurm herüber winkt, der zum Theil in dem grünen Porphyre
der Insel Lambay gebaut ist, die hier zur Rechten liegt[2]). Als ein
natürliches Wahrzeichen steigt sie 418' aus dem Meere auf, gerade
der Bucht von Lusk vorliegend. Der nun folgende Durchschnitt durch
den aus Schichten der produktiven Steinkohlenformation aufgebauten
Baldongan Hügel, zeigt uns die Sandsteine und Schiefer dieser Abtheilung. Bei der Station Skerries tritt die Bahn wieder dicht an die
Meeresküste heran; rechts liegen die kleinen Patrick's Inseln, auf
deren äusserster, weit in das Meer hinausgeschobener Klippe das
Rockabill Leuchtfeuer gelegen ist. Jetzt fahren wir auf silurischem
Boden, aber flach verläuft die Küste bis an's Meer und nur dort, wo
die Brandung fast unmittelbar an die eiserne Bahn schlägt, erblickt
man die schiefrigen Felsen. Sonst sehen wir landeinwärts überall in
eine wohlhabende, vielbevölkerte Landschaft mit saftigen, grünen
Wiesen, und aus den Baumgruppen winken überall schon die Fabrikschornsteine entgegen, die modernen Rundthürme, die zwar keine so
lange Geschichte hinter sich, keinen so alten Stammbaum haben, aber
dafür die deutlichen Zeichen gegenwärtigen Wohlstandes sind. Wir
treten in die industriellen Gebiete von Irland ein und befinden uns
in dem Distrikte der Strumpfwirkerei, an den sich die Leinenindustrie
nördlich um Drogheda anfügt. Ehe wir dieses erreichen, tritt die

---

1) Diese Bucht nennt der Irländer der Umgegend Muldowney und das gibt
ein treffliches Beispiel, mit welcher Zähigkeit oft Generationen hindurch verlorene Frag-
mente einer alten Sprache erhalten werden. Der älteste Name war: Inver-Domnain,
Flussmündung der Domnans, eines uralten irischen Stammes. An Stelle von Inver trat
später Maeil, und aus Maeil-Domnain wurde durch Corruption Muldowney. So hat dieser
Name in sich 2000 Jahre alte Erinnerungen bewahrt und weist auf einen längst vergessenen, fast für mythologisch gehaltenen Volksstamm hin. Joyce, l. c. I. 98.

2) Vergl. S. 5.

Bahn noch einmal in das Gebiet des Kohlenkalkes, dessen Klippen besonders an den Ufern des berühmten Boyneflusses, den wir auf hohem Viadukte überschreiten, sichtbar werden. Auf diesen Feldern hat einst die Geschichte Irland's einen wichtigen Wendepunkt gefunden. Denn hier am Boyneflusse war es, wo Jacob II. in der von den Irländern beklagten Schlacht von Wilhelm III. zum Lande hinausgetrieben wurde. Ein Obelisk auf dem Schlachtfelde kennzeichnet die Stelle, wo der General Duke Skomberg (Schomberg), der deutsche Feldherr, der Williams Truppen führte, fiel. Von der Bahn aus ist davon nichts zu sehen, aber aus der Lebhaftigkeit, mit der mir ein offenbar irländischer Reisegefährte die „traurigen" Einzelheiten der Schlacht erzählte, konnte ich entnehmen, dass dieser Sieg noch lebendig in der Erinnerung fortlebt, und von den Irländern als die letzte entscheidende Schritt zur englischen Herrschaft betrauert wird. Uebrigens ist das Thal des Boyne auch eine der ältesten Culturstätten Irland's. Kaum an einem andern Punkte finden sich so zahlreiche Reste der Druidischen Kreistempel der sog. Cromlech's als gerade hier. Ganz in der Nähe liegt der berühmte Hügel von New Grange. Es ist das ein ausgedehnter, flacher, fast 40 Fuss hoher Hügel, ganz aus losen Steinen und grossen Geröllen der nächsten Umgebung aufgeschüttet, über denen auf einer fast 3 — 4' dicken Bodenschichte heute alte Bäume wachsen. Ein Zufall liess an der einen Seite einen mit Porphyrblöcken eingefassten, verschütteten Eingang entdecken. Ein langer, mit Schieferplatten gedeckter Gang führt in ein rundes, durch treppenförmig übereinander gelegte Platten hergestelltes Gewölbe, von Kreuzform, so dass drei getrennte Kammern gebildet werden, deren eine ein in Granit ausgehöltes Becken, die beiden andern verschieden geformte Steine enthalten, die ohne Zweifel einst eine religiöse Bedeutung hatten. Die ungeheure Masse zusammengebrachten Materiales, die gewaltige Grösse mancher der verwendeten Steinblöcke macht einen Eindruck des riesenhaften, der einen Schluss auf die riesige und andauernd arbeitende Kraft des alten Stammes gestattet, der hier einmal ansässig gewesen und diese seltsamen Bauten aufgeführt. Kreisförmig und zikzakförmig verlaufende, offenbar künstliche Linien auf manchen der in den Mauern eingefügten Blöcke, mögen als die ersten Spuren einer bei diesen Stämmen sich entwickelnden Kunst angesehen

werden, wenngleich auch schon die Art des Baues und die geschickte
und berechnete Zusammenfügung der Decken und des Gewölbes
eine für so fern zurückliegende Zeit fast unerwartet hohe Stufe der
Cultur entdecken lässt. G. Wilkinson hat in seinem Werke über die
alte Architektur von Irland dieses merkwürdige Bauwerk näher beschrieben und abgebildet[1]). Ueber den ganzen Bau war dann nachher
der Hügel von Geröllen und Blöcken angehäuft worden, unter dem er
viele Jahrhunderte verborgen und vergessen war.

Drogheda, von wo aus man den Besuch der alten druidischen
Ruinen am Boyne am Besten unternimmt, liegt recht malerisch auf
beiden Seiten in dem hier nicht sehr tiefen Thale dieses Flusses. Die
im Boyneästuarium bis in die Stadt selbst aufwärts kommenden Seeschiffe und die zahlreichen Fabrikschornsteine geben dem Orte ganz
das Ansehen einer aufblühenden Handelsstadt. Aber trotz seiner
Industrie ist auch Drogheda bis auf den heutigen Tag in Abnahme
begriffen, denn von 18,000 Einwohnern, die es vor 20 Jahren hatte,
sind jetzt nur mehr 16,000 übrig.

Von hier an wendet sich die Bahn etwas vom Meere ab und
durcheilt einen Landstrich, der zu dem schönen Wiesenlande zwischen
Drogheda und Dublin einen traurigen Contrast bildet. Es ist die
flache, vom River Fane durchströmte, nur wenig und schlecht ange-
baute Grafschaft Louth. Erst mit den Hügeln in der Nähe von Dundalk werden Land und Leute wieder freundlicher. Zu Dundalk, dessen
vortrefflicher Hafen der Stadt einen gewissen Handelsverkehr sichert,
der jedoch auch hier ein wirkliches Aufblühen noch nicht bewirken
konnte, trennt sich die Western Railway von der nach Belfast weiter
führenden Hauptlinie. So betritt man das Gebiet der nördlich ent-
gegenwinkenden Berge nicht mehr. Gleich jenseits Dundalk beginnen
nämlich schon die Vorberge zu der granitischen Doppelkette der
Mourne Mts. Der westliche Zug derselben, die Granitellipse mit dem
1893' hohen Slieve Gullion, in deren Centrum Newry liegt, ist von
dem östlichen Zuge durch den tiefen Meereseinschnitt, die Carling-
fordbay und die niedrigen Hügel des Silurs nördlich von Warrenpoint
getrennt. Dieser östliche Zug, zwar weit kürzer an Erstreckung,

1) l. c. S. 52.

trägt die höchsten Gipfel des nordöstl. Irland überhaupt: den Slieve Donard (2796') und den Slieve Bignion (2449').

Nach Westen gewendet, durchschneidet die westliche Linie noch einmal die sumpfreiche Fläche der Grafschaft Louth, um in das flache Thal des Fane River einzubiegen, in dem sie nun rechts und links häufige Einschnitte in die schiefrigen Gesteine des Silurs bildet. Diese zeigen sich in allen Stellungen ihrer steil aufgerichteten Lagerung. Wilde Trümmer und auf einander gethürmte Blockfelder werden durch die sandsteinähnlichen Quarzite an den Seen von Muckno gebildet. Es ist das grösste Gebiet, das die untersilurischen Schichten in Irland einnehmen, in dem wir uns jetzt befinden.

Es erstreckt sich vom Centrum der Insel, von der Gegend des Lough Gowna, Co. Longford an (der oberste der vom River Erne gebildeten Seen) in nach Nordosten sich schnell erbreiternder Zone durch die Grafschaften Cavan, Monaghan, Armagh hindurch bis zu den Küsten der Grafschaften Down und Louth, so dass von den St. Patriks Inseln an bis nach Bangor am Lough Belfast die ganze Küste, mit nur kleinen Unterbrechungen durch Kohlenkalk, von untersilurischen Schichten gebildet wird. Die Fossilien dieses ganzen Gebietes sind sehr sparsam, es sind einige Species von Graptoliten und eine oder zwei kleine Schalen von Brachyopoden gefunden worden. Aber immerhin gestatteten dieselben, diesen Schichten ein gleiches Alter zuzuschreiben, wie es den sogenannten Llandeiloschichten der jenseitigen Küste von Nord Wales zukommt. Nirgendwo erheben sich in dem ganze Gebiete diese silurischen Schichten zu bedeutender Höhe; nur einzelne Punkte im centralen Theile, so der Slieve Glah, Co. Cavan, gehen über 1000' empor. Nach NO. zu verläuft ein flachgewelltes Hügelland, grösstentheils von ziemlich unfruchtbarer Bodenbeschaffenheit; nur dem Flachsbau scheint es nicht ganz ungünstig zu sein.

Kaum bietet sich auf der ganzen Strecke irgend eine geologisch besonders bemerkenswerthe Abwechselung, bis man mit der Station Clones wieder das Gebiet der Kohlenformation betritt. Zuerst durchschneidet man die vielleicht noch dem Devon zuzurechnenden Sandsteine und Schiefer, die wir auch im Südwesten an der Bucht von Bantry schon kennen gelernt haben, die sog. Coomhala grits[1]). Auch

1) Vergl. S. 88.

die Ausbildung der Schichtenfolge des eigentlichen Kohlenkalkes ist
hier im Norden eine etwas andere als im Südwesten. Mehr und mehr
ist derselbe durch zwischengeschaltete Lager von Sandsteinen und
Schiefern in einzelne, wohl zu unterscheidende Abtheilungen getrennt.
Hier tritt dann auch über dem Kohlenkalke, als Zwischenglied zwischen
ihm und dem flötzführenden Steinkohlengebirge die mächtige Gruppe
von Sandsteinen auf, die ihrer Stellung nach dem englischen Millstone
grit, dem flötzleeren Sandsteine der continentalen Steinkohlengebirge
aequivalent ist.

Nun ist die Station Enniskillen schnell erreicht. Die Stadt
ist lieblich auf einem Hügel, einer alten Insel des River Erne, gelegen
und präsentirt sich recht stattlich und freundlich mit wohlthuender
Reinlichkeit und dem sichtbaren Behagen einiger Wohlhabenheit.
Rings umgeben von schön bewachsenen waldigen Hügeln, aus denen
allenthalben Landhäuser und Schlösser hervorschauen, verleiht ihm der
Wasserreichthum des vielverzweigten, hundertbeckigen River Erne,
an dem es zwischen dem oberen und unteren gleichnamigen See gelegen ist, einen besonderen Schmuck.

Die stattliche Kathedrale in Kohlenkalkstein erbaut, schöne
öffentliche Gebäude, freie Plätze und breite wohlgepflegte Strassen,
alles vereinigt sich zu einem so weit im Innern von Irland fast überraschenden, wohlthuenden Bilde. Enniskillen ist ein ersichtlich im
Aufblühen begriffener Ort. Die Bevölkerung ist anscheinend zum
grössten Theile der hochgewachsenen, blonden, angelsächsischen Race
angehörig und hier ist ein alter Sitz der Orangisten, dieser ungefähr
250,000 Protestanten umfassenden politischen Verbindung, die vor
allem den engen Anschluss an die englische Krone und damit die
Grundsätze Wilhelms von Oranien, der dafür kämpfte und siegte, auf
ihre Fahne geschrieben hat.

Mit der Familie des Earl of Enniskillen, zu dessen Landsitz
unsere Reise führte, ist die Geschichte dieser Stadt seit mehreren
Jahrhunderten aufs engste verknüpft.

Der Ort, wo jetzt Enniskillen steht, damals eine Insel in dem
Lough Erne, der zu jener Zeit vielleicht das Land zwischen den jetzt
getrennten oberen und unteren Seen noch grösstentheils bedeckte,
war in uralter Zeit der Sitz eines Häuptlinges des celtischen Clan's

der Maguires. Die Fundamente der alten Burg sind noch in der heutigen Stadt dort wahrzunehmen, wo die Barracken stehen. Seinen Namen leitet es aus den ältesten Legenden des Landes her. Die Formorians waren ein Piratenstamm, dessen Hauptsitz auf der im Norden gegenüber dem Horn Head gelegenen Tory Insel sich befand. Von hier aus mögen sie häufige Streifzüge auch landeinwärts unternommen haben. Einer ihrer Häuptlinge war Balor, dessen Name an den Küstenfelsen der Tory Insel noch fortlebt, der in einer Schlacht bei Moyturey über Dagda, den König des im ganzen nördlichen Theile wohnenden celtischen Stammes der Tuatha de Dannans einen Sieg davontrug, in welchem das Weib des Balor, Cethlenn, jenen Fürsten tödlich verwundete. Von ihr, so berichtet dann die Legende weiter, erhielt die Insel, auf der jetzt Enniskillen liegt, den Namen Inis-Ceth-len[1]), ein Name der in altirischen Urkunden sich noch findet und aus dem der heutige durch Corruption entstanden ist[2]).

Die jetzige Stadt ist durch den Vorfahren der heutigen Earls, Sir William Cole, gegründet worden. Dieser Ritter (good Knight) erhielt von Jacob I. die Herrschaft in der Grafschaft Fermanagh als ein Geschenk der Krone zugewiesen. Die von ihm neu gegründete Stadt wuchs schnell empor, und in wenig Jahren war die ganze Insel mit Häusern und Gebäuden bedeckt. Sie erhielt dann bald städtische Corporationsrechte und Sir William Cole, der Gründer, war auch ihr erster Bürgermeister (mayor). So bestand auch der Kern der Bevölkerung aus englischem Blute und aus Protestanten und schon unter der Regierung Jacobs II., als Wilhelm von Oranien in England gelandet war, erklärte sich die Stadt gegen Jacob und dessen General Tyrconnell. Sie wurde der schützende Wall für alle Protestanten rings im Lande, die von allen Seiten sich in den Mauern von Enniskillen bargen. Von den Truppen Tyrconnel's hielt sie eine kurze Belagerung aus, die jedoch endlich von den Belagerten selbst gebrochen wurde, welche die Truppen Jacobs zurückschlugen und viele Meilen weit, bis in die Grafschaft Cavan hinein verfolgten. Dieser

---

1) Inis, Inish, Ennis, Inch, Worte, die in einer ganz aussergewöhnlich grossen Zahl irischer Ortsnamen vorkommen, bedeuten alle Insel, wenn auch manchmal jetzt der Ort nicht mehr Insel ist.

2) Joyce, l. c. I. 162.

Sieg, gleichzeitig mit der Aufhebung der Belagerung von Derry, hatte zur wesentlichen Folge, dass der Norden von Irland im gesicherten Besitze von Wilhelm von Oranien und der Königin Maria blieb. Zur Erinnerung an die Tapferkeit der Bewohner dieser Stadt wurde später ein Dragonerregiment gegründet und von Sir W. Cole geführt, das den Namen Enniskilleneers oder Enniskillings erhielt und gleichfalls später mehrfach Gelegenheit fand, sich rühmlich hervorzuthun. Die Familie der Cole's, die seit jener Zeit ihren Sitz zu Enniskillen hat, wurde später mit dem Rechte der Erbfolge in den Peersstand erhoben. Die hohe Säule, welche von dem, nordöstlich der Stadt gelegenen Hügel weithin sichtbar herüber winkt, ist dem Andenken an ein späteres Mitglied der Familie errichtet, an den General Sir Lowry Cole, dem zweiten Sohne des ersten Earl of Enniskillen und dem Onkel des jetzt lebenden Earl. Er nahm mit grosser Auszeichnung an dem Kriege in Spanien unter Wellington Theil (peninsular war) und erhielt dafür den Dank der beiden Häuser des Parlaments. Später war er Gouverneur von St. Mauritius und dem Cap der guten Hoffnung. Die alt orangistischen Gesinnungen der Stadt haben sich treu und unentwegt erhalten und der jetzige Earl, ein in Politik, Kunst und Wissenschaft vielgewandter Mann, ist noch der Grossmeister der Orangisten von Irland.

Die blühende Stadt Enniskillen war für uns das erste Zeichen, dass in der That der nördliche Theil Irland's, die alte Provinz Ulster, auch im Innern wie an der Ostküste zwischen Belfast und Dundalk, die beste Gegend von Irland ist. Am meisten haben hieran ohne Zweifel die Bewohner selbst Antheil. Sie sind vorherrschend englischen und schottischen Ursprunges; denn gerade hier finden sich überall die Niederlassungen der schottischen Presbyterianer. Hier wurde die Idee Cromwell's, den Norden Irlands ganz von der alten Bevölkerung zu reinigen, mit der grössten Energie durchgeführt, und in der That sind in Ulster nur sehr wenige Reste der alten celtischen Bevölkerung übrig geblieben, während in andern Theilen Irlands dieselbe mit unüberwindlicher Zähigkeit dem jahrhundertelangen Vernichtungskampfe, den England gegen sie geführt hat, widerstanden. So ist die jetzige Wohlhabenheit und die grössere Blüthe der Provinz Ulster die Folge einer langen Geschichte von Unrecht und Gewalt und

z. Th. blutiger Unterdrückung und Vertreibung, und es ist in der That nicht zu leugnen, dass das erste und einzige Recht der nach Ulster hineinkommenden Schotten auf den von ihnen in Besitz genommenen Boden das Recht der brutalen Gewalt war. Aber dennoch waren diese Vorgänge in der ganzen körperlichen und geistigen Entwicklung der Stämme, die hier im grossen, weltgeschichtlichen Kampfe um das Dasein aufeinanderstiessen, gewissermassen mit Nothwendigkeit vorgezeichnet. Es kann sich der untergehende Celte für diesen unerbittlichen Gang der Geschichte nur bei den eisernen Gesetzen der Natur beklagen, die ein auf und abgehendes Entwickeln und Absterben in ewigem, unaufhaltsamem Wechsel verlangt.

Der Unterschied in der Physiognomie des Landes, wie er zwischen dem Süden und dem Norden Irlands auch uns so unverkennbar auffiel, wird von allen Reisenden ganz übereinstimmend hervorgehoben. Kohl[1]) hat wohl das Richtige getroffen, wenn er die Grenze zwischen diesen Contrasten auf eine Linie verlegt, die man von Newry Bay im Osten nach der Donegal Bay im Westen ziehen kann. Damit ist allerdings nicht ausgeschlossen, dass auch in dem nördlichen Theile dennoch Landstriche vorkommen, die einer weniger glücklichen Entwicklung sich erfreuen, die dann aber meist auch von celtischen Abkömmlingen bewohnt werden. Auch darf man nicht vergessen, dass der geologische Boden und die Oberflächenbeschaffenheit auf das Befinden eines Landes und seiner Bewohner den grössten Einfluss haben. Auf den wilden, felsigen Bergen von Donegal, grossentheils aus den nirgendwo fruchtbaren Boden liefernden krystallinischen Schiefergesteinen bestehend, kann auch der emsigste schottische Presbyterianer nicht das zur Reife bringen, was an den Ufern des Lough Neagh leicht auf verwitternden Basalten geerntet wird.

Flourencecourt, der Landsitz des Earl of Enniskillen, liegt etwa 7 englische Meilen südwestlich von der Stadt. Durch ein mit trefflichen Strassen versehenes, wohlbewachsenes und gute Weiden zeigendes Hügelland geht der Weg. Es sind die alten Uferhügel des Lough Erne. Jenseits derselben dehnt sich eine mehrere Meilen breite Ebene aus, ziemlich reich an Sumpf und Moor, überall Torfstich und nur spärliche Wiesengründe dazwischen. Jenseits dieser Ebene, die noch nicht

1) l. c. Bd. II. 249.

lange den bedeckenden Wassern entstiegen sein mag, liegt der von
Norden nach Süden streichende Bergzug des Cuilcagh, an dessen ziemlich steil aus der Ebene aufsteigendem Abhange aus weithin ausgedehnten Wäldern das Schloss hervorschaut. „That are our Lord-
ship Mountains" sagte mit einem gewissen Stolze der Kutscher, indem
er mit seiner Peitsche über das ganze vorliegende Gebirge hinfuhr,
und gab uns damit sogleich einen richtigen Begriff von der Ausdehnung dieser Herrschaft. Als wir uns dem Schlosse näherten, wirkte
gleich am Eingange des offenen Parkes eine Tafel angenehm auf uns
ein, die allen bisher in Irland gemachten Erfahrungen entgegen, nicht
die Trespassers ein für allemal verbat, sondern nur die Parkanlagen
ihrem Schutze empfahl.

Die liebenswürdige Familie, deren echte, altenglische Gast-
freundschaft wir auf einige Tage genossen, mag in diesen Zeilen den
Ausdruck des warmen Dankes für diese Gastlichkeit finden und es
damit entschuldigen, dass sie hierbei aus der trauten Stille von Flourencecourt an die Oeffentlichkeit tritt. Der Earl war viel gereist und
kannte vor allem Deutschland durch und durch. Schon in seinen
jungen Jahren hatte er es grösstentheils zu Fuss durchwandert, um
Münzen zu sammeln. Die Collektion, die er zusammengebracht hatte,
schenkte er später, als er sich dem Sammeln fossiler Fische zu wid-
men begann, dem British Museum. Farben und Wappenschilder der
Städte und Fürsten Deutschlands hatten seit jener Zeit noch sein
besonderes Interesse erhalten. Die rückhaltlose Verehrung unseres
greisen Kaisers und der Politik seines grossen Kanzlers sprach er
nicht ohne Wärme aus. Er selbst und seine beiden Brüder, Lord's
Cole, beide Parlamentsmitglieder, der eine für die Stadt Enniskillen,
fast riesige Gestalten, waren so recht die Typen englischer Lord's.
Man kannte sie ja früher auch am Rheine, wo sie nun schon seltener
geworden sind; mit den einnehmenden, feinen, wenn auch streng gemessenen Manieren, nichts von der z. Th. mit Recht getadelten Un-
manier und abstossenden Sonderartigkeit an sich habend, die jetzt
einen grossen Theil der am Rheine reisenden und weilenden Engländer zuweilen etwas gefürchtet macht.

So ein alt englischer Lordsitz birgt in sich die seit ein paar
Jahrhunderten von den Familiengliedern aus allen Welttheilen zu-

sammengebrachten Merkwürdigkeiten: Europa, Amerika und Indien
haben gleichmässig ihre Kunstwerke geliefert. Denn fast immer
ist ja einer oder der andere der nachgeborenen Söhne einer englischen Adelsfamilie im Dienste der Krone in den Colonien gewesen. Gleich in der Vorhalle des Schlosses zierten die Wände mehrere mächtige Geweihe von Irland's Riesenhirschen, die in ihrer Grösse
eine prächtige Decoration um die Riesengestalten der 3 Lords selbst
bildeten. Von europäischen Kunstschätzen zierten einige gute alte
Bilder, darunter ein Ruysdael und ein Rembrandt, den Salon der Lady.
Das Leben einer solchen altadligen englischen Familie hat etwas ungemein patriarchalisches. Früh morgens versammelt sich die ganze Gesellschaft zum gemeinsamen Morgengebete in der Vorhalle, wo vor
der ganzen knienden Familie und der Dienerschaft die Lady das Gebet
spricht, dem auch der Lord noch einen kurzen Segensspruch hinzu-
fügt; ganz wie das auch in den alten deutschen Familien sonst wohl
Sitte war. Von da ab gilt dann der Grundsatz, dass jeder durchaus
thun kann, was er will, und nur zu dem Diner Abends um 7 oder 8
Uhr werden an das Erscheinen und an die Toilette wiederum be-
stimmtere gesellschaftliche Anforderungen gestellt. So hat über Tag
auch der gelehrte Gast freie Zeit dem Sporte des Fischfanges in den
fischreichen nahen Seen sich hinzugeben und kann Abends von seiner
Beute berichten. Telegraph und Briefkasten befanden sich im Schlosse.
Es war erstaunlich, welch' ein Packet Briefe morgens immer zur Vertheilung kam, und wie gefüllt auch jedesmal der in der Vorhalle befindliche Briefkasten war. Die Engländer schreiben viel, aber immer
ganz kurze Briefe, meist mit etwas lapidarer Schrift. Englische Briefe
wird man meistens leicht und schnell gelesen haben; beides in unserer
heutigen knappen Zeit ein Vorzug. In dieser Neigung zum Brief-
schreiben, in dem häufigen Bedürfnisse, in der Ferne weilenden Ver-
wandten und Freunden sich mitzutheilen, wenn auch nur mit wenigen
Worten, liegt für mich der Ausdruck eines tiefen Gefühles für Familie und Freundschaft. Dieses Gefühl findet in der Art des Lebens
solcher Familie eine feste Basis; um das angestammte Haus schaaren
sich immer wieder die Glieder der Familie. Es ist dieser rege
Briefverkehr aber auch das Zeichen einer gemüthvollen Lebensauf-
fassung, die uns Deutsche ganz besonders anheimelt, wenn gleich wir

meistens nicht so briefschreibebedürftig sind. Der warme Hauch eines
bei der Grossartigkeit der Lebensverhältnisse doppelt wohlthuenden, innigen Familienlebens und die herrlichen Gaben offener und auf-
richtiger Freude an der Gastlichkeit ranken sich als eine schöne Zier
um das Bild von Flourencecourt.

In einem kleinen Anbaue neben dem Schlosse liegt das Museum
der fossilen Fische, das für uns Raucher nebenbei die schätzbare
Eigenschaft besass, im ganzen Schlosse der einzige Raum zu sein, in
dem die bezüglich des Rauchens noch immer sehr strenge englische
Etiquette diesen Genuss gestattete. Und so war das Museum der Ort,
in den man sich Abends nach aufgehobener Tafel noch zu einer zwanglosen Unterhaltung bei brennenden Pfeifen und Cigarren zurückzog.
Wenn auch für den Raucher hin und wieder die englische Strenge
bezüglich des Rauchens lästig erscheint, so ist es doch auf den Eisenbahnen und überall in öffentlichen Gebäuden richtiger, Smooking Com-
partiments als Ausnahmen einzurichten, als die wohl nur in Deutschland herrschende Sitte, den Nichtrauchern Ausnahmeplätze zuzuweisen.
In Frankreich und Belgien sind den Fumeurs, in Italien pei fumatori
Coupé's bestimmt, in allen andern Wagen ist das Rauchen untersagt.
Das erscheint das richtige und logische; in den gesonderten Raum muss
derjenige verwiesen werden, der etwas zu thun gewohnt ist, das andern,
sei es auch nur einem Einzigen, lästig werden kann. Dort werden nie
Damen in die unangenehme Lage kommen, in ein Coupé zu gerathen,
wo die Herren, wie das leider in Deutschland nicht selten ist, unhöf-
lich genug sind, auf ihrem Rechte zu bestehen und zu rauchen. Daher
kann es im Sinne einer wirklichen Gerechtigkeit nur erwünscht erscheinen, dass wir auch in Deutschland Rauchcoupé's an Stelle der
Coupé's für Nichtraucher treten lassen. Es ist das im Grunde genommen dasselbe, warum auch eine Tabakssteuer durchaus gerecht-
fertigt erscheint.

Die vortreffliche Sammlung fossiler Fische, die Lord Enniskillen mit langjährigem Fleisse gesammelt, war vorzüglich der Gegenstand des bewundernden Studiums meines Reisegefährten. Mögen
seine Worte über dieselbe hier Platz finden [1]). „Aus allen Formationen

---

1) F. Römer. N. Jahrb. f. Min. 1877. Heft 1, S. 68.

und aus allen Ländern sind in dieser durch vierzigjährige Bemühungen
zusammengebrachten, grossartigen Sammlung die fossilen Fische in
den schönsten Exemplaren vertreten. Sie hat nur einen Rivalen in
England: das ist die Sammlung von Sir Philip Egerton in Oulton
Park in Cheshire. Beide, seit vielen Jahren befreundete Besitzer haben
stets gemeinschaftlich ihre zuerst durch Agassiz angeregten ichthyo-
logischen Studien betrieben und gemeinschaftlich gesammelt. In vielen
Fällen bildet die eine Sammlung die Ergänzung der andern. Flourencecourt ist ausserdem als Fundort fossiler Crinoiden den Paläontologen
wohlbekannt. Die in vielen Sammlungen verbreiteten schönen Kelche
von Amphoracrinus Gilbertsoni und von mehreren Arten der Gattun-
gen Platycrinus, Pentatremites u. a. stammen dorther. Leider werden
die Steinbrüche im Kohlenkalke, welche früher diese merkwürdigen
fossilen Körper lieferten, gegenwärtig nicht mehr betrieben."

Auch die Vegetation des Parkes war hier, wie allerwärts in
Irland, eine bewundernswerthe. Vor dem Schlosse bildeten prächtige,
immergrüne Stauden einen weiten Kranz, der auch in den Winter-
monaten den Ausblick in's Grüne gewährt. Eine botanische Reminis-
cenz mag hier Platz finden. In den 40er Jahren fand hier ein Pächter
des Lord auf den waldigen Abhängen der Kalkberge eine flachblätt-
rige Taxusart: Taxus latifolia, die von hier ausgehend schnell über
ganz Europa sich verbreitet hat. Prächtige Exemplare sahen wir
davon im Park.

Die üppige Vegetation und die saftigen Wiesen mit dem wohl-
genährten Vieh liessen meinen Reisegefährten die treffende Bemerkung
machen: Um in Irland angenehm zu leben, muss man entweder eine
Kuh, ein Baum oder ein Lord sein; denn diese 3 gedeihen hier ganz
vortrefflich; für das übrige ist nur beschränkterer Platz geblieben.

Einer der Ausflüge galt der Besteigung eines der noch ganz
aus Kohlenkalk bestehenden etwa 1000' hohen Vorberge des Cuilcagh,
an dessen Füsse die Brüche gelegen sind, in denen die fossilen
Crinoiden vorgekommen waren. In den mit verwitterter Oberfläche
umherliegenden Kalksteinblöcken fanden wir nur noch einige unbedeutende Reste von Pentatrematites Derbiensis. Durch die Kalksteine verlaufen zahlreiche Schnüre und Drusen, die mit zum Theil
zierlich krystallisirten Quarzkrystallen erfüllt sind.

Als eine noch nicht bekannte Thatsache fanden wir ganz in der Nähe der alten Kalksteinbrüche Blöcke eines basaltischen Gesteines und sehr bald auch den Gang selbst, dem sie entstammten. Mit nur sehr geringer Mächtigkeit tritt er durch den Kohlenkalk zu Tage. Man kannte die Eruptivgesteine bisheran nur weiter nördlich, es ist dieses der erste Beweis für ein Vordringen derselben nach Süden. Dafür dürften sich aber gewiss noch weitere Anzeichen finden lassen, und es ist jedenfalls bemerkenswerth, weil dadurch nun auch am nördlichen Rande des grossen Senkungsfeldes die Eruptivgesteine · sich als vorhanden erweisen, die im Süden in der Gegend von Limerik längst bekannt sind. Die im Norden bisheran bekannten nächsten Eruptivgesteine sind die Basalte und Melaphyre an der nördlichen Grenze der Old Red Berge von Slievemore in der Grafschaft Tyrone, östlich von Omagh, die aber schon im Gebiete der krystallinischen Schiefer auftreten.

Das Plateau des Kalkgipfels, den wir bestiegen, war mit einer dicken Moordecke überzogen, auf welcher das Haidekraut (Erica palustris) in ungeheurer Ueppigkeit wucherte. Hier gedeihen zur Freude der Jäger die grouses (Birkhühner) in grossen Schaaren, und damit das Futter der frisch aufschiessenden Haidekrautpflanzen den jungen Thieren nicht mangele, wird alljährlich ein Theil der Haide mit einem Graben umzogen und niedergebrannt. Ein prächtiger Rundblick auf die umgebende Landschaft bot sich dort oben. Nach Osten zu die weite Ebene der Seen von Erne mit ihren tausend Wasseraugen und inmitten derselben das freundliche Enniskillen mit der aufragenden Colesäule, weiter hinaus die Kalkberge des Carnmore und des Slieve Beagh. Nordostwärts schliessen sich an diese die aus den steilen Bänken des Old Red bestehenden Gipfel des Slievemore an, rauhe und unwirthliche Höhen, die die Grenzen von Fermanagh und Tyrone bilden. Nach Norden erblickt man über den unteren Lough Erne hinaus die fernen Berge von Donegal, sowie gerade über den Lough Macnean weg, der hinter den nächstgelegenen Kalkrücken hervorschaut, den Gipfel des Belmore. Westlich erheben sich die aus Millstone grit bestehenden Berge, deren höchste Kuppe der Cuilcagh ist, hinter dem sich die Quelle des Shannon und die Berge von Langash verstecken. Nach Südwesten und Süden streift der Blick über eine wasserreiche Ebene und flachhügeliges Land, torfreich und braun, aber auch saftig grün gefärbt, sich endlos nach Südwesten hinziehend. In dieser Ebene liegen die zahlreichen grösseren und kleineren Wasserbecken, die durch einen Kanal unter einander in Verbindung gesetzt, eine Wasserstrasse aus dem River Erne in den königlichen Shannon schaffen, dessen Flussbett fern im Herzen Irland's kaum unser Fernglas erreicht.

Als wir uns in der Halle der irischen Riesenhirsche herzlich von unsern gastlichen Wirthen verabschiedeten, trugen wir eine unauslöschliche, freundliche Erinnerung an das grüne Flourencecourt und seine edlen Bewohner von dannen. Mögen sie, wenn dieses Blatt ihnen zu Gesichte kommt, es als ein Zeichen unserer Verehrung ansehen und der deutschen Gäste aus dem fernen Osten wohlwollend gedenken.

Die Kaminfelsen (chimney tops) am Riesendamme bei Portrush.

IX.

LONDONDERRY-PORTRUSH.

Wir wählten von Enniskillen die Fahrt über Londonderry, um uns den Basalten des Giants causeway und der Grafschaft Antrim zuzuwenden.

Die Bahn führt zunächst nördlich durch die flachen, aus Old Red Schichten gebildeten Hügel der Grafschaft Fermanagh. Von der Station Fintona abwärts folgt sie stets den Wasserläufen, die zu der Nordküste führen; denn vor dieser Station überschreitet sie die Wasserscheide zwischen dem westwärts fliessenden Erne und dem Flussgebiete des Foyle. Bis Omagh bleibt sie im Thale des Drumragh und tritt hier in das Thal des breiteren Mourne River ein, das in seinem ersten Theile, abwärts von Omagh, in den unteren Sandstein- und Schieferschichten des Kohlenkalkes ausgetieft ist, die nirgendwo in Irland eine so mächtige Entwicklung zeigen, als gerade hier. Bei der Station Strabane erreicht die Bahn das Thal des Foyle. Die Thäler, durch welche sie führt, sind freundlich, mit reinlichen, weiss an- gestrichenen Wohnhäusern reichlich besetzt, und ein ziemlich leben- diger Verkehr auf der Eisenbahn lässt auch hier auf wohlhabendere

Bewohner schliessen. Rechts und links sind von den nächsten Höhen
allerdings die ödesten Bergstriche verdeckt: zur Linken nahmen wir
im Vorbeifahren nur die aus quarzreichem Glimmerschiefer bestehende,
scharfgeschnittene Kuppe der Bessy Bell (1387') wahr; zur Rechten
ziehn sich in der Ferne die Sperrin Mts. hin, nach der Schilderung
landeskundiger Mitreisender der wüsteste Gebirgszug des ganzen
Landes, dessen höchster Gipfel der Sawel Mt., 2240' Höhe hat.

Wo man hinter Strabane den Foyle erreicht, ist er nur ein
kleines, ziemlich reissendes Bergwasser, an dessen Seite ein schleusen-
reicher Kanal den Schiffen die Auffahrt bis nach dem genannten
Orte möglich macht. Aber schnell erbreitert er sich zu einem stattlichen Fluss, immer von Bergen eingefasst, die nicht über 1000' emporsteigen. Die eigenthümlich gerundeten, aber zum Theil von Trümmerhalden überdeckten Gehänge derselben lassen den Charakter der sie
bildenden Gesteine deutlich erkennen; es sind alte krystallinische
Schiefer, Glimmerschiefer und Gneisse. Dort, wo der Fluss sich ziemlich plötzlich zu einer breiten Seebucht, dem Lough Foyle zu erwei-
tern beginnt, liegt malerisch auf beiden Ufern Londonderry, die Stadt,
deren alter Waffenruhm von der protestantisch-orangistischen Bevölkerung in einem jährlichen Erinnerungsfest an die Belagerung von
1683 noch heute immer wieder gepriesen wird.

Der alte Name der Stadt war Daire Calgaich (Derry-Calgagh)
Eichenwald des Calgach. Calgach hinwieder bezeichnet im Altirischen
einen stolzen Krieger und war ein verbreiteter Männername, den wir bei
Tacitus als Galgacus wiederfinden, der Held, der nach ihm die Caledonier
in der Schlacht der Grampians anführte. Der Name Daire Calgaich, der
sich bis in's 10. oder 11. Jahrhundert erhielt, wich dann dem Namen
Derry Columkille; denn St. Columban hatte hier im 6. Jahrhundert
ein Kloster gegründet. Erst unter Jacob I. wurde in einem Londoner
Kaufleuten verliehenen Privilegium der Name Londonderry eingeführt[1]. Der Eichenwald, der hier den Namen gab, bestand noch
mehr als 600 Jahre nach dem Tode des heiligen Columban; denn eine
alte Urkunde um das Jahr 1178 erzählt, dass in diesem Jahre ein
heftiger Sturm hundert und zwanzig Eichen in Derry-Columkille nie-

---

1) Joyce, l. c. I. 503.

dergeworfen habe. Auch Londonderry ist eine der wenigen rasch und kräftig aufblühenden Städte, wozu seine günstige Lage und eine lebhafte Industrie beitragen. Es liegt die Altstadt eigentlich nur auf der linken Seite des Foyle, die Neustadt rechts. Beide sind verbunden durch eine lange, schöne Kettenbrücke, die man überschreitet, da der von Omagh ankommende Zug auf dem linken Ufer einmündet, dagegen der Bahnhof für die Züge nach der Nordküste auf dem rechten Ufer gelegen ist. Die Bahn auf der linken Seite geht von Londonderry noch weiter über die Landzunge der Halbinsel Inishowen hinüber nach dem Hafenorte Buncrana, an dem gleichfalls tief in das Land einschneidenden Lough Swilly gelegen.

Die alten Festungsmauern und Thürme der Stadt sind noch wohl erhalten, wenn auch zum Theil jetzt in das Innere hineingerathen und tragen nicht wenig zu dem malerischen Anblick bei, den die Stadt bietet. Im Mittelpunkte der Altstadt stehen auch noch viele altersgraue Gebäude in engen, winkeligen Gassen, während längs des Ufers breite, mit modernen Häusern gefasste Strassen entstanden sind. Auf der rechten Seite des Foyle liegt auf vorspringender An-höhe, von der man einen trefflichen Blick auf die terrassenförmig aufsteigende Altstadt geniesst, eine neue gothische Kirche, gebaut in Quadern eines Schiefers, der unmittelbar oberhalb der Kirche ansteht und dort in einem Bruche auch noch gewonnen wird. Es sind grün-liche und rothe, glimmerreiche aber ziemlich harte Schiefer. Am rechten Ufer zieht sich den Fluss abwärts eine Reihe schöner, in dichtem Laubwerke gelegener Landhäuser und Villen hin, die Woh-nungen der Handelsherrn aus der City. Es hat etwas überraschendes, in diesen Gärten hier, gerade unter dem 55° N. Br. noch viele der immergrünen Gewächse im Freien ausdauern zu sehen, die wir in der Heimath unter dem 51° gar nicht mehr im Freien cultiviren, sondern sorgsam in Treibhäusern überwintern oder decken müssen. An diesen Gärten vorbei führt die Bahn nach Coleraine weiter, um dann zu-nächst stets hart am Ufer des Foyle, der auf der gegenüberliegenden Seite von hohen, dicht an ihn herantretenden Bergen eingefasst erscheint, sich der Nordküste zuzuwenden. Der höchste der jenseits aufragenden Gipfel, für uns in eine dicke Wolkenhaube gehüllt, ist der 2019' hohe Slieve Snaght. Der Lough Foyle ist ein in die

Schichten der untersten Abtheilung der Kohlenformation ausgehöltes Becken, deren übrig gebliebene Schollen auf der Ostseite und an der Mündung des Foyle in das Meer auf beiden Seiten anstehend hervorragen. Die Einschnitte der Bahn gestatteten wenigstens einen flüchtigen Blick auf die hier steil aufgerichteten Sandsteine und Schiefer dieser Abtheilung.

Bald hinter der Station Ballykelly wendet die Bahn sich von der Küste landeinwärts und geht dann gerade auf die Nordküste los, die sie bei der nächsten Station erreicht. Damit zugleich betritt man das Gebiet des basaltischen Plateau's von Antrim. Man durchschneidet zunächst die schmalen Streifen des Buntensandsteines (new Red) und der Kreide, welche hier zwischen die alten krystallinischen Schiefer und die Basaltdecke sich einschieben und in einer nahezu regelmässigen und geschlossenen Zone um das ganze basaltische Plateau herumziehen. Ihnen begegnen wir in ihrer besten Entwicklung noch in der Umgegend von Belfast. Es folgte ein kurzer Tunnel, und man erreicht die auf schmalem Ufersaum gelegene, rückwärts von hoch aufragenden schwarzen Basaltfelsen umrahmte Station Downhill. Nun geht die Fahrt eine Zeitlang immer am Fusse der dunklen Wände dahin, bis man in die erweiterte, seichte Oeffnung des Bann River einbiegt, dem die Bahn landeinwärts bis nach Coleraine folgt. Von hier zweigt die Bahn nach Portrush ab, während die Hauptlinie über Ballymena nach Belfast führt. Von Coleraine aus steigt die Bahnlinie im Bogen ziemlich nahe der Küste auf die hier niedrig verlaufende Basaltdecke hinauf und man erreicht schnell Portrush, den Hafen für Coleraine, von dem es nur 7 englische Meilen entfernt liegt. Es ist der erste Ort der Grafschaft Antrim, der geologisch berühmtesten von ganz Irland; denn der River Bann bildet die Grenze gegen die Grafschaft Londonderry hin. Für die Besucher des Giants Causeway ist jedenfalls Portrush der einzige Ausgang.

Portrush ist ein kleiner Hafen und zugleich Badeort, zum Theil auf einer schmalen, mit steilen, wild zerklüfteten Abstürzen in das Meer hinausreichenden Landzunge aus basaltischen Felsen erbaut. Als Hafenort hat es besondere Bedeutung für den Ausgang der in der Grafschaft Antrim gewonnenen Eisenerze, die alle in Schottland zur Verhüttung kommen. Diese Ausfuhr, die im Jahre 1876 auch sehr

darniederlag, hatte im Jahre 1873 und 74 für Nord-Irland über 100,000
Tonnen betragen, von denen allerdings ein Theil auch auf die Häfen
von Larne und Carrikfergus kommt[1]). Aber immerhin ist dadurch
der Hafenverkehr von Portrush ein recht lebendiger. Als Badeort
besitzt es den Vorzug eines in Irland seltenen, ausgedehnten sandigen
Strandes, den in dieser Weise auch die Bäder südlich von Dublin, Kingstown und Bray bei weitem nicht aufzuweisen haben. Denn fast zwei
Meilen lang zieht sich hier längs der Küste ein breiter Dünensaum dahin.

Im hohen Sommer soll der Besuch der Badegäste ein ziemlich
lebendiges Treiben hier entfalten. Jetzt war wohl die Jahreszeit schon
zu vorgerückt. Aber trotzdem waren noch viele Gäste im Hôtel zum
Wappen von Antrim und noch spielte Abends und Morgens eine
kleine Kapelle auf dem Platze zwischen dem Hôtel und den steilen
Küstenfelsen ihre Weisen. Deutsche, so versicherte uns der Wirth,
seien schon längst ausser seinen Kellnern, die bis auf den letzten
Deutsche waren, keine mehr dagewesen. Desshalb bat er gewissermassen um Entschuldigung, dass er uns für Frenchmen angesehen
habe, die aber ebenso seltene Gäste sein mögen.

Man hat nur wenige Schritte an der Küste entlang zu gehen, um
das erste geologische Problem zu sehen. Die hier die äussersten Felsenklippen bildenden Gesteine sind von einer echt doleritischen Struktur
und ausser an der Küste auch in Steinbrüchen erschlossen. Nach der
Oberfläche gehen diese Dolerite in eine durch Zersetzung tuffartige
Masse über, von loser, bröcklicher Beschaffenheit, während sie nach
unten einen mandelsteinartigen Charakter annehmen, wie er besonders
auch am Riesendamme selbst entwickelt und die Ursache des Reichthu-
mes an Zeolithen ist. In dem wilden Blockwerke der Steilküste, auf dem
man bei der Ebbe herunterklettern kann, fanden wir gleich eine grosse
Menge schöner Zeolithe, vornehmlich Analcim, Chabasit und Desmin.

Unter den Doleriten liegt hier ein ziemlich eng begrenztes
Stück der Liasschichten, die überhaupt in Irland nur an den Rändern
des Basaltplateau's und auch hier nur sehr fragmentarisch auftreten.
Die Mächtigkeit der Liasschichten ist ersichtlich nicht sehr gross,
vielleicht höchstens 40 — 50'. Sie bestehen aus dunklen, kieselig-tho-

---

1) Hodges, Philos. Soc. Belfast 1875. November; auch Explan. Sheet 21, S. 50.

nigen Schiefern mit mergeligen Zwischenlagen und sind gerade hier
· sehr reich an Versteinerungen. Wenn man die Klippen dieser Schichten, die gerade oberhalb des vor Antrim's Hôtel liegenden Bade-
hauses in einer mächtigen Bank von der Brandung ausgewaschen
sind, überschreitet, so gewahrt man überall die zahlreichen Ammo-
niten und andere charakteristische Liasversteinerungen, zwischen den
Fugen, welche die Welle gelöst, oft zu vielen zusammenliegend. Auffallend war das Vorkommen von dünnen Ueberzügen von Magnetkies
auf den Fugen dieser dunklen Liasschiefer.

Nach der Contaktstelle mit dem aufliegenden Basalte zu erscheinen diese thonigen Schiefer, die nach unten hin eine lockerere Beschaffenheit haben, bedeutend härter und ganz von kieseliger Sub-
stanz durchdrungen. Auch die Farbe ist dunkler geworden; einzelne
Concretionen von vollkommen hornsteinartiger Beschaffenheit liegen
linsenförmig zwischen den Schieferfugen. Auf den ersten Blick könnte
man daher an eine Contaktwirkung des aufliegenden Basaltes denken,
und in der That hat schon Conybeare[1]) auf diese Thatsache aufmerksam gemacht und dieselbe mit den Erscheinungen am Carrikmawr
verglichen. Diese Liasschichten waren von Conybeare als siliceous
basalt geradezu bezeichnet worden. Es erscheint diese Contaktwirkung
immer in so einfacher Wiederholung, dass es geboten scheinen dürfte,
sie etwas näher zu erörtern[2]).

Dort wo, wie z. B. am Dolerite des Carrikmawr, aus unterliegenden bituminösen Schiefern das Bitumen ausgetrieben ist, liegt
eine leicht verständliche Contaktwirkung vor. Aber eine Verkieselung
ist nicht recht begreiflich bei einem so basischen Gesteine wie der
Basalt, von dem wir doch kaum annehmen können, dass etwa mit
seiner Eruption kieselige Lösungen mit emporgetreten seien. Die
Einwirkung, die er ausübte, konnte nur darin bestehen, dass er die
unterliegenden Schiefer von dem in ihnen etwa enthaltenen Bitumen
befreite, sie aufblähte und daher leichter durchdringlich machte. Die
eigentliche Durchkieselung erfolgte später und war durchaus secundärer Art. Sie findet ihre Erklärung und ihren Zusammenhang mit

1) Conybeare, Trans. of the geol. Soc. III. 212.
2) Vergl. Leonhard, Basaltgebilde II. S. 44, 334 u. 376.

den Doleriten darin, dass aus der Zersetzung der Dolerite bekanntlich Kieselsäure frei in Lösung gehen kann, diese drang in die unter dem Dolerit liegenden Schichten ein und verdichtete und erhärtete sie wieder. Nur cum grano salis kann also diese Verkieselung der Liasschichten als eine Contaktwirkung des Basaltes angesehen werden, nur in so weit, als wir dieselbe nicht in Zusammenhang bringen mit der Eruption des Basaltes, sondern lediglich mit dem örtlichen Zusammenvorkommen von Basalt und Liasschiefer. Zudem kennen wir auch in anderen Gebieten solche iurassische, schiefrige Thone oder Mergel, die nicht im Zusammenhang mit Basalten einen ebensolchen Reichthum an eingedrungener Kieselsäure und kieseligen Concretionen aufweisen, so z. B. die zum Dogger und Malm gehörigen sandig-kalkigen Gesteine und lockeren Sande und Thone der Juraformation am östlichen Aussenrande des Böhmen umgebenden Kranzes von krystallinischen Gesteinen, die alle in grosser Menge kieselige Concretionen und Hornsteinknollen enthalten[1]. Diese mögen wohl lediglich als die Folge einer lang andauernden Durchsickerung mit etwas kieselsäurehaltigem Wasser angesehen werden, wie es bei Strandbildungen dieser Art erklärlich erscheint.

Andere echte und unzweifelhafte Contaktwirkungen des Basaltes, wie sie gleichfalls in diesem Gebiete noch zur Sprache kommen, sollen damit bei Leibe nicht geleugnet werden.

Nicht nur die Anwesenheit des mittleren und unteren Lias lässt sich durch die organischen Einschlüsse erkennen, auch die räthischen Schichten oder Penarthbeds, die einen Uebergang zwischen den Liassischen Schichten und der Trias bilden, sind an der Küste hier nachgewiesen, in besserer Entwicklung allerdings in der Nähe von Belfast. Auch hier sind sie durch die in weiter Verbreitung in Deutschland, den Alpen u. a. für die rhätischen Schichten charakteristischen Fossilien, die Avicula contorta und Cardium rhäticum bezeichnet[2].

Gleich östlich von Portrush ziehen sich die steilen Klippen in einem weiten Bogen zurück, zwischen sich und dem Meere den schon erwähnten breiten, flachen Strand freilassend, den landeinwärts ein

1) Vergl. von Hauer, Geologie S. 401.
2) F. Römer. Jahrb. 1877. S. 69.

System niedriger Dünenhügel in zwei parallelen Reihen abschliesst, durch welche die Fahrstrasse von Portrush nach Bushmills, dem dem Giants causeway zunächst gelegenen Hauptorte, hindurchführt. Diese Dünenhügel sind mit spärlichem Grase und einer zierlichen Zwergrose über und über bedeckt. Der Fahrweg ist auf dieser ganzen Strecke sonst ohne jegliches Interesse. So thut man am Besten, von Portrush aus zunächst dem Strande mit seinem wechselnden Wellenspiele zu folgen und dann dort, wo die steilen Kreidefelsen des zurückkehrenden Uferbogens wieder dicht an's Meer treten und endlich für den Wandrer keinen Pfad mehr zwischen sich und der Brandung übriglassen, in die sie mit jähem Abhange hineintauchen, zwischen diesen hindurch wieder auf die Fahrstrasse hinauf zu klettern, die hier interessante Profile bietet. Der Anblick dieser Küstenwände ist von einer unbeschreiblichen Grossartigkeit. Dabei stellen sie sich in einer solchen geologischen Durchsichtigkeit dar, dass auch dem einfachen Badegaste, der sich um geologische Fragen früher nie bekümmert hat, ein Interesse an diesen erweckt wird, und ein Verständniss der Vorgänge, die an der Gestaltung dieser Wände gearbeitet haben, gewissermassen sich aufdringt. Ueber den blendend weissen, 100 Fuss hohen, zerklüfteten und vom Meere zernagten, vollkommen senkrechten Wänden der Kreide lagert die mächtige kohlschwarze Decke des Basaltes. Wie die Oberfläche der Kreideschichten bald höher aufwärts steigt, bald abwärts im Bogen einsinkt, so folgt allen Wellen der Oberfläche genau die Unterfläche des Basaltes.

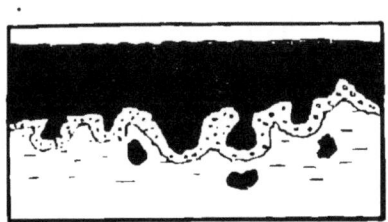

Auflagerung des Basaltes auf Kreidekalk an den Klippen zwischen Portrush und Dunluce Castle, zwischen beiden der Flintgravel.

Die Grenze zwischen Kreide und Basalt ist keineswegs immer
eine ganz scharfe. Sie entspricht durchaus der Oberfläche eines Gebietes, in dem die Erosion eine ursprünglich vielleicht glatte Ebene
vielfältig zerstört hat. Nach der untermeerischen Bildung der Kreideschichten wurden dieselben emporgehoben und in trockenes Land verwandelt. Die erodirenden Wasser gruben grössere und kleinere Vertiefungen ein, schufen einen losen Verwitterungsdetritus, der sich
über der Ebene der Kreide je nach der Bewegung der Wasser ungleich-
mässig verbreitete und in den tieferen Stellen ansammelte. In diesem
Detritus spielen die harten, der Erosion Widerstand leistenden Feuersteinknollen die Hauptrolle. Der sich ergiessende Basalt füllte alle
die so geschaffenen Unebenheiten aus, und so wurde seine Unterfläche das Abbild der formenreichen Oberfläche der Kreide. Und
dort, wo sich der Detritus mit den Feuersteinen angehäuft, erscheint
dieser Feuersteinlehm (flint gravel) als trennende Zwischenschicht
zwischen Kreide und Basalt, hier in einer Mächtigkeit von mehreren
Fuss, dort nur wie ein fast unmerkbarer Lettenbesteg. Die Ueber-
lagerung des Basaltes geschah nicht ohne gewaltsame Erscheinungen,
Basalt drang nach unten gangförmig in die Kreide ein und wühlte
sie auf und umhüllte losgerissene Blöcke derselben. So erklärt sich,
dass wir sowohl ringsum von Kreide umhüllte Basaltmassen, als
auch von Basalt umschlossene Kreidefelsen sehen. Eine eigentliche
Veränderung der Kreide, die wir der hohen Temperatur des über-
deckenden Basaltes zuschreiben könnten, ist kaum irgendwo wahrzunehmen. Einzelne, ganz in Basalt eingeschlossene Kreidebrocken
zeigen ein gewisses körniges, an fein krystallinischen Kalkstein er-
innerndes Gefüge, ohne aber wirklich zu Marmor geworden zu sein.
Ebenso gut fanden sich eingeschlossene Stücke ohne jede Spur einer
Einwirkung. So schön wie die echten Contaktwirkungen von der
Insel Rathlin beschrieben worden sind [1]) oder wie wir sie selbst in
der Nähe von Belfast später sahen, haben wir sie hier nirgendwo
beobachten können. Auch nirgendwo eine Spur einer säulenförmigen
Absonderung der Kreide, wie ich dieses an den Süsswasserkalken
des Gergoviaplateau's in der Auvergne in so ausgezeichneter Weise

1) Leonhard: Basaltgebilde II. 312.

wahrgenommen hatte. Sonst erinnert besonders der Contrast in den
Farben der beiden Gesteine an das ähnliche Vorkommen in Frankreich.

Die hier auftretenden Kreideschichten sind als der oberste
Horizont dieser Formation, als die eigentliche weisse Schreibkreide
auf das bestimmteste charakterisirt. Dies deuten schon die in grosser
Menge lagenweise eingeschalteten Feuersteine an, oft zu fortlaufenden
Schnüren vereinigt. Viele dieser Feuersteine und Hornsteinschnüre
besitzen eine intensiv rothe Farbe. Sie rufen hierdurch die Erinnerung
an Kreideschichten fern im Süden wach. Denn auch die Kreide der
Euganäen bei Padua, die Scaglia des Vicentinischen, ist von solchen
rothen Hornsteinadern durchzogen, die z. B. in grosser Menge die
weissen Strassen auf den Abhängen um Teolo durchkreuzen. Hier
wie dort wird die durch Eisenoxyd bewirkte Färbung gewiss erst
eine secundäre sein, auf die die Nähe basaltischer, magnetitreicher
Gesteine nicht ohne Einfluss gewesen sein mag. An den vom Meere
blosgelegten Klippen sieht man aber als besten Beweis für die weisse
Kreide oft zu hunderten an einer Wand die runden Querschnitte oder
cigarrenförmigen Längsschnitte von Belemnitella mucronatus hervorsehen und kann die Bruchstücke derselben massenweise im Schutte
des sandigen Ufers auflesen. Diese Kreideschichten, hier meist ein
compakter, zur Kalkbrennerei verwertheter Kalkstein, haben eine
Mächtigkeit von 50—200 Fuss. Aber da ihre Oberfläche so deutliche
Zeichen einer tiefgreifenden Erosion erkennen lässt, so ist mit Sicherheit kein Schluss auf die ursprüngliche Mächtigkeit möglich. Unter
diesen Kalksteinen liegen, derselben Abtheilung der Kreide angehörig,
aber hier wenigstens nicht sichtbar, die etwa 40—50' mächtigen, sandigen Schichten des Grünsandes, die wir in der Gegend von Belfast in
deutlicher Entwicklung fanden.

Der Basalt erscheint über den Schichten der Kreide gleichfalls in verschiedenen Abtheilungen, die petrographisch von einander
abweichen und meist durch deutliche und charakteristische Zwischen-
bildungen getrennt sind. Sie lassen sich mit ziemlicher Uebereinstimmung überall in der Grafschaft Antrim wieder erkennen. Diese
Reihenfolge übereinander gelagerter basaltischer Eruptivgesteine bedeckt fast die ganze Oberfläche der Grafschaft. Nur die nordöstliche
Ecke ist frei davon. Hier treten die alt krystallinischen Schiefer, der

Old Red und ein Fetzen des produktiven Kohlengebirges hervor und nehmen die fast quadratische Fläche ein, als deren Seiten die Küsten von Ballycastle Bay bis zum Benmore Head nördlich und von hier bis zur Bay von Glenariff östlich bezeichnet werden können. Wir werden dieser Scholle der alten Formationen noch später einmal näher treten. Die basaltischen Gesteine bilden aber auch noch die Oberfläche des ganzen Theiles der Grafschaft Derry, welcher zwischen dem Grenzflusse, dem River Bann und dem weiter westlich fliessenden River Roe gelegen ist. So lassen sich die Grenzen dieser basaltischen Decke durch eine Linie bezeichnen, welche, von dem Orte Magilligan nahe der Mündung des Foyle ausgehend, über die Orte Dungiven, Maghera, Moneymore, Coagh, Moira, Carrikfergus und an der Ostküste hinauf bis Glenariff und von hier in einer zuerst westlich und dann rechtwinklig nach Norden umbiegenden bis Ballycastle gezogenen Linie verläuft. Nur wenige Basalte liegen ausserhalb dieser Grenzen. Die freilich etwas abseits stehenden Basaltmassen von Cookstown und Portadown hängen ohne Zweifel mit dem Ganzen zusammen. So umfasst der basaltische Distrikt etwa 1200 engl. Quadratmeilen.

In dem östlichen und westlichen Theile dieses Gebietes bilden die basaltischen Gesteine zwei z. Th. bis fast zu 2000' aufragende Bergreihen, aus einzelnen, dem Plateau aufgesetzten Kegelbergen bestehend. Zwischen River Roe und River Bann sind der Benbrudagh 1536' bei Dungiven und der Donaldshill 1318' die höchsten Punkte, in dem östlichen Zuge der Mt. Trostan 1817' bei Glenariff und der Slievenance 1782'. Zwischen diesen beiden äusseren, von Nord nach Süd verlaufenden Bergreihen zieht sich eine centrale niedrigere Kette hin, von den Kuppen bei Bushmills bis zu den Hügeln des Lough Neagh, dort sich bis zur Ebene verflachend. Die Hügel dieser Kette trennen das Flussbett des River Bann, der dem Lough Neagh entströmt, um bei Coleraine zu münden, im Süden von dem Flussbette des Main, der mit entgegengesetztem Gefälle sich nur 5 Meilen östlich vom Ausflusse des Bann in den Lough Neagh ergiesst und nördlich von dem River Bush, der bei Dunlucecastle in das Meer fällt. So ist das Basaltplateau von Antrim in 3 durch tiefe Einschnitte getrennte Theile gegliedert, die ein jeder als eine mehr oder weniger bestimmt geordnete Reihe basaltischer Kegel sich darstellen. Von einem eigent-

lichen Hochplateau ist dabei nicht die Rede und man darf nicht im
Entferntesten an eine Aehnlichkeit der basaltischen Plateaus des
Cantal und dieses Gebietes denken, auch von den Unterschieden in
der Ausdehnung abgesehen. Nur die hohen und steilen, überall dieses
Gebiet einschliessenden Abhänge gegen das Meer oder die umgebenden Landschaften hin haben den Eindruck eines eigentlichen Plateau's
gemacht. Das wiederum hat sehr wesentlich dazu beigetragen, dass
man von der grossen Basaltdecke von Antrim redet. Aber so wenig
wie von einem eigentlichen Plateau kann hier auch von einer einheitlich über das ganze Gebiet hinweggelagerten Basaltdecke die
Rede sein. Allerdings ist die Oberfläche nur wenig und sehr fragmentarisch erschlossen, und so wissen wir über den Zusammenhang und
die Folge der einzelnen Bildungen, die an der Zusammensetzung
dieser sogenannten Basaltdecke theilnehmen, nicht genug, um die
Struktur der Decke in's Einzelne lösen zu können. Aber schon aus den
Beobachtungen längs der Küste und der Belfast zugewendeten südlichen
Grenzterrasse weiss man soviel mit Sicherheit, dass eine grosse Zahl
einzelner Ströme und Decken (das „nappes" des Französischen würde
hier passend sein) erst die gesammte Bedeckung bilden. So kennt
man auch nur wenige der eigentlichen Ausbruchsstellen (vents), denen
diese Eruptivgesteine entstiegen sind. Aber dass sie an einer Reihe
von Orten erschlossen sind, genügt vollkommen, sie überall, soweit
die Basalte reichen, zu vermuthen. Einzelne derselben sind jedoch
genau erkannt und studiert worden. Eines der besten Beispiele dieser
Art ist der Carnmoney Hill bei Belfast; auch die isolirte Basaltkuppe
von Scolboa und das nördlich von Larne gelegene Ballygally head
führt Hull in seiner Beschreibung dieses Gebietes als echte Eruptionspunkte an[1]).

So löst sich denn das Basaltplateau von Antrim immer mehr
in ein Conglomerat neben, über und durcheinander liegender basaltischer Ströme mit ihren Ausbruchskegeln auf; diese stellen allerdings
nur mehr die rudimentären Reste der eigentlichen vulkanischen Kegel
vor, denn ein grosser Theil, ein nicht bestimmbar grosser Theil der
oberen Gipfel dieses basaltischen Gebirges ist durch Erosion schon
zerstört und fortgeführt.

1) Explan. sheet 21, S. 30.

Zahlreiche basaltische Gänge zum Theil von ganz bedeutender
Mächtigkeit dringen fast überall, wo nur ein Einblick in den Gebirgsbau möglich wird, aus dem Innern empor. Die Strecke zwischen
Carrikfergus und Belfast, eine der am besten erschlossenen, liefert
hierfür reichliche Beweise.

Aber die an den einzelnen Ausbruchsstellen emporgetretenen
basaltischen Gesteine haben sich doch mit einer ziemlich gleichartigen
Beschaffenheit und in sich gleich bleibender Folge allenthalben über
einander ausgebreitet und indem sie mit ihren Enden sich berührten
oder übereinandergriffen, haben sie endlich ein scheinbares Ganze zu
Wege gebracht, das nur verständlich erscheint, wenn wir seine Geschichte in dieser Weise erkannt und in den einzelnen seiner Theile
verfolgt haben.

Ohne Zweifel dürfte auch die dreifache Gliederung des ganzen
Gebietes, wie wir sie im Vorhergehenden geschildert haben, darauf
zurückzuführen sein, dass die Ausbruchspunkte der vulkanischen
Massen auf drei Linien angeordnet liegen, die in ihrer südnördlichen
Richtung wiederum ziemlich genau übereinstimmen mit der diese
Richtung einhaltenden Reihenfolge der aufragenden Kegelberge.
Damit soll allerdings nicht mit Bestimmtheit behauptet werden, dass
alle diese Kegel auch wirkliche Eruptionspunkte sind. Und so lange
nicht für den einen oder andern das schlotförmige Hinuntergehn in
die Teufe erkannt wird, ist eine solche Annahme auch gar nicht einmal
nöthig. Der einstige Zusammenhang mehrerer Kegel untereinander
ist in Folge der grossartigen Erosion nicht mehr festzustellen. Aber
es sind hier dieselben Verhältnisse anzunehmen, die in durchsich-
tigerer Weise sich in der Auvergne bieten. Dort erscheinen basaltische
Ströme in ein System von secundären Kegeln aufgelöst, deren ursprüng-
licher Zusammenhang in einzelnen Fällen, so z. B. an dem Kegel von
Le Crest südlich von Clermont und der hinterliegenden langgestreckten Serre noch durchaus evident ist.

Nach den so eben ausgesprochenen Anschauungen erscheinen
auch die hin und wieder hervortretenden Ungleichheiten und Unregel-
mässigkeiten in Struktur und Gesteinsbeschaffenheit über das Gebiet
hin verständlich. Denn da nicht alle diese Eruptionspunkte gleichzeitig
thätig waren, wenn wir sie auch geologisch gleichaltrig nennen, und

da sie nicht zu derselben Zeit vollkommen gleiche Produkte lieferten,
so mögen sich in der Umgebung der einen Ausbruchsstelle einmal
Produkte finden (z. B. Auswürflinge und Aschenschichten, also Tuffe),
die einer anderen gänzlich fehlen, wie das in der That der Fall ist.
Auch in Bezug auf diesen Punkt wird zweifellos die detaillirtere Untersuchung und Vergleichung noch manche beweisende Thatsache zu
den schon erkannten hinzufügen. Mir erscheint es hierzu nicht ohne
Nutzen, auf eine sorgsame Vergleichung des vulkanischen Gebietes
von Centralfrankreich hinzuweisen. Auch in der Auvergne, besonders
im Mont Dore bedecken zahlreiche Ströme, deren Begrenzung und
Zugehörigkeit zu gewissen, wohl bestimmbaren Eruptionspunkten nicht
mehr unzweifelhaft festzustellen ist, ein weites Gebiet, das im Allgemeinen und auf den ersten Blick hin überall eine gleichartige Folge
von Bildungen zeigt. Aber der minutiöseren petrographischen Durch-
forschung konnte es auch hier nicht entgehen, dass in den einzelnen
Theilen des Gebietes wesentliche Verschiedenheiten obwalten, und
dass man es auch bei den Basaltdecken des südlichen Mont Dore
nicht mit einer einzigen, riesigen Basaltmasse, sondern mit einem
ganzen Systeme von stromförmigen Ergiessungen zu thun hat, die so
zahlreich und einander so nahe gelegen und in ihren ursprünglich
gewiss deutlich redenden Reliefformen so durch die nivellirende
Erosion umgewandelt sind, dass sie nur mehr wie ein einziges grosses
Blatt auf die älteren Blätter der geologischen Geschichte aufgeschla-
gen scheinen; aber in Wirklichkeit ist es aus lauter einzelnen, nicht
ganz in einander passenden Fetzen lediglich zusammengeklebt und
macht nur desshalb den Eindruck eines einzigen Blattes, weil die
Grenzfugen seiner einzelnen Theile kaum deutlich bemerkbar oder
wenigstens sehr sorgsam ausgeglättet sind.

Dennoch ist auch eine gewisse, gar nicht zu verkennende, im
Gegentheile auffallende Uebereinstimmung in der Reihenfolge der
basaltischen Eruptivgesteine über der Kreide durch die ganze Grafschaft Antrim hin bei alledem vorhanden. Es sind vorzüglich zwei
Punkte zu deren Studium geeignet, der Giants causeway, dem wir
uns nähern und die Berge nördlich von Belfast, die wir später noch
besuchen werden.

Dunkerry Höhle bei Dunluce Castle.

X.

GIANTS CAUSEWAY.

Etwa 3 englische Meilen von Portrush führt der Weg nach dem Giants causeway an den malerischen Ruinen des Dunluce Castle vorüber. Mit ihren alten Mauern und Giebeln auf steilem, 120' senkrecht über der Fluthhöhe aufragendem Felsen gelegen, erscheinen sie mit diesem wie aus einem Stücke gemeisselt. Die Ruinen an sich bieten kaum ein malerisches Bild, sie sehen einer Gruppe zerfallener Hütten eher ähnlich, wie einer Schlossruine. Es fehlt der Thurm, es fehlt das freundliche Epheu, das sonst die irischen Ruinen so liebevoll umhüllt. Aber die Grossartigkeit und die Eigenthümlichkeit der ganzen Umgebung macht doch den Punkt zu einem aussergewöhnlichen. Der Felsen, der die Ruine trägt, ist vollkommen isolirt, ringsum umspülen ihn die auch bei ruhigem Wetter gierigen Wogen. Sie haben seinen weissen Kreidesockel in ein ganzes System grosser und weitläufiger Höhlen verwandelt, die als die Burgverliesse (donjonkeeps) dieser Veste bezeichnet werden. Ein einziger, kühner Brückenbogen, den die Natur selbst geschaffen, indem sie die Felsen darunter ausspülte, überspannt die tiefe Kluft zwischen dem Schlosse und dem Festlande. So konnte Dunluce Castle in der That als ein unbezwingliches Bollwerk gelten, wie es sein Name meint. Denn Dunluce, oder wie es in den alten Urkunden immer heisst: Dunlios, heisst eine starke

Veste (dun = firmus, lios, lis = castellum[1]). Seine Gründung geht
tief in das Mittelalter hinein, Zeit und Erbauer sind unbekannt. Später
war es lange im Besitze der Mac Quillans. Diese wurden durch die
Mac Donnels daraus vertrieben, die auf der gegenüberliegenden Insel
Rathlin ihren Sitz hatten, und denen die Familie der späteren Marquis
von Antrim entstammt. Randal war der erste Marquis von Antrim;
er lebt besonders lebendig fort in der Erinnerung der Bewohner.
Er nahm einen wesentlichen Antheil an den Kämpfen für Karl I. und
in den Zeiten der Commonwealth. Bei der Restauration im Jahre
1660 kam er nach England, um dem Hofe zu huldigen, aber der
König verweigerte ihm die Audienz, und er wanderte in den Tower,
wo er bis 1661 verblieb; seine Güter wurden dem Lord Massareene
zugesprochen. So von der Noth gedrängt, producirte er endlich
einen Brief Karls I., der ihm Befehl gegeben hatte, die Waffen zu
ergreifen. Das brachte seine Feinde zum Schweigen, er erhielt seine
Besitzungen grösstentheils zurück, starb aber schon im Jahre 1682.
Sein Bleisarg trägt eine irische Inschrift, die in englischer Sprache
etwa wie folgt lautet:

> „At all times some calamity
> Befalls the Irish once every seventh year
> But now that the Marquis is departed,
> It will happen every year"[2]).

Die ganze Kreideküste ist hier von zahlreichen Höhlen unter-
minirt, von denen besonders die Portcoon Cave und Dunkerry Cave
auch von den Fremden besucht werden. Die letztere, deren Eingang
die dem Kapitel vorstehende Abbildung darstellt, geht 700' tief in
das Innere der Felsen hinein und ist nur vom Wasser aus zugänglich,
das sie zum Theil erfüllt.

---

1) Lis ist nach Joyce eigentlich ein kreisförmiger, fester Wall, der also früher
hier wohl bestanden hat. l. c. 1. 270.

2) Shaw's, Giants causeway, S. 90.

> Allzeit befällt ein Unheil
> Irland das siebte Jahr,
> Doch nun da der Marquis gegangen
> Nun kommt es jedes Jahr!

Nur etwa 2 Meilen weiter erreicht man das eigentliche Gebiet des Giants causeway. Dieser Name hat nicht etwa seinen Ursprung in den riesigen Dimensionen dieser Felsenbildungen. Im alt Irisch heisst er: Clochan nabh Fomhar d. h. die Treppenstufen der Fomorians, der schon erwähnten Piraten, die an den Nordküsten hausten [1]). Da diese in den Volkslegenden zu Riesen sich gestalteten, so wurde dann auch der Name „Giants causeway" an die Stelle des alten Namens gesetzt.

Drei halbkreisförmige, amphitheatralisch aufsteigende Buchten, die das Meer hier ausgespült, bilden die Küstendecoration, in dem der Giants causeway gelegen ist. Diese Buchten sind untereinander durch schmale, in das Meer vorgreifende basaltische Rücken getrennt. So ist die Bay von Portnabaw durch die Doppelklippen der sogenannten Wächter von dem Port Ganniay, dieser von dem folgenden Port Noffer durch den Riesendamm selbst, und dieser wiederum durch das Roveran Valley Head (dieses bildet den Hintergrund der oberen Ansicht auf dem Titelbilde) von dem Port na Spain getrennt.

Wenn man die erste dieser Buchten betritt, so überrascht es, nun die basaltischen Bildungen in ihrer ganzen Folge bis unter das Niveau des Meeres hinabsteigen zu sehen, während sie noch bei Dunluce durch 100' hohe Kreidefelsen davon getrennt waren. Gerade dort, wo der River Bush etwas östlich von Dunluce Castle sich in's Meer ergiesst, verschwindet die eben noch hoch aufragende Kreide fast plötzlich, und in dem gleichen Niveau mit ihr erscheint der schwarze Basalt. Mir schwebte da unwillkührlich das Bild vor, als ob man eine horizontal gestreifte preussische Flagge plötzlich in die vertikale Stellung eines Banners gebracht habe. Von der Mündung des River Bush ab bilden nun die Basalte überall die Küstenwände von oben bis unter das tiefste Niveau der Ebbe herunter; es ist keine Spur der Kreide mehr wahrzunehmen. Gegen Osten zu, am Vorsprunge des Port Bradin, etwas westlich vom Orte Balintoy erscheint dann ebenso plötzlich die Kreide wieder in der alten Höhe und das Profil der preussischen Flagge ist wieder hergestellt. Die ganze Strecke, auf welcher die Basalte gegen die östlichen und westlichen Kreideufer gesunken erscheinen, hat etwa eine Breite von sechs englischen Meilen.

<hr />

1) Vergl. S. 127.

Wie hat man diese auffallende Erscheinung zu erklären? Es ist nicht denkbar, dass etwa auch hier eine ursprüngliche tiefe Ausbuchtung der Kreideoberfläche vorliege, die der Basalt erfüllt habe.

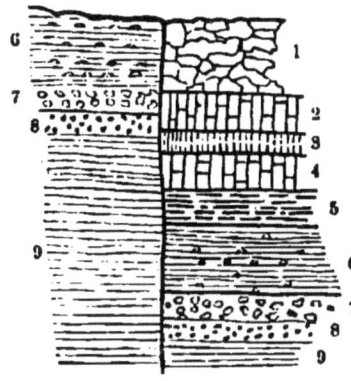

Die Begrenzung beider müsste einen anderen Verlauf nehmen, sie müsste mehr oder weniger allmälig nach oben ausheben. So aber trennt die beiden eine fast geradlinig verlaufende und fast verticale Linie. Daher führen denn auch die engl. Geologen mit Recht diese Senkung auf eine Verwerfung zurück, deren Einzelheiten am einfachsten aus der nebenstehenden Figur sich ergeben. Zwischen dem River Bush und dem Port Bradin liegt der abwärts gesunkene Keil dieser Schichtengruppe.

Profil von Balintoy am Giants causeway.

1. *Doleritischer Mandelstein.* 2. *Oberer Säulenbasalt.* 3. *Massiger Basalt.* 4. *Unterer Säulenbasalt.* 5. *Tiefster Basalt.* 6. *Kreide.* 7. *Grünsand.* 8. *Lias.* 9. *Buntsandstein.*

Wenn aber die Wasser der See sich nur um etwa 50' einmal zurückziehen wollten, so würden sie uns erkennen lassen, dass in Wirklichkeit hier unter den Klippen des Riesendammes, wenn auch nicht unmittelbar, die Kreide folge. Wir würden in dem Riesendamme eben nicht einmal die unterste Schicht der basaltischen Bildungen vor uns haben. Das hat schon Richardson, einer der ersten englischen Geologen, der die Aufmerksamkeit auf diese Basalte hinlenkte, erkannt. Die ganze Architektur der Schichten in dem gesunkenen Theile der Küste entspricht auf das vollkommenste der Annahme dieser stattgehabten Senkung. Wir haben ein allmählig nach oben gewölbtes Schichtengebäude vor uns und daher kommt es, dass längs dieses Küstenprofiles dieselben Schichten nicht immer in demselben Niveau erscheinen. Das ganze Bild gestaltet sich ungefähr wie die folgende Figur es darstellt. (Vgl. Fig. S. 155.) Es wird uns das noch deutlicher, wenn wir erst die ganze Folge der Basalte, wie sie uns in dem gesunkenen Theile in das Gesichtsfeld getreten ist, näher gegliedert haben.

Zu unterst über der Kreide liegt hier überall ein feinkörniger, stellenweise mandelförmiger, oft vollkommen schwammartig durchlöcherter Basalt. Die Mandelräume sind mit mannigfachen zeolithischen Mineralien, mit Delessit, Chalcedon, Kalkspath und Aragonit fast vollständig ausgefüllt. Mehrere dichte und blasige Bänke liegen übereinander, zwischen denen trennende Mittel von okrigem Thone auftreten. Ueber dieser untersten Stufe lagert ein stellenweise 25' mächtiges Okerbett, mit ganz bedeutendem Gehalte an Eisen. Darüber folgt eine zwischen 40—50' mächtige Bank regelmässig säulenförmig abgesonderten Basaltes, dem eine etwa 60' dicke Lage dichten, massigen Basaltes aufliegt. Ueber diesem liegt eine zweite Bank säulenförmigen Basaltes, sehr verschieden an Mächtigkeit, von der Unterlage getrennt durch meist nur dünne okrige Zwischenmittel. Auf dieser zweiten Etage von Säulenbasalt folgen dann noch basaltische mit Oker- und Braunkohlenlagen wechselnde Schichten. So macht das Ganze in der That den überraschenden Eindruck einer geschichteten Formation. Aber da diese scheinbar regelmässige Schichtung doch nur hervorgebracht wird durch eine Reihe einzelner, in nahezu paralleler Stellung übereinander liegender Ströme oder Platten, so ist der Verlauf der einzelnen Schichten weit davon entfernt, ein wirklich regelmässiger zu sein und ist von einer echten Schichtung doch sehr bestimmt zu unterscheiden. Wenn wir uns eine Zwiebel mit ihren einzelnen Schalen in eine horizontale Ebene ausgestreckt denken, gibt uns das ungefähr ein Bild von der Lage der Schichten, wie sie hier stattfindet. Schon nahe bei einander gelegene Punkte lassen in der Reihenfolge der übereinander liegenden Bildungen bedeutende Abweichungen erkennen. Während z. B. Hull an der Horsehoe Bay fünf übereinander liegende Etagen unterscheidet, sind von dort bis zum Bengore Head deutlich 7 Etagen zu trennen. Nur gewisse Bildungen wiederholen sich mit einiger Regelmässigkeit und zwar sind dieses vorzüglich solche, welche langen Intervallen in der eruptiven Thätigkeit entsprechen. So ist z. B. das mächtige Okerbett fast überall, wenn auch in verschiedener Mächtigkeit gefunden worden. Aber selbst wenn auch an verschiedenen Oertlichkeiten eine scheinbare volle Uebereinstimmung in der Schichtenfolge nachgewiesen ist, so bleibt damit der Beweis der wirklichen Identität der sich folgenden

Schichten doch noch zu erbringen. Am Cairneany Mt. bei Antrim und an anderen Orten ist z. B. der säulenförmige Basalt ganz in Uebereinstimmung mit dem Profil am Giants causeway auf dem Okerbette vorhanden. Sind aber darum die säulenförmigen Basaltbänke von Cairneany und dem Causeway dieselben? Ebenso ist über die schönen Säulen von Craigahullier bei Dunluce Castle trotz der guten Aufschlüsse längs der Küste noch keine Entscheidung möglich gewesen, ob sie dieselben sind, wie eines der säulenförmigen Basaltbette am Pleaskin Head.

Auch da liegt noch ein weites Arbeitsfeld für die geologische Landesuntersuchung von Irland. Trotz der umfangreichen Literatur über diese Punkte, bleibt noch vieles zu beantworten. Aber das darf auch hier nochmals ausgesprochen werden, dass wohl alle neuen Aufdeckungen immer mehr die Anschauung bestätigen werden, die wir im Vorhergehenden entwickelt haben, dass die Struktur des basaltischen Gebietes von Antrim keineswegs einen wirklichen Schichtenbau darstellt, sondern dass sie nur örtlich regelmässig erscheint, dagegen unregelmässig, wenn man verschiedene Orte zu vergleichen sucht. Und diese Forschungen möchten dann wohl auf die regelmässige Anordnung einzelner, von einander unabhängiger Eruptionscentren hinführen, auf die wir schon aus der blossen Oberflächenbeschaffenheit des Gebietes schliessen zu dürfen glaubten.

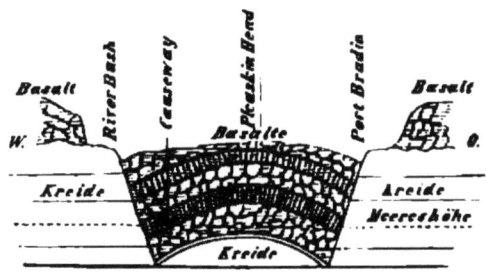

Küstenprofil vom River Bush bis Port Bradin.

Verfolgen wir nun die Lage der Schichten in dem Profile
zwischen River Bush und Port Bradin etwas näher. Sie heben mit
schwach ansteigendem Bogen von Bradin Head an aus, erreichen im
Pleaskin Head die Sattelhöhe und fallen dann langsam nach W. ab
bis zum Bush River. Dieser ganze Sattel senkt sich gleichzeitig nach
Süden ein. So erreicht die unterste Bank des säulenförmigen Basaltes
gerade zwischen Noffer Bay und Portnabaw Bay das Meeresniveau.
Der Giants causeway ist demnach nichts weiter, als die von den
Meereswogen entblösste, mannigfach zerstörte und zerrissene Oberfläche
der säulenförmigen Basaltbank, die auf dem mächtigen Okerbette
aufliegt, wie das am östlichen Ende des Causeway's zu ersehen ist,
wo die unteren Enden der Säulen blosgelegt sind.

Der erste Eindruck, den der Giants causeway, von dem der
Geologe so oft die bewundernden Schilderungen gelesen und dessen
Ansichten er in vielfacher Form in den Lehrbüchern und in Kupfer-
stichen gesehen hat, hervorruft, ist der eines gewissen Gefühles der
Enttäuschung. Man sieht sich hier nicht so sehr vor einem mächtig
aufragenden Damme, als vielmehr einem ausgedehnten Basaltpflaster,
das zur Fluthzeit sogar zum grossen Theile überschwemmt ist. Nur
drei eigentliche Dämme ragen von demselben immer empor, die als
kleiner, mittlerer und grosser Causeway unterschieden werden; der
letztere ist bei der Ebbe auf etwa 5—600' sichtbar (das obere Bild
des Titelblattes), die beiden andern kaum auf die Hälfte dieser Länge
hin. Aber die Grossartigkeit beruht in der Nähe des Meeres, und
das grösste Interesse bietet die vollendete Regelmässigkeit der Säulen,
ihre grosse Zahl und die prächtige Präparation derselben durch die
Meereswogen. Da ist alles so schön ausgewaschen und blosgelegt,
dass man alle Details auf das vollkommenste verfolgen kann. Die
tellerförmigen Vertiefungen der oberen oder unteren Enden der horizontal gegliederten Säulen, die regelmässige radiale Gruppirung der
Prismen um einzelne Centren, die senkrechte Stellung der Prismen
auf der Unterfläche, so dass dieselben dort, wo diese eine concave
Einbiegung zeigt, nach oben meilerförmig convergiren, über und durch
dieses alles schreitet man wie auf Treppen und Flur dahin [1]. In den

---

1) Vergl. hierzu das Titelblatt.

Tellern der oberen Enden, in welche das Meer zur Fluthzeit hinein-
strömt, glänzen zur Ebbe Krusten kleiner, wohlgebildeter Steinsalz-
krystalle. Die Concavitäten finden sich fast ebenso oft an den oberen
als an den unteren Enden der einzelnen Säulenglieder. Oft sitzt
ein solches oben concaves Prisma mitten zwischen lauter convexen.
Die Dicke der Pfeiler ist sehr verschieden, von einem Durchmesser
von nur 6 Zoll bis zu zwei und selten sogar mehr Fussen. Dem entsprechend sind bei den starken Prismen die trennenden Fugen breiter
und klaffen zwischen denselben sichtbar auf. Die meisten Pfeiler
sind sechsseitig, Hamilton [1]) schreibt hierüber, dass man mit ziemlicher
Zuverlässigkeit behaupten könne, dass von 100 Säulen 99 sechs, fünf
oder siebenseitig seien, und von diesen wieder 70 sechsseitig, jedoch
kommt von 3—9 auch jede andere Seitenzahl vor, wenn auch am
ganzen Causeway nur ein einziger dreiseitiger Pfeiler von den Führern
als ganz besonderes Unicum gezeigt wird. · Dass die Sechszahl der
Seiten überwiegt, ist nicht etwa Zufall. Nur 3 Formen gibt es, in
welche eine Oberfläche sich theilen lässt, ohne Zwischenräume übrig
zu lassen. Es sind das gleichseitige Dreieck, das Quadrat und das
regelmässige Hexagon. Nun ist es aber leicht einzusehen, dass das
geringste Maass zu leistender Arbeit nöthig ist, um eine gegebene
Oberfläche, in der Contraktionsspannungen von irgend einem Mittelpunkte aus wirken, in einzelne Hexagone zu spalten, eine geringere
Kraft, als diese Oberfläche in Quadrate oder Dreiecke zu zerlegen [2]).
So ist das Hexagon die Form, in welcher dem Grundgesetze der
Kräfte, eine Wirkung mit dem möglichst geringen Kraftaufwande
herbeizuführen, am besten entsprochen wird. Ist aber an einem
Punkte einmal mit der hexagonalen Form begonnen, so muss die-
selbe alle übrigen daran sich anreihenden bedingen, und nur örtliche
Störung in der Regelmässigkeit des Verlaufes der Abkühlung bringt
dann abweichende Formen zuwege. Daher überwiegt die hexagonale
Form der Prismen und nach dieser die ihr am nächsten kommenden

---

1) Hamilton: Letters concerning the Northern Coast of the County of Antrim.
2) Vergl. hierüber die treffende Betrachtung Mallet's: „On the origin and me-
chanism of Production of the prismatic Structure of Basalt." Philos. Magaz. 1875. August
S. 6 u. f. f.

fünf und siebenflächigen Formen. Aber in der ganzen Gruppirung zeigt sich immer wieder das Bestreben, zur rein hexagonalen Ordnung zurückzugehen.

Auch der Durchmesser der einzelnen Prismen ist kein zufälliger; denn er muss einmal abhängig sein von dem Contraktionscoefficienten der erkaltenden Masse, dann aber auch von dem Elasticitätscoefficienten, die beide mit der chemischen Zusammensetzung schwanken. Auch die Stellung der Concavitäten am oberen oder unteren Ende steht in bestimmter Beziehung zu den Richtungen, in welchen die Abkühlung erfolgte. Ausserordentlich häufig ist auch am Causeway die Erscheinung, dass die Ecken, welche die tellerförmigen Vertiefungen umgeben, abgebrochen sind, wie z. B. auf der Abbildung zu sehen. Auch dieses hängt mit den Vorgängen der Contraktion zusammen und ist nicht eine blosse Folge der Verwitterung. Nach dem Zurückziehen der concaven Fläche einer der horizontalen Absonderungsfugen musste schon der Druck der aufliegenden oberen Prismenglieder, der nun ausschliesslich von dem aufragenden Rande getragen wurde, genügen, diesen Rand in seinen schwächsten Stellen, und das sind jedesmal die Ecken, zu lockeren oder abzubrechen. Vielleicht sind dabei die Verhältnisse so gewesen, wie sie Mallet in der angeführten Arbeit schildert, obgleich wohl der blosse Druck der aufliegenden Säule schon allein hinreicht, die Erscheinung zu erklären. War einmal die Lösung des Zusammenhanges an diesen Stellen erfolgt, so musste dann die Verwitterung gerade dort leichtere Arbeit finden und die vorbereiteten Formen weiter entwickeln.

So bot denn eine Wanderung über die Köpfe der 40,000 Basaltsäulen, die hier zusammenstehen, den Ausgang zu einer ganzen Reihe von Gedanken und Betrachtungen über die vielfachen bemerkenswerthen Umstände, welche die Eruption dieses Gesteines begleitet haben. Aber in dem meist ganz dichten Basalte dieser Säulen fehlt dafür die mineralogische Anregung, die uns die weiter östlich aufsteigende, tiefere Bank des mandelsteinartigen Basaltes in hohem Maasse bot. Der grosse Halbkreis des Port Noffer ist mit Basaltblöcken übersät, die mit Zeolithen geradezu gespickt sind. Die schönsten Chabasite, oft centimetergrosse Analcime, Desmin, Heulandit, Gmelinit, Natrolith, Harringtonit, Antrimolith, Faroëlit, Thomsonit, Phillipsit,

Brewsterit, Harmotom, und eine Reihe anderer mehr oder weniger seltener Mineralien dieser Gruppe, dazu Kalkspath, Aragonit, Delessit, Chalcedon, Carneol und andere Quarzvarietäten konnten wir hier sammeln. Nur die Zeit fehlte, um diese Fundgrube mineralogischer Handstücke so auszubeuten, wie es der Wunsch war. Es sind dieselben amygdaloidischen Dolerite, die auch an den Klippen von Portrush schon unsere mineralogische Freude erregt hatten. Dort wie hier und auch an andern Punkten längs der Küste kommen dieselben Mineralien überall in der gleichen Fülle vor.

Mitten auf dem Giants causeway tritt in der unmittelbaren Nähe der salzigen Wogen eine reich sprudelnde Quelle prächtigen, süssen Wassers aus dem Basalte empor. Wie seltsam mögen wohl die Wege sein, die sich ein solcher Wasserlauf unterirdisch ausfindig macht, um bis auf wenige Fuss an das Meer heran zu kommen und doch unberührt von dessen Wasser an die Oberfläche zu treten! Auf wie vielen verzweigten Canälen mag aber auch das Wasser durch diese Basaltmauern hindurchdringen, überall Umwandlungen und mineralische Neubildungen veranlassend, deren Mannigfaltigkeit uns in Erstaunen setzt, deren Vielgestaltigkeit wir zwar zu beschreiben, deren Entwicklungsstadien und Bildungsgesetze wir aber nur in wenigen Fällen deutlich zu erkennen und zu verstehen vermögen.

Das Amphitheater des Port Noffer ist das prächtigste der Küstenbilder, mit denen der Giants causeway umgeben ist. Es ist rings umschlossen von wilden steilen Felsenhängen, an denen die schichtengleiche Folge der verschiedenen Etagen ganz besonders deutlich und gleichzeitig sichtbar wird. Scharf heben sich immer die einzelnen Basaltbänke ab. Die Säulenbasalte des Giants causeway sind hier schon in die Höhe gestiegen und bilden inmitten einer der Wände die Riesenorgel. Mit den schönen Orgues d'Expailly in der Nähe von Le Puy in Frankreich vermag dieselbe jedoch nicht den Vergleich auszuhalten.

Das Roveran Valley Head schliesst östlich mit weit vorgebogener Wand diesen Halbkreis ab; im Profile vom Riesendamme aus gesehen erscheint es wie eine gewaltige Treppe, deren 5 Stufen jedesmal durch die vorspringenden Basalte gebildet sind. (Siehe den oberen Theil des Titelblattes.) Auf einer der oberen Stufen ragen die Chimney tops, drei einzelstehende Basaltsäulen, welche die Verwitterung aus dem oberen Basaltbette herausgespült und dann stehen gelassen hat, bis zu 45' Höhe empor. (Siehe Abbildung S. 136.) Sie sehen in der That den Resten einer Burg so ähnlich, dass man die Erzählung zu glauben geneigt ist, mit welcher der Volksmund diese Felsen rühmt. Die stolze, spanische Armada, als sie ihren verhängnissvollen Zug durch die irischen Gewässer ausführte, soll diese Basaltsäulen für die Kamine von Dunluce Castle gehalten und beschossen haben. Jedenfalls führt daher die schmale Bay jenseits dieser Klippen noch heute den Namen Port-na-Spain. Jenseits derselben ragt Pleaskin Head auf, mit einem gleichen, treppenförmigen Profile der See zugewandt. Es ist der höchste Punkt des Gebietes und von hier aus ist der Ueberblick über alle die Buchten und Klippen, die hier beisammen liegen, auf einmal geboten. Die höchste Stelle heisst „Hamilton's Seat". Der berühmte Beschreiber der hier sich entfaltenden Landschaft mag wohl oft gerade diesen Sitz sich ausgesucht haben, um die Wärme und die Farbe seiner Schilderungen zu beleben.

An Pleaskin Head reiht sich weiter östlich der Horse shoe Harbour, den wiederum seltsame Felsenbildungen sich auflösender Basaltgruppen vom Port-na-Truin trennen, dem an der andern Seite das Bengore Head als Rampe dient. Und so zieht sich der Wechsel von einschneidenden Buchten und scharfen Vorgebirgen an der ganzen basaltischen Küste von Antrim herum, ohne Zweifel eine Reihe landschaftlich und geologisch gleich sehenswerther Bilder bietend. Seit die Bahn die Grafschaft mitten durchschneidet, mag der frühere Weg, der längs der Küste von Belfast nach dem Giants causeway führt, weit seltener gewählt werden. Und mit der Schnelligkeit des Reisens steht leider meist die Zeit, die auf die einzelnen besuchten Punkte kommt, im umgekehrten Verhältnisse. Uns drängte es zudem, auch einen Blick in das Innere dieser Grafschaft zu thun. So wählten auch wir die Eisenbahnroute über Coleraine nach Belfast.

Der Rundthurm von Antrim.

XI.

ANTRIM-TARDREE-BELFAST.

Die Bahnlinie von Coleraine nach Belfast bewegt sich bis zur Station Ballymoney im Thale des River Bann. Dann aber geht sie quer durch das flachhügelige Land hin, welches die östliche Kette von der mittleren, zwischen Bann und Main gelegen, scheidet. Die Fahrt bietet nur wenig Interessantes. Wo einmal ein Einschnitt durchfahren wird, sieht man die rothen Ocker- und Tuffschichten der Basalte; wo ein nackter Felsen aufragt, oder wo lose, nicht von der Vegetation bedeckte Blöcke umherliegen, da erscheint überall die schwarze Farbe des Basaltes selbst. Aus der Verwitterung der dunklen Gesteine scheint überall ein fruchtbarer Boden hervorzugehen. Kaum ein Distrikt von allen in Irland, die wir gesehen, gleicht an trefflichen Feldern der Gegend von Ballymena. Diese aufblühende Fabrikstadt ist am Main River gelegen und das Centrum eines ausgedehnten Leinenhandels, zu dem der Flachs hier auf den Feldern ausgezeichnet gedeiht. Ganz in der Nähe von Ballymena liegt auch die freundliche, an die schlesische Heimath erinnernde Niederlassung der Herrenhuter (Moravian brothers), die den Namen Grace Hill (in Schlesien Gnadenthal und Gnadenfrei) trägt.

Von Ballymena aus erreicht man schnell die kleine Stadt
Antrim, die zwar die Hauptstadt der Grafschaft ist und ihr den
Namen gab, aber an Bedeutung heute hinter mehreren andern Städten
zurückgeblieben ist. Die kleine Stadt besteht fast nur aus einer einzigen Strasse, an deren einem Ende die Mauern und Thore des
Schlosses liegen, das einst der Sitz der Marquis von Antrim, nun
Eigenthum des Viscount Massareene ist. Der Theil der Grafschaft
Antrim längs der Ostküste des Lough Neagh zerfällt in eine obere
und untere Grafschaft Massareene. In keiner Stadt Irlands hatten wir
einen so freundlichen, vollkommen uneigennützigen, bestorientirten
und dabei so zuverlässigen Führer gefunden. Es war der Constabler
des Ortes, der sich unserer, als wir beim Verlassen des Eisenbahn-
wagens uns nach Weg und Wagen erkundigten, annahm und uns,
während wir auf den Car warteten, der uns nach Tardree führen sollte,
das Schloss der Viscount Massareene von Aussen und von Innen
zeigte. Die Einrichtung des Schlosses, durchaus elegant französisch,
im Style Louis XV. bot nicht gerade hervorragendes Interesse. Die
Ahnenreihe der Massareene's sah erstaunt von den Wänden auf den
seltenen Besuch. Auch der an das Schloss sich anschliessende Park
und Obstgarten sind im schnörkelhaften Style der Versailler Gartenkunst gehalten, aber prächtige Bäume, wenn auch in schnurgeraden
Reihen geordnet, sind seine natürliche Zierde. Von einem künstlichen
Hügel, den ein uralter Taxusbaum überschattete, hatte man einen
schönen Blick über die Bäume weg auf die weithin sich ausdehnende
Fläche des Lough Neagh. Antrim liegt nicht dicht am See, sondern
etwa $^1/_2$ englische Meile davon entfernt an dem unterhalb Antrim
Castle in den See fliessenden Six miles water.

Der Lough Neagh ist eine imposante Wasserfläche, auf der
die Grenzen von fünf Grafschaften: Antrim, Tyrone, Armagh, Londonderry und Down an einander stossen. Zwei grössere Zuflüsse, der
obere Bann und das Six miles water speisen ihn mit fünf andern
kleineren Wasserläufen; nur der River Bann entströmt ihm. Er ist
20 Meilen lang, von N.O. nach S.W. etwa 12 Meilen breit; sein
Umfang misst 80 Meilen und er bedeckt eine Oberfläche von fast
160 ☐Meilen. Sein Niveau ist nur 48' über dem Meere, so dass er
eine ganz auffallende Depression in der im allgemeinen einige hundert

Fuss über der See aufragenden Oberfläche des Landes bildet. Seine Ufer sind flach, rings um ihn treten die Berge zurück und auch die Basalthügel von Norden her sind in eine fast vollkommene Ebene verlaufen. Nur im Norden bis über die Hälfte hinaus ist er auf beiden Seiten von basaltischen Bildungen eingefasst, die in einer nur wenig sichtbaren Terrasse an ihn herantreten. Nach Süden zu umsäumen ihn pleistocäne Ablagerungen, vorzüglich aus Thonen bestehend und untermischt mit Driftablagerungen, die zum Theil eine deutliche Gliederung zulassen, wie es am Dunoor Bache besonders ersichtlich ist, der durch den Park von Antrim fliesst. Hier unterscheidet Mr. Duffin drei Etagen der Drift: einen oberen Geschiebelehm, reich an kleinen Geröllen und Sand; interglaciale Sande mit Anzeichen einer Schichtung; unterer Geschiebelehm mit Basaltblöcken und anderen grösseren Geschieben. In diesem sowohl wie in der oberen Driftetage spielen besonders die bunten Quarzgeschiebe (Lough Neagh pebbles) eine grosse Rolle, die den Mandelräumen der Basalte entstammen und in grosser Menge auch in dem Ufersande des See's aufgelesen und als Schmucksteine verarbeitet werden: Amethyst, Quarz, Chalcedon, Carneol und andere bunte Quarze und Achate. In den südlichen Niederungen am See treten ausgedehnte Torflager auf, besonders südlich des kleinen See's von Portmore, den nur ein schmaler Streifen niedrigen Landes vom Hauptsee trennt. Die grösste mittlere Tiefe des See's ist nur 45', so dass er ein sehr flaches Becken darstellt, dessen Küste auf viele hunderte von Fussen vom Ufer her ganz seicht verläuft. Darin besteht ein wesentliches Hinderniss der Schifffahrt auf diesem grossen Wasserbehältniss; mehr trennend wie verbindend schiebt er sich zwischen die Landestheile ein.

Nur zwei kleine Inseln liegen, mit reichem Baumschmucke, wie zwei grüne Büsche auf der Wasserfläche: Bird und Ram Island, nur etwa 1½ englische Meilen von der Ostküste entfernt. Die letztere Insel ist mit einem prächtigen Parke bedeckt, der lieblich um die Ruinen eines alten Rundthurmes sich herumzieht, den die altberühmte Familie der O'Neill's um so mehr in Ehren hält, als diese Insel und die kleine Besitzung an der Küste die einzigen Reste der Herrschaft sind, welche sich sonst über die ganze Provinz Ulster ausdehnte, deren Könige einst die O'Neills waren.

Viele Sagen von untergegangenen Städten und Schlössern
schweben um seine Ufer und der Anwohner zeigt am Abend mit
scheuen Geberden auf die Schatten der Untergegangenen, die dann
aus dem Wasser emporsteigen.

> „On Lough Neagh banks as the fisherman strays,
> When the clear cold eve's declining,
> He sees the Round Towers of other days,
> In the wave beneath him shining" [1]).

Den besten Blick auf den See gewinnt man von der Besitzung
des Viscount O'Neill aus, ein grosser, nördlich an Antrim Castle an-
grenzender Park, der für den bestbewachsenen in Nord-Irland gilt.
Auf einem kleinen, felsigen Vorsprunge in den See hinein liegen die
Ruinen von Shane's Castle, dem alten Sitze der O'Neills noch in den
Zeiten der Königin Elisabeth. Shane (John) O'Neill verhandelte mit
der Königin als gleichberechtigt in deren Hauptstadt. Sein Vater
Con O'Neill hatte sich Heinrich VIII. unterworfen, aber Shane er-
kämpfte sich wieder die volle Unabhängigkeit und die Herrschaft
der O'Neills war mächtiger, als sie je gewesen seit die Fürsten von
Ulster aus dieser Familie hervorgingen. Zu seinen Vasallen zählten
die mächtigsten altirischen Familien, die Mac Gennis, Mac Guire,
O'Reilly, O'Hanlon, O'Cahan, Mac Brien, O'Hagan, O'Quin, Mac Kenna,
Mac Artane, Mac Donnells, die ihm Kriegsdienste leisten mussten [2]).
Wie sehr sich Shane O'Neill als König von Ulster fühlte, beweist am
Besten sein Zug nach London an den Hof der Königin Elisabeth, um
ihr dort seine Freundschaft zu bezeugen. Umgeben von einer Leib-
garde in den goldgelb gefärbten Linnenkitteln, welche die damalige
irische Nationaltracht waren, eine Tracht, welche die englischen Gesetze schon geächtet hatten, erschien er vor der Königin, die ihn
freundlich empfing, und triumphirend kehrte O'Neill nach Irland zurück.
Die Zeiten Cromwells machten dem Königreiche Ulster auf immer

---

1) Wenn über den See der Fischer zieht
 Und leuchtend der Abend sinket,
 Ihm auf dem Grunde aus alter Zeit
 Der Rundthurm grüssend winket!

2) Diese Krieger nannte man gallowglasses, etwa unsern Lanzknechten entsprechend.

ein Ende. Aber die O'Neills sitzen noch hier auf altererbtem Boden und ihr Wappen, eine rothe Hand, steht noch an den Ruinen von Shanes Castle. Die Sage, die sich an dieses Wappen knüpft, ist nicht ohne Interesse. Als in den Zeiten, wo die Eroberung von Nordirland von den Schottischen Küsten aus erfolgte, einst eine solche Heer-schaar in Böten sich der irischen Küste näherte, versprach der Führer dieser Mannen Demjenigen den Besitz der Küste und des Landes, der zuerst seine Hand auf den fremden Boden legte. Da war es ein O'Neill, der gierig nach diesem Lohne, als er bemerkte, dass ein zweites Boot im Begriffe stand, vor ihm an die Küste zu stossen, mit seiner Axt sich die linke Hand abschlug und sie in weitem Wurfe an die Küste schleuderte. So legte er seine Hand zuerst auf diesen Boden, der ihm auch zugesprochen wurde. Und das Wappen der rothen Hand blieb nachher einige Jahrhunderte lang das königliche Wappen von Ulster[1]).

In der Basaltbank, welche die Ruinen von Shane's Castle trägt, folgen gleichfalls mehrere verschiedene Schichten übereinander[2]). Zu oberst liegt ein roh pfeilerförmiger, compakter Basalt, den eine dünne Lage von Braunkohle von einem etwa 10' mächtigen Bette eines basaltischen, palagonitischen Tuffes trennt, in dem neben den Brocken von Basalt besonders die braunen, colophoniumartigen Par-thien des Palagonites auffallen. Die Wände der Hohlräume in diesem palagonitischen Tuffe sind mit kleinen Kryställchen von Pyrit über-kleidet, deren Bildung wohl mit dem überliegenden Lignite in Ver-bindung zu bringen ist. Darunter liegt wieder eine Bank festen Basaltes.

Der wesentlichste Theil unseres Aufenthaltes in Antrim galt einem Besuche der in der Nähe gelegenen Trachytbrüche von Tardree. Die Strasse dorthin führt sehr bald, nachdem sie die Stadt verlassen, an einem der besterhaltenen Rundthürme vorbei, die es überhaupt in Irland gibt. Derselbe liegt inmitten eines schönen Parkes, in dem uns besonders einige prächtige Exemplare von Wellingtonia und Araucaria auffielen. Der Rundthurm, dessen Bild die von mir an Ort

1) Shaws, Guide to Antrim, S. 21.
2) Duffin, Expl. Sheet 21, S. 22.

und Stelle aufgenommene Zeichnung wiedergibt (Vergl. Abbildung
S. 161), hat eine Höhe von 93', bei 9' lichtem Durchmesser an der
Basis oder 53' Umfang. Seine Mauern sind unten über 3' dick, er
trägt oben eine kegelförmige Spitze. Ein viereckiger Eingang liegt
etwa 10 — 11' über dem Boden und ausser dieser Oeffnung hat er
noch zwei Fenster nach entgegengesetzter Seite liegend. Ein Stein-
flur, der sonst in der Höhe des Eingangs seinen Boden bedeckte,
wurde vor einigen Jahren geöffnet, aber nichts bemerkenswerthes
darunter gefunden. Er ist in Basalt aufgeführt und zwar sind die
Blöcke, aus denen die Mauern bestehen, rohe, unbearbeitete Feldsteine.

Die auffallende Uebereinstimmung in der Form mit den Rund-
thürmen von Clondalkin bei Dublin und Sevenchurches, Co. Wicklow
und zweifellos noch mit vielen anderen, die ich nicht zu sehen Gelegenheit hatte, lassen darüber keinen Zweifel, dass der Zweck der
Rundthürme überall in Irland derselbe gewesen. Die ganze Art der
Construktion, die vielfachen auf christliche Zeiten verweisenden Sculpturen an diesen Bauwerken (auch am Rundthurm von Antrim ist in
dem Steine, welcher die Thüröffnung überdeckt, eines der irischen
Kreuze eingemeisselt) lassen es erkennen, dass man nur mit Unrecht
ihnen ein so hohes Alter zugeschrieben und sie bis auf die dunklen
Zeiten der ersten irischen Bewohner zurückdatirt hat. Das häufige,
nicht zufällige Zusammenvorkommen mit den Ruinen von Kirchen
oder wenn auch diese verschwunden, mit alten Kirchhöfen und Grab-
stätten, lässt es durchaus wahrscheinlich sein, dass die natürlichste
und einfachste Deutung dieser Thürme als Kirchthürme, die gleichzeitig auch als Warthürme dienen mochten, wohl auch die richtige
ist. Wilkinson hat in seinem mehrfach citirten interessanten Werke
über die altirische Architectur auf das überzeugendste nachgewiesen,
dass die Einzelheiten der Architektur an diesen Thürmen auf Nor-
männischen Ursprung zurückzuführen seien [1]. Mit den Normannen
und mit den Priestern, die das Christenthum brachten, kamen auch
die Rundthürme aus Italien nach Irland, und die Aehnlichkeit in der
Form mit den alten italienischen Campanile's findet darin eine unge-
zwungene Erklärung. Ihr Alter geht damit kaum über das 10. oder
9. Jahrhundert hinaus.

1) l. c. S. 80 ff.

Die Umgebungen von Antrim, durch die unser Weg weiter
führte, boten nicht den Eindruck der Fruchtbarkeit, den wir bei
Ballymena gesehen und der sich an den Ufern des Lough Neagh
geltend macht. Die flachen Hügel sind grösstentheils kahl und nur
mit spärlicher Schafweide bedeckt, und auch in der Ebene schien
ausser dem Flachsbau kein Ackerbau von irgend einer Bedeutung
zu sein.

Die Tardree Berge liegen etwa 5 engl. Meilen nordöstlich von
Antrim. Sie bilden eine Gruppe von flachen Kuppen, die über die
umgebenden Basalthöhen emporragen und in dem Carnearney Hill
(1043') die grösste Höhe erreichen; der eigentliche Tardree Mt. hat
nur 798'. Dieser aber stellt, da der Carnearney in seinem oberen
Theile aus Basalt besteht, den höchsten Punkt dar, an dem die trachytischen Gesteine dieser Berge auftreten. Es ist gleichzeitig so ziemlich das Centrum, von dem aus diese Gesteine nach allen Seiten hin
mit gleichmässigem, flachem Abhange unter die Basalte niedergehen.
Diese trachytischen Gesteine in ihrer auffallend lichten Farbe bilden
einen eigenthümlichen Contrast zu den dunklen Basalten, ein Contrast
der aber nicht grösser ist, als die Unterschiede in der chemischen
Zusammensetzung der beiden Gesteine. Dem basischen Basalte
gegenüber sind es ausserordentlich kieselsäurereiche Gesteine. Frühere
Beobachter haben dieselben in die Reihe der Quarzporphyre gestellt,
so Portlock, der sie als Porphyr von Sandy Brae beschreibt [1], Berger [2]
und Bryce [3] und es muss als ein ganz besonderes Verdienst der irländischen geologischen Landesuntersuchung und speciell ihres Directors E. Hull hervorgehoben werden, den petrographischen Charakter
und damit auch die geologische Bedeutung dieser Bildungen richtig
erkannt und beschrieben zu haben [4].

Das Gestein kann als ein ganz typischer Quarzsanidinrhyolit
bezeichnet werden, dessen Gehalt an Kieselsäure die Höhe von 76 %
erreicht. In einer echt trachytischen, glasreichen Grundmasse liegen

1) Journ. Geol. Soc. Dubl. I. 9.
2) eod. III. 126.
3) Rep. Brit. Assoc. 1852. p. 42.
4) Hull, Expl. Sheet 21. S. 17 ff.

grosse (2—3 cm.) Krystalle von klarem, rissigem Sanidin und zahlreiche Körner rauchgrauen, oft fast ganz schwarz gefärbten Quarzes. In den Blasenräumen des Gesteines entdeckten wir bei unserm Besuche den bis dahin in Grossbritannien noch nicht nachgewiesenen Tridymit, diese sog. vulkanische, in ihren krystallographischen Verhältnissen so interessante Form der Kieselsäure. Da der Tridymit auch mikroskopisch in der Grundmasse dieses Gesteines wahrzunehmen ist, so kann der hohe Gehalt an Kieselsäure nicht in Verwunderung setzen. Eine genauere Erörterung der petrographischen Verhältnisse dieses Gesteines, in dem wir hier in Irland den einzigen Vertreter der in andern vulkanischen Gebieten, so z. B. in der Auvergne, dem Mont Dore, den Euganäischen Bergen, Ungarn so reichlich und vielartig vertretenen Gruppe der Trachyte sehen, kann nicht in den Rahmen dieser Skizzen hineinpassen.

Das Gestein wird am Tardree Mt. in mehreren grossen Steinbrüchen gewonnen und findet zu baulichen Zwecken Verwendung. Allerdings möchte es trotz des hohen Gehaltes an Kieselsäure fraglich erscheinen, ob von dem Gesteine eine grosse Dauerhaftigkeit zu erwarten ist. Schon die ungleichartige, porphyrische Structur spricht eher dagegen. Die leicht verwitterbaren Krystalle von Sanidin fallen bei der Zersetzung heraus und das Gestein wird löcherig und in Folge dessen auch eher mürbe. Schon die länger auf den Halden der Brüche liegenden Blöcke zeigen eine sehr fortgeschrittene Zersetzung. Während im frischen Zustande die Grundmasse eine graue, auch wohl leicht violette Färbung zeigt, pflegen die Stücke dann einen gelben, oder rostartigen Ton anzunehmen. In dem einen Bruche am Tardree Mt. zeigen die Trachyte eine rohe pfeilerförmige Absonderung. Die Altersverhältnisse des Trachytes zu den Basalten können hier auf das unzweifelhafteste erkannt werden. Am besten lassen sich dieselben am Carnearney und am Scolboa Hill, beide im südwestlichen Theile der Trachytmasse verfolgen. Hier ist nicht nur das gangförmige oder richtiger gesagt, stielförmige Hindurchgreifen der Basalte durch die Trachyte nachgewiesen, sondern es lassen sich auch die auf den Trachyten aufgelagerten Basalte als die höchsten Punkte dieser Berge wahrnehmen. Zugleich bieten sich in den einzelnen, dem Trachyte aufgesetzten Basaltkuppen treffliche Beispiele secundärer Kegel, die durch Erosion aus ursprünglich strom- oder deckenartigen Ergüssen herausgeschnitten worden sind. Unzweifelhaft erweist sich hier überall der Trachyt als das ältere und als das älteste vulkanische Gestein dieses Distriktes. Das ist eine Thatsache, die auch in anderen Gebieten mit gleicher Bestimmtheit erkannt worden ist; denn auch die trachytischen Gesteine des Mont Dore, um nur ein Beispiel anzuführen, sind älter als die dortigen Basalte. Und dieses Fortschreiten in der Altersfolge von kieselsäurereicheren zu basischeren Gesteinen erhält dann noch eine durchgreifendere geologische Be- deutung, wenn wir bedenken, dass sich die gleiche Folge auch in weit älteren geologischen Epochen schon gezeigt hat. Denn auch die Melaphyre mancher Gebiete sind jünger als die mit ihnen auf- tretenden Felsitporphyre. Ob freilich nun eine solche Folge als ein allgemeines Gesetz aufgestellt werden darf, das ist immer noch eine nicht mit Sicherheit zu beantwortende Frage.

Dass übrigens diese kieselsäurereichen Trachyte, die hier die vulkanische Thätigkeit einleiteten, nicht vereinzelt auf ein blos lokales Vorkommen beschränkt geblieben sind, sondern wie ihre Aequivalente in andern Gebieten an mehreren Ausbruchsstellen zu Tage traten, das zeigt ihr Auftreten auch an andern Orten der Grafschaft Antrim. Einige Meilen südlich bei Templepatrik begegnen wir ihnen wieder und ganz besonders bemerkenswerth ist ihr Auftreten ganz ausserhalb des basaltischen Gebietes, wenige Meilen südlich von Hillsborough in dem Tieflande des Laganflusses, wo sie durch die silurischen Schichten hindurchbrechen. An diesem Punkte, wo der Trachytdurchbruch von Driftmassen umgeben ist, treten seine geognostischen Verhältnisse allerdings nicht deutlich hervor, in seiner petrographischen Beschaffen- heit aber weicht er kaum von dem Gesteine von Tardree ab[1]).

Von Antrim führen zwei Bahnlinien nach Belfast, die eine über Lisburn, die andere über Carrikfergus; wir wählten die letztere. Bald nach der Ausfahrt aus der Station durchschneidet sie mächtige Lager der sogenannten interglacialen Sande und Thone, die ein Glied der Drift bilden, wie wir sie im Parke von Antrim Castle gesehen. Hier sind in diesen deutlich geschichteten, feinkörnigen Sanden und

1) Expl. 80. S. 11.

schiefrigen Thonen auch marine Muscheln gefunden worden, lebenden
Geschlechtern angehörig, die das junge Alter dieser fast in allen Thälern und Einschnitten der basaltischen Massen vorkommenden Drift-
schichten documentiren. Es liegt darin wieder ein merkwürdiger
Beweis für die vielfachen oscillatorischen Auf- und Abbewegungen
dieses Theiles von Irland. Die untermeerisch gebildete Kreide wurde
erhoben, erodirt und auf ihr die Basalte abgelagert, kleinere Hebun-
gen und Senkungen fanden während der Basaltperiode statt. Dann
aber erfolgte eine Senkung, die fast alles Land wieder unter Meer
tauchte; denn die Drift liegt oft auf bedeutender Höhe und bis zu
30—40' Mächtigkeit. Aber die höchsten Gipfel der basaltischen Kegel
sind unbedeckt oder die Drift erscheint dort nur ganz spärlich. Und
gerade dieses spärliche Vorhandensein lässt es noch unentschieden,
ob nicht früher auch auf diesen Gipfeln eine mächtigere Driftbedeckung
vorhanden war, die hier der Erosion zum Opfer gefallen, während
sie in den Thälern erhalten blieb.

Gerade ehe man im weiten Bogen, in fast östlicher Richtung
vom Lough Neagh sich entfernend, die Station Templepatrik passirt,
durchschneidet die Bahn den oben schon erwähnten Trachytdurchbruch. Jedoch konnte man bei der Vorüberfahrt denselben im Durch-
schnitte kaum wahrnehmen. Hier sollen auch perlsteinartige Bildungen gefunden worden sein. Was ich aber in der Dubliner Sammlung
als solche sah, war nur ein Rhyolith mit dichter, porcellanartiger
Grundmasse, ganz ähnlich den Lithoiditen, die ich in Centrafrankreich
nachgewiesen und in den Euganäen gefunden habe, von wo sie uns
durch die treffliche Schilderung G. vom Rath's bekannt geworden
sind. Nach den bei der Anlage der Eisenbahn gemachten Aufschlüssen
scheint sich die trachytische Masse auch hier weiter unter die Basalt-
bedeckung hinzuziehen.

Ein anderer interessanter Eisenbahndurchschnitt liegt nahe der
Station Ballypalidy, wo eine der vielen hier durch Bergbau gewonnenen Bol- und Eisenerzlagerstätten erschlossen wurde. Diese Aufschlüsse ergaben in regelmässiger Folge nachstehende Schichten [1]. Die
Unterlage bildet eine Schicht eisenschüssiger, vulkanischer Lapilli oder

1) W. H. Baily: Journ. geol. Soc. London XXV. 357.
R. Tate u. J. Holden cod. XXVI. Expl. Sheet 21. S. 23.

Basalttrümmer, darauf liegt ein nur wenige Fuss mächtiges Lager
des eisenreichen Boles, der hier auch viele Pflanzenabdrücke enthält,
dann folgt kugliger, sehr zersetzter Basalt, über den sich ein schmaler
Schmitzen von Lignit einschiebt, der von dem Driftlehm überdeckt
wird. Die ziemlich grosse Verschiedenheit in der Folge der einzelnen
Lager in verschiedenen der hier durch Bahn und Bergbau bekannt
gewordenen Profile sind einer der besten Beweise, wie sehr die
Basaltdecke von Antrim aus einzelnen, von einander ganz unabhängi-
gen und keineswegs identischen Theilen zusammengefügt ist.

Die Pflanzenabdrücke in diesen Bolschichten wurden von dem
verstorbenen Mr. Du Noyer entdeckt und von dem Paläontologen
W. Baily beschrieben. Sie bestehen meist aus Blättern, deren Eindrücke auf den Fugen des feinschlammigen Bols erhalten sind. Ihr
Alter ist das der miocänen Tertiärschichten und damit ist ihre Bedeutung für die Geschichte der Basalte ausgesprochen. Da sie verschiedenen Pflanzen, die z. Th. jetzt nicht mehr in Irland heimisch
sind, angehören, so wäre es wohl von Interesse, sie mit den Untersuchungen zu vergleichen, die Herr von Ettinghausen an einer grösseren Zahl tertiärer continentaler Floren angestellt hat und die als
wichtiges Resultat ergeben, dass in der Tertiärflora die wichtigsten
Repräsentanten der Floren der Jetztzeit enthalten seien, und somit die
Tertiärflora als die Stammflora sämmtlicher Floren der Jetztwelt anzusehen sei. Das ist dabei aber das charakteristische, dass in dieser
tertiären Stammflora solche Pflanzenformen neben einander wuchsen,
die gegenwärtig durch weite Erdstrecken getrennt scheinen. Das Vorkommen von Sequoia, einer jetzt wesentlich amerikanischen Form neben
Fagus, Quercus u. a. wesentlich europäischen Formen in den Bolschichten von Ballypalidy lässt vermuthen, dass auch für diese Flora
in der That die Annahme v. Ettinghausen's zutreffe.

Drei Basaltgänge durchsetzen in kurzer Folge den Eisenbahndurchschnitt mit gemeinsamem südsüdöstlichem Streichen.

Bei der Station Ballynure[1]) erreicht die Bahn das einzige ge-
eignete Defilé, welches ihr den Abstieg in die Ebene des Lough

---

1) Das in vielen hundert irischen Namen vorkommende Bally bedeutet Stadt;
Ballynure: Stadt des Eibenbaumes, Ballymena: mittlere Stadt, Ballymoney: Stadt des
Dorngebüsches u. a. m.

Belfast ermöglicht. Hierin liegt der Grund, warum sie nicht direkt nach Belfast sondern in zuletzt sogar fast nordöstlich aufsteigendem Bogen zuerst nach Carrikfergus einläuft. Von hier zweigt sich dann unter ganz spitzem Winkel in südwestlicher Richtung rücklaufend die Bahn nach Belfast ab. Der Austritt der Bahn durch die nach Süden abstürzenden Terrassen des basaltischen Plateau's ist ein recht bemerkenswerther; denn nun überblickt das Auge auf einmal rechts und links den hohen, hier immerhin noch mehrere hundert Fuss aufragenden Steilabfall, an dem wieder unter dem schwarzen Basalt die weissen Kreidefelsen erscheinen. Rechts hat man den Carnmoney Hill, dessen wir als eines basaltischen Eruptionspunktes schon vorher Erwähnung thaten [1], links den 917' hohen Kegel des Knockagh, an dessen Südfusse die Bahn dahingeht.

Vor uns liegt das alte Carrikfergus, eine der ältesten irischen Städte. Der Name bedeutet Fels (carrig) des Jeargus, eines alten irischen Königs. Das alte, aus Basalt erbaute Felsenschloss liegt auf einem in den Lough Belfast hinaustretenden Vorsprunge, und so ist der Grund, der dem Orte den Namen gab, noch ersichtlich. Dieser Vorsprung ist ein gewaltiger Basaltgang, einer der mächtigsten in der ganzen von solchen Gängen wimmelnden Umgebung. Er gabelt sich seewärts und tritt in zwei getrennten Armen in den See hinein. Rothe und grüne Mergel der Buntsandsteinformation sind von ihm durchsetzt worden [2].

Die Gründung der eigentlichen Stadt wird dem Sir John de Courcy zugeschrieben und soll im Jahre 1128 geschehen sein. Die äusserlich nicht gerade elegant aussehende Stadt wird grösstentheils von Schottischen Abkömmlingen bewohnt. Seit Belfast allen Handel in sich concentrirt hat, ist die Bedeutung von Carrikfergus sehr gesunken; nur der Fischhandel ist noch erheblich, und die Austern von Carrikfergus sind berühmt [3]. Auf dem Quai bezeichnet ein Denkstein die Stelle, wo König William III. zuerst den Fuss auf irischen Boden setzte.

----

1) Vergl. S. 147.
2) Du Noyer, Expl. Sheet 21. S. 31.
3) Shaw's Guide, S. 57.

Von Carrikfergus an führt die Bahn durch das freundliche, reich mit Schlössern und Villen bevölkerte Uferland des Lough Neagh, über den man immer hinüberblicken kann bis auf die jenseitigen Höhen, auf denen schon die abendlichen Schatten sich niederlegen. An den Ruinen von White Abbey und dem alten, in Trümmer sinkenden Fort William vorbei erreicht man schnell die Linnenstadt Belfast. Nur diese eine Strecke in Irland lässt den Gedanken aufkommen, dass der Dichter doch Recht hatte, wenn er schrieb: „Und neues Leben blüht aus den Ruinen!"

Diese kurze Strecke ist besonders auch deshalb noch von Interesse, weil man zur Rechten einen ziemlichen Ueberblick gewinnt über die gewaltigen Stufen, in denen hier die Kreide und die darüber liegenden Basalte emporragen. Rechts werden nun am Carnmoney Hill, an dessen südöstlicher Flanke, wie eine Teufelskanzel, die aufragenden Klippen des basaltischen Eruptionspunktes sichtbar, dann folgt der Collinward Hill 1196' und der Cave Hill 1188', den wir genauer zu besichtigen vorhatten; dann der Squire Hill 1236', an den sich weiter westlich, in grössere Entfernung von der Bahn sich zurückziehend, der Wolf Hill und der gerade im Westen über Belfast mächtig aufragende Divis 1567' anreihen, der höchste dieser gewaltigen Uferklippen.

Fast von den Fluthwellen überspült laufen die Schienen tief über den Schlamm des Ufers dahin und münden in der Northern Counties Railway Station am Nordende von Belfast.

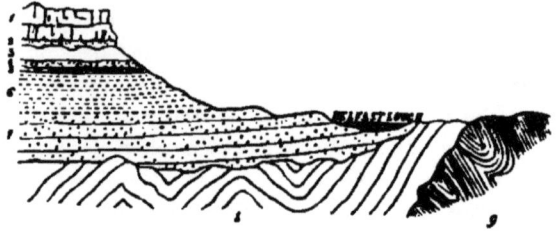

Cave Hill.

Profil durch das Thal von Belfast (nach Geikie).

1. *Basalt von Antrim.* 2. *Flintgravel.* 3. *Kreide.* 4. *Grünsand.* 5. *Lias.* 6. *Rothe
Keuperschichten mit Steinsalz.* 7. *Buntsandstein.* 8. *Kohlenformation* 9. *Unteres Silur.*

XII.

BELFAST-CAVE HILL.

Schon die Ankunft in Belfast zeigt ein ganz anderes geschäf-
tiges Leben und Treiben: die fieberhafte Unruhe grosser, industrieller
Centren, im vollsten Gegensatze zu dem stagnirenden Dublin und
den anderen Städten Irland's im Süden.

Belfast ist als Stadt durchaus neuer Entstehung. Eine Sand-
bank, die quer durch die Mündung des Lagan hindurchging, gab ihr
den Namen; denn Belnafarsad heisst Sandbankmündung. Dieser Name
galt nur einer kleinen Veste, die in den Tagen Eduard Bruce's, des
schnell wieder verschwindenden Königs von Irland, zerstört wurde.
Im Anfange des 17. Jahrhunderts schenkte Jacob I. die Burg und
das Land von Belfast an Sir Arthur Chichester, den Vorfahren der
noch jetzt dort residirenden Familie der Chichester, Marquis von
Donegal, Lord Belfast. Noch heute gehört der ganze Grund und
Boden, auf dem das neue Belfast aufgebaut ist, dieser Familie, und
die Schenkung Jacob's I. würde heute ein Kapital repräsentiren,
dessen jährliche Zinsen wohl 500,000 Pfund Sterling betragen möchten.
Aber ein früherer Lord Belfast hat die Gründe zu billigen Renten

und auf sehr lange Zeiten hin vergeben. Eine Rente von 100,000 Pfund mag immerhin der jetzige Marquis von Donegal noch daraus ziehen, und somit war das alte Geschenk des Königs immerhin noch viel königlicher, als der Geber selbst es denken mochte. Mit Ablauf der jetzt bestehenden Contrakte wird sich auch die Rente wieder erhöhen. Denn der Boden bleibt eben das unveräusserliche Erbe der Familie. Diese Eigenartigkeit in den Besitzverhältnissen, die ja auch in London und den meisten andern grossen englischen Städten herrschen, wonach nur die Häuser und Gebäude, aber nicht der Boden Eigenthum der Hausbesitzer sind, bedingt es, dass der englische Adel stets, ohne irgendwie an der Entwicklung einer Stadt oder einer Industrie direkten Antheil zu nehmen, doch mit den Fortschritten dieser gleichen Schritt hält und so der reichste in der Welt geworden ist. Allerdings stimmt dadurch der Besitz eines Hauses mit unseren deutschen Begriffen vom „eigenen Hause" nur schlecht überein. Wir sind gewohnt, frei über Haus und Boden zu verfügen, das uns beides gehört, und es würde uns wohl schwer erträglich erscheinen, wenn wir unser Haus nicht nach eigenem, freiem Willen umbauen, ein Stockwerk aufsetzen, ein Fenster brechen dürften. Das alles aber darf hier der Hausbesitzer nicht; denn der Contrakt, der ihm den Boden auf 100 Jahre oder mehr in Rente gibt, hat eine Menge Servituten darauf gelegt, die es verhindern sollen, dass nicht der Boden eine Entwerthung in irgend einer Weise erleidet. Das geht sogar so weit, dass gewissen Hausbesitzern es nicht gestattet ist, ihr Haus zu vermiethen oder es an Geschäftsleute, Wirthe u. dergl. zu verkaufen.

Der Besitzer von Belfast hat Aussicht, noch manchen Acker Landes in die Stadt hineingezogen zu sehen. Denn Belfast ist eine schnell wachsende Stadt. Erst seit dem Ende des vorigen Jahrhunderts begann es überhaupt mächtig zu werden, und es gibt in der ganzen Stadt vielleicht kein Haus mehr, das älter ist, als die Mitte des vorigen Jahrhunderts. Dann aber ging das Wachsthum schnell und hielt gleichen Schritt mit englischen Städten und den gegenüberliegenden Industrieplätzen von Schottland. Belfast hatte im Jahre 1770: 9000 Einwohner, im Jahre 1821: 21,000, im Jahre 1831: 53,000, im Jahre 1841: über 70,000 und jetzt hat es schon über 200,000 und wird bald Dublin an Einwohnerzahl überholt haben. Vor dem Jahre 1840 war der Lough Belfast mit seinem seichten Ufer noch nicht für Seeschiffe bis in die Stadt hinein fahrbar, dann aber wurde der Victoriacanal gestochen und jetzt segeln mit der Fluth die grössten Dreimaster stolz bis mitten in die Strassen der Stadt hinein. Belfast ist unmittelbar auf das junge Alluvium erbaut, welches der River Lagan als Delta in den Belfast Lough hineingeschoben hat. Dieses flache, von der Fluth überspülte Vorland ist es, welches der Victoriacanal durchschneidet.

Die Lage der Stadt ist eine ausserordentlich glückliche; im Norden und Westen geschützt durch die hohen Berge, im Süden offen, mit mildem, gleichmässigem Klima, in einem sehr fruchtbaren Thale, mit breiten, luftig und frei über Hügel sich dahinziehenden Strassen, ist es trotz seiner sehr dichten Fabrikbevölkerung die gesundeste Stadt von Irland, ja vielleicht sogar die gesundeste Stadt unter allen gleich dicht bevölkerten Städten des ganzen vereinigten Königreiches überhaupt. Das ganze Weichbild der Stadt zerfällt in zwei Theile, das eigentliche Belfast, welches auf dem linken Ufer des Lagan, zwischen diesem und den gartengleichen Abhängen des Divis liegt und die Vorstadt Ballymacarret auf der rechten Seite des Lagan und durch die Queen bridge und die Laganbridge mit jener verbunden.

Von dem Centrum der Stadt, der vielleicht im vorigen Jahrhundert schon vorhandenen Altstadt aus, ziehen sich die neueren Stadttheile in langen Strassen überall bis an die Höhen hinauf und die ebene Fläche des Lagandelta's entlang besonders nach Carrikfergus zu. Ein Kranz schöner Villen, in denen die wohlhabenden Kaufleute ihre Wohnungen haben, zum Theil in reizenden Parks gelegen, umgibt die Stadt. Diese Villen sind meist zu sogenannten Terraces vereinigt und alle zu einer solchen Terrasse zusammengehörigen von einer schablonenhaften, vollkommen unschönen Uniformität. Auch dafür liegt der Grund in dem Umstande, dass der Bodenbesitzer Lord Belfast immer nur einen grösseren Complex Landes auf einmal an Unternehmer in Rente gibt; diese legen dann in praktischer Speculation gleich eine ganze Strasse von Villen an, die eine der andern bis auf die Thürklinken und Fensterriegel vollkommen congruent sind.

Wenn auch Belfast unendlich viel lebendiger und thätiger erscheint, so ist doch Dublin die vornehmere Stadt, obgleich dieser
Contrast hier lange nicht so bedeutend ist, wie drüben in Schottland
zwischen Glasgow und Edinburg.

Der Handel und das Geschäft treten in Belfast überall in den
Vordergrund und die Arbeiterbevölkerung, welche die Strassen füllt,
trägt hier so wenig, wie anderswo, dazu bei, dem Fremden das
Wandern durch die Stadt angenehm zu gestalten. Belfast ist die einzige Stadt in Irland, in der man in England zu sein glauben könnte.

Im Mittelpunkte der Stadt und in der Mitte der Hauptstrasse,
der Donegal Street, liegt das eigentliche Wahrzeichen von Belfast. Es ist
ein schmuckloses viereckiges Backsteingebäude, aber es ist der Stapel-
platz der Belfaster Industrie, die Linen Hall. An dieses Gebäude
knüpft sich die Geschichte der Leinwandindustrie in Irland, wenn es
auch jünger ist, wie sie; dieses Gebäude erzählt uns den Reichthum der Provinz Ulster, der aus der bescheidenen Blüthe des Flachses
erwachsen ist. Die Cultur dieser nützlichen Pflanze, des Linum usitatissimum ist eine uralte in Irland. Das irische Wort für die Pflanze
ist lin in Uebereinstimmung mit den Namen, die wir im Griechischen,
Lateinischen und Sächsischen dafür finden. Das deutet uns die gemeinsame Bekanntschaft mit dieser Pflanze für die verschiedenen Stämme
des südlichen und östlichen Europa's an. In Aegypten war die Kultur derselben eine sehr alte, und in den alten Pfahlbauten der
Schweizer Seen hat man ihre Spuren gefunden. Sonach ist es nicht
unwahrscheinlich, dass die vom Continente nach Irland herüberkom-
menden Einwanderer, seien es die Celten oder ein späterer Stamm
gewesen, die Cultur des Flachses mitgebracht haben. Das altirische
Wort lin findet sich in einer überaus grossen Zahl von alten Ortsnamen über ganz Irland hin. Coolaleen in der Grafschaft Limerik ist
der Flachswinkel, Crockaleen bei Enniskillen der Flachshügel, Gor-
taleen in der Grafschaft Cork, das Flachsfeld[1]. Und so liegt schon
in der Verbreitung dieser Namen ein Hinweis darauf, dass die Cultur
des Flachses einst weiter in Irland verbreitet war, als sie es jetzt ist,
und dass die Anfänge einer Industrie, die jetzt nur mehr in einem

---

1) Joyce, l. c. II. 310.

Theil des Landes blüht, in der Dämmerung der historischen Zeit allüberall im ganzen Lande gefunden werden konnten. So war auch das
leinene Gewand immer ein bevorzugtes in Irland und mit Stolz erschienen die irischen Fürsten und Krieger im gelbleinenen Hemde. In
den Schriften des mittelalterlichen Giraldus Cambrensis ist der leinenen
Kleider der Irländer, der gelben Gewänder Erins, Erwähnung gethan;
es war dieselbe Tracht, in der noch zu den Zeiten der Königin
Elisabeth die Begleiter O'Neills am Hofe zu London erschienen[1]).

Aber erst nach der vollkommenen Unterwerfung von Ulster
unter das englische Scepter nahm die Leineneindustrie eine höhere
Bedeutung an, und das Linnen wurde ein Gegenstand des Exportes.
Flachs, Spinner und Weber wurden unter Carl I. aus den Nieder-
landen und aus Frankreich eingeführt. Vorzüglich der Einwanderung flüchtiger, französischer Hugenotten, die nach der Aufhebung
des Edikt von Nantes nach Irland kamen, ist die Einführung der
Damastweberei zu danken. Aber eine durch englische Eifersucht ein-
gegebene Massregel gab dann vor allem den Impuls zu einer grossen
Ausdehnung dieser Fabrikation in Irland. Unter der Regierung Wilhelms von Oranien beklagten sich beide Häuser des Parlamentes über
die schädliche Concurrenz, die Irland der englischen Wollindustrie zu
machen anfing. Um diese Concurrenz zu brechen, wurde nun mit aller
Macht die Leineneindustrie in Irland unterstützt und der Flachsbau
cultivirt. Jetzt stehen jährlich ungefähr 200,000 Morgen unter der
blauen Blüthe. Der grösste Theil dieses Flachsbaues ist auf die Grenzen von Ulster beschränkt; nur in untergeordneter Weise wird auch in
Drogheda, in Cork und Mayo das linum usitatissimum cultivirt und bear-
beitet. Die Belfaster Fabriken sind die bedeutendsten des ganzen Landes.
Die York Street Spinning Company beschäftigt allein an 2000 Arbeiter
und ist nur eine von vielen ausgedehnten Fabriken dieser Manufaktur.

Mit dem Leinen geht auch die Fabrikation von Spitzen Hand
in Hand, und gleich berühmt wie das Belfaster Leinen sind auch die
Spitzen des Landes von Ulster.

Unter den öffentlichen Gebäuden von Belfast ist wenig bemerkenswerthes, wie das bei einer jungen Stadt natürlich ist. Stattliche neuere Gebäude dienen fast alle dem Handel und seinen Zwecken.

1) Vergl S. 164.

Von den Kirchen ist nur die schöne St. Georgs Kirche in der High
street sehenswerth. Sie besitzt einen prächtigen Porticus aus sechs
Säulen und vier Pilastern, die ein Frontispiz tragen, dessen Fläche
mit den episcopalen Wappen von Belfast, Down und Connor geschmückt ist. Eigentlich sollte es das Portal eines Palastes werden,
welchen der Earl of Bristol, ein freisinniger Bischof von Derry, an
der Küste des Lough Beg oder Portmore, jenes kleinen Nebensee's
des Lough Neagh zu errichten begann, ohne ihn zu vollenden. Die
katholische Hauptkirche ist dem hl. Malachias geweiht, eine Kreuz-
kirche, im vorigen Jahrhundert gebaut, deren grösste Merkwürdigkeit
nur darin besteht, dass der Hauptaltar nicht am Ende oder in der
Mitte des Hauptschiffes, sondern an der Seite desselben steht. Den
Grund dafür habe ich beim besten Willen nicht finden können, jedenfalls sieht es nicht vortheilhaft aus.

Am oberen Ende der High street, am Anfange des Queen's
Square, gerade inmitten des grössten geschäftlichen Verkehres, wo
Post, Bank und Steueramt nahe bei einander liegen, steht ein in der
bekannten englischen Gothik aufgeführter, ziemlich nichtssagender
Campanile, der die Ortszeit mit vierseitigem Zifferblatte in die
Strassen zeigt. An der Vorderseite trägt er auf vorspringendem
Sockel das Standbild des Prinzen Albert, von einem gothischen Stein-
baldachin überdeckt. Vor dem Albert-Memorial, das von Gold und
Marmor strotzend im Kensington Garden in London steht, hat dieser
einfache Glockenthurm wenigstens das voraus, dass er das Nützliche
mit dem Geschmacklosen verbindet. Der an den neueren Denkmalen
in Grossbritannien überhaupt sich geltend machende Geschmack ist nicht
gerade sehr zu rühmen, und das Albert Memorial in London scheint
mir das beste Dokument für die vollkommene Verirrung auf diesem
Gebiete. Denn es verstösst in der schreiendsten Weise gegen die erste
Grundregel der Kunst: die Einheit an einem Kunstwerke.

Belfast ist der Hauptsitz der aus Schottland nach Irland ein-
gewanderten Presbyterianer. Hier in Belfast halten sie ihre Synoden
und durch ganz Ulster haben sie ihre Presbyterien und Colleges.
Auch in Belfast besitzen sie eine grosse Zahl von Bethäusern, wohl
die Hälfte der überhaupt vorhandenen kirchlichen Gebäude, und ein
prächtiges College, soweit es sich als Bauwerk präsentirt. Es liegt

in der unmittelbaren Nähe von Queen's College auf dem Hügel südlich der Stadt, zu dem die alte Dublinerstrasse hinanführt, und auf
dem sich eine Reihe grösserer Bauwerke, so auch das Collegium der
Wesleyaner Methodisten und der botanische Garten befinden. Queen's
College liegt inmitten eines grossen Square, ein in dem düstern,
klosterartigen Stiele der Tudorgothik aus Backsteinen und rothem
Sandsteine ausgeführtes grosses Gebäude, mit hohem Thurme, von
dem aus man eine ganz entzückende Aussicht auf die Stadt und ihre
Umgebungen geniesst. Das Innere bietet schöne Säle, eine grosse
Examinationshalle, das was wir Aula nennen. Die Studienapparate
für die Naturwissenschaften waren recht kümmerlich. Das physika-
lische Cabinet befand sich in etwas trostlosem Zustande in einem
einzigen kleinen Zimmer; der Raum für die mineralogisch-geologisch-
zoologischen Sammlungen ist nicht übel, aber auch hier entspricht der
Inhalt und die Anordnung dieser Sammlungen nicht den Ansprüchen,
die wir an solche Universitätsinstitute stellen. Das interessanteste ist die
in einem eigenen Seitengebäude befindliche reiche Bibliothek, mit sehr
eleganter Einrichtung und zweckmässigen Lese- und Studiertischen.

Eine andere Sammlung umschliesst das zur Royal Belfast acade-
mic Institution gehörige Belfast Museum, in einem kleinen Gebäude an
der Nordseite des Old College Square. Auch hier waren nach dem,
was uns das grosse Queen's College geboten, unsere Erwartungen
nicht sehr gross, aber für die mineralogisch-geologische Sammlung
erwies es sich als das interessantere. Hier findet man wenigstens
eine nach den Formationen geordnete Uebersicht der Gesteine Irland's
und der charakteristischen Fossilien, hier auch wenigstens gute Vor-
kommnisse der Mineralien des Giants Causeway und anderer Fund-
punkte in Nord-Irland. Auch konnte man die geognostische Constitution der Umgebungen von Belfast, z. B. die drei Etagen des Grünsandes und der rhätischen Schichten, wie wir dieselben am Cave Hill
fanden, mit ihren Versteinerungen studiren; hier waren 2—3" grosse
Analcime aus dem Mandelsteine des Giants Causeway ausgestellt;
grosse Gmelinitkrystalle mit gelbem Kalkspath, eine prächtige Stufe
aus dem Basalte von Larne; Gismondin, Phillipsit, ebendaher in
schönen Exemplaren. Hier sah ich die einzigen grossen und gut aus-
gebildeten Krystalle von Augit, die mir in Irland begegneten, in einer

basaltischen Breccie liegend, deren Bindemittel ein zeolithisches ist.
Sie liefern den Beweis, dass auch mit den Basalteruptionen von
Antrim lose Augitkrystalle ausgeworfen wurden, wie es in andern
continentalen vulkanischen Distrikten bekannt ist. Mein besonderes
Interesse erregten schöne Quarzkrystalle von Donegal. Sie sind
Penetrationszwillinge zweier rechten Krystalle, welche an allen Ecken
die Flächen der trigonalen Pyramide und die beiden häufigsten Trapez-
flächen übereinander aufweisen; die sämmtlichen Rhomboëder-
flächen erscheinen in der Mitte regelmässig und tief gefurcht;
diese Furchung geht auch über die Prismenflächen hin. Die in den
Furchen zusammentretenden Flächen sind matt, z. Th. drusig, die
Rhomboëderflächen des Krystalles aber glatt. Die einspringenden
Flächen entsprechen ihrer Lage nach den Rhomboëderflächen eines
Krystalles, der um die Hauptaxe um 60 Grad gegen den andern

verwendet ist, wie das in der nebenstehenden Figur ersichtlich, die eine ideale Ansicht eines solchen Krystalles von oben gibt.
In Wirklichkeit sind die Furchen auf den
verschiedenen Rhomboëderflächen nicht so
gleich und regelmässig ausgebildet, wie das
die Zeichnung darstellt. Diese merkwürdigen Quarzkrystalle, auf die näher einzugehen
hier nicht der Ort ist, zeigen wieder, wie
ausserordentlich mannichfach und vielge-
staltig der Bau dieses gewöhnlichsten und doch merkwürdigsten aller
Mineralien ist, von dem nicht mit Unrecht ein alter Meister in der
Mineralogie einmal gesagt haben soll, dass es das einzige Mineral
sei, von dem gar keine Doubletten vorkämen.

Auch die pisolithischen Eisenerze von Glenarm in der Grafschaft Antrim erregten das Interesse. Wir hatten schon auf der
Fahrt nach Belfast Gelegenheit, das Vorkommen der Eisenerze von
Antrim an einer Stelle zu beobachten. In ganz gleicher Weise kommt
es an vielen Punkten der Grafschaft vor, und ist aus der Entdeckung
dieser Eisenerze ein ergiebiger Bergbau in Nordirland hervorgegan-
gen. Während der jetzige Eisenbergbau erst in den 40er Jahren
dieses Jahrhunderts seinen Anfang nahm, ist die Kenntniss und die

Verarbeitung des Eisens auch in Irland eine sehr alte. Es findet sich
in den ältesten Sagen und Dichtungen erwähnt, und Joyce[1]) führt die
merkwürdige Thatsache an, dass in dem Book of Rights, einer der
ältesten irischen Geschichtsquellen, unter den Abgaben, die dem
Könige von Connaught zu entrichten waren, auch „siebenmal 50 Blöcke
(masses) Eisen" angegeben sind. Das in der alten Quelle für Blöcke
gebrauchte Wort ist coera, d. i. Schaf, entsprechend der im Englischen und auch im Deutschen üblichen Bezeichnung „a pig of iron,"
eine Eisensau. Auch kommt das irische Wort für Eisen: iarn oder
iarann (beide wie eeran ausgesprochen), in einer grösseren Zahl von
Ortsnamen vor. Der Sage nach wurden die Eisensteingruben von
Slieveanierin, d. i. Berg des Eisens, am Lough Allen in der Grafschaft Leitrim, durch Goibnen, den grossen Schmied, einst ausgebeutet,
und dieser Berg hat mit dem Namen auch heute noch seinen alten
Ruhm, treffliche Eisenerze zu liefern, sich erhalten. Von andern
Namen finden wir z. B.: Tobaranierin, Co. Wexford, die Quelle des
Eisens, Fananierin, Co. Wicklow, der Abhang des Eisens, Annaghierin,
ein See in der Grafschaft Cavan, das Moor des Eisens u. d. m. So
viel ist gewiss, dass an vielen Orten in Irland und vorzüglich
in Nordirland schon in sehr alten Zeiten Eisen gewonnen, geschmolzen
und verarbeitet wurde. Aber die Kenntniss dieser Eisenerze scheint
hier im Norden einige Jahrhunderte lang ganz verloren gegangen zu
sein. Denn im 17. Jahrhundert waren die Grafschaften Antrim und
Derry berühmt wegen einer blühenden Eisenindustrie und besassen
zahlreiche Hütten in den verschiedensten Landestheilen, in denen eine
grosse Zahl von Arbeitern beschäftigt waren. Aber es waren nicht
die heimischen Erze, die hier verarbeitet wurden, sondern nur Erze,
die zu Schiff aus England herüberkamen[2]). Erst im Jahre 1843 wurden
in der Nähe von Ballymena die ersten Eisenerze wieder gefunden,
untersucht und verhüttet. Aber es dauerte noch eine längere Reihe
von Jahren bis der Eisenbergbau so recht in Betrieb kam, so dass
eigentlich das wirkliche Aufblühen desselben erst in das Ende der

1) l. c. II. 348.
2) Dr. J. Hodges, Belfast Nat. Soc. Nov. 1875. Expl. 21, S. 47, und Dr.
Boates, Natural History of Ireland, S. 123.

fünfziger Jahre fällt. Besonders waren es die pisolithischen Eisenerze von Cushendall, Glenarm und Glenariff, die bald wegen ihrer vortrefflichen Beschaffenheit geschätzt wurden. Die einzelnen Kugeln dieses Erzes sind von ganz verschiedener Grösse, wie Haselnüsse, Erbsen oder nur wie Stecknadelköpfe, von rothem, thonigem Eisenerze umhüllt. Dunkle, fast schwarze Erze, sind reichlich mit Magneteisen gemengt. Der Gehalt an Eisen schwankt zwischen 20 und 60%. Eine von Dr. Hodges ausgeführte Analyse einer pisolitischen Varietät ergab einen Gehalt von 82,50 Eisenoxyd, 4,20 Thonerde, 8,90 Kieselsäure, etwas Mangan, Kalk und Wasser. Auch wies er in diesen Eisenerzen einen Gehalt an dem so seltenen Vanadium nach.

Die Höhe der Förderung an Eisenerzen, wie sie im Jahre 1873 von den Gruben von Glenravel erzielt wurde, betrug etwa 30,000 Tons, von denen 24,699 zur Verschiffung kamen. Mehrere grössere Gesellschaften haben seitdem an vielen Punkten der Grafschaft Antrim den Bergbau aufgenommen. Die Leichtigkeit der Gewinnung der nirgendwo tief niedergehenden Erze, die Bequemlichkeit der z. Th. unmittelbaren Verladung in die Schiffe, die mit den Eisenbahnen kaum von irgend einem Punkte noch Schwierigkeiten bereitet, die Nähe der schottischen Hochöfen, das alles sind günstige Umstände, die dem Eisensteinbergbau in Irland, wenn erst die Zeiten diesem überhaupt wieder günstiger geworden sind, eine blühende Zukunft voraussagen lassen.

Von andern der Wissenschaft und Erziehung gewidmeten Instituten Belfast's, ist noch die erst seit 1857 eröffnete District Model School zu nennen, ein imposantes, im Plane mit dem Queen's College übereinstimmendes, aber in weissem Sandsteine aufgeführtes Gebäude. Auch die School of Design und das Mechanic's Institute sind neuere Einrichtungen, die mit specieller Berücksichtigung der industriellen Bedürfnisse für die Erziehung der Techniker und Arbeiter sorgen sollen und in der That auf diesem Felde recht erfreuliche Resultate zu ergeben scheinen.

Der botanische Garten von Belfast ist einer der grössten und besten von ganz Grossbritannien, und die günstige klimatische Lage gestattet hier eine Vegetation, die jedenfalls üppiger ist, als die von Dublin. Schöne Cypressen gedeihen im Freien und der Arbutus, der

Baum von Killarney, kommt hier, wenn auch in weniger kräftiger
Entwicklung, so doch noch in schönen Exemplaren vor.

Die beiden Excursionen, die dem Fremden zumeist zu empfeh-
len sind, um aus der Vogelschau einen Blick auf Belfast zu werfen,
sind auch geologisch von grossem Interesse: es sind die Spaziergänge
nach dem Divis Mt. oder nach dem Cave Hill. Wir wählten, wegen
der ausgedehnten Steinbrüche, die die besten geologischen Aufschlüsse
versprachen, den letzteren. Auf der Landstrasse nach Carrikfergus
benutzt man am besten bis an den Fuss des Berges ein Car, welches
auch gestattet, über die Mauern weg den Blick auf den Lough Belfast zu werfen. An einer kleinen, zwischen zwei zu Landhäusern
führenden Einfahrtsthoren gelegenen, gerade mannsbreiten Gasse hielt
unser Car, und der Kutscher deutete uns die Gasse hinauf. Fast wie
in einem Stollen gelangt man zwischen den Mauern höher und höher;
endlich hören die Mauern auf, und man befindet sich auf einer
Bergterrasse, auf der man nun frei sich bewegen zu können hofft.
Aber drohend stehen auch hier wieder die warnenden Grüsse für
die Trespassers und Hunde. Nur an den höchsten und stärksten Gehängen und oben auf dem Gipfelplateau scheint die Bewegung wirklich frei gegeben zu sein.

Den Namen Cave Hill hat der Berg von einigen ganz un-
bedeutenden Höhlen, die in die Basaltmassen ausgetieft sind. Es
sind über die Entstehung und den ursprünglichen Zweck dieser Höhlen verschiedene Ansichten ausgesprochen worden. Bryce glaubt,
dass sie den Ureinwohnern als Wohnungen gedient hätten und
auch zu diesem Zwecke hergestellt worden seien; Hull dagegen
hält sie für zufällige Bildungen der Meereswellen, die längs einer natürlichen Spalte leicht bewirkbar scheinen. Der Anblick der Höhlen
gestattete uns nicht, eine bestimmte Ansicht nach der einen oder
andern Seite zu gewinnen; die spaltengleiche, sehr unregelmässige
Form derselben macht allerdings die Annahme Hull's einigermassen
wahrscheinlich. Jedoch ist immerhin die künstliche und absichtliche Er-
weiterung der ursprünglichen Höhlung, vielleicht nicht einmal in so fern
liegender Vergangenheit, nebenbei noch anzunehmen. Sie dürften wohl
mit den Resten einer Burg in Verbindung zu bringen sein, die
gerade unter denselben gelegen hat, wo man noch die alten Mauer-

reste wahrnehmen kann. Es war einst der feste Sitz des Geschlechtes
der Mac Art's.

Jedenfalls haben sie mit andern Höhlen, die in der Grafschaft
Antrim hier und da nachgewiesen wurden, nichts gemein. Diese sind
ungleich interessanter. Es sind Höhlen, die in die alten Seeklippen
ausgetieft sind, die jetzt aber theilweise unter dem Niveau der Brandung und Fluth liegen. Solche Höhlen liegen in den aus Buntsandstein bestehenden Küstenfelsen der Red bay bei Cushendum, in
der Nähe von Larne und an der Ostküste der Insel Magee; an der
Nordküste beim Port of Ballintoy liegen sie im Basalt. In diesen
Höhlen wurden von Bryce die Ansammlungen zahlreicher Knochen-
reste gefunden und beschrieben, alle Thieren angehörig, die noch
jetzt auf der irischen Insel lebend sich finden: Pferd, Ochs, Schaf,
Hirsch, Dachs, Otter, Wasserratte u. A. m.[1]). Diese Höhlen sind wohl
sicher nur die Folge der aushöhlenden Wirkungen der Meereswogen,
welche sich der Blöcke und Gerölle gewissermassen als Meissel bedienten, um die Bohrarbeit zu unterstützen. Die Knochen wurden in
die Höhlen später durch blossen Zufall zusammengespült.

Während wir unten über die mit Rasen bedeckten, aber doch
überall hervorschauenden weissen Kreidefelsen stiegen und dann über
Trümmerhalden von mandelsteinartigem, zeolithreichem Basalte kletterten, ist hier oben eine gewaltige, mit senkrechten Abstürzen aufragende Mauer sehr roh pfeilerförmig gegliederten Basaltes aufgelagert. Durch einen Einschnitt in derselben gelangt man auf steilem
Pfade oben auf das Plateau. Die Aussicht, die sich hier eröffnet, ist
in der That des Aufstiegs werth. Nach Süden überblickt man die
unterliegende Stadt in ihrer ganzen Ausdehnung, nach Osten liegt der
Belfast Lough, über dessen Ende man in den Georgscanal hinaus und
darüber hinweg bis auf die Gipfel der schottischen Berge reicht.
Nordöstlich liegt Carrikfergus und der bis an die Ecke von Black
Head zu übersehende steile Saum der Basalte, nach Norden trennt
uns vom Collinwar Hill ein tiefes Thal; nach Westen und Südwesten
die Reihe weiterer Kuppen bis zum Divis.

---

1) Vergl. J. Bryce und Dr. M'Donell, Trans. Brit. Assoc. 1834, p. 658.

Die interessante geologische Seite des Cave Hill erreicht man erst, wenn man, über das Plateau desselben hinwegschreitend, an der westlichen Seite in das zwischen ihm und dem Squire Hill liegende Thal heruntersteigt, in dem die grossen Steinbrüche im Kreidekalke gelegen sind. Hier ist die Flanke und die Struktur des Berges in einem der schönsten geologischen Profile erschlossen. (Vgl. Abbildung S. 174). Zu oberst liegt die mehrere hundert Fuss mächtige Decke der Basalte; zwischen diesen und der Kreide die an mehreren Stellen 5—6' mächtige Schicht des groben Conglomerates, das aus Feuersteinen, Kreide, Kalksteinblöcken und Basaltknauern besteht, die in einem eisenschüssigen, fetten, braunen Thone liegen: der typische Flintgravel. Es liegen darin Basaltkugeln, welche Kreidebruchstücke so fest umschliessen, dass sie sich auch beim Zerschlagen nicht von einander trennen. Diese Kreidestücke haben eine deutliche krystallinische Struktur angenommen und erscheinen geschwärzt: sonst sind sie nicht verändert, vor allem hat nicht etwa eine Verkieselung derselben stattgefunden[1]). Unter dem Conglomerate liegen die Kreideschichten in einer Mächtigkeit von 50—60'. Der Contrast in den Farben lässt sogleich eine Reihe von Basaltgängen wahrnehmen, die zum Theil wie Mauern in den abgebauten Brüchen stehen geblieben sind. Einer dieser Gänge setzt sichtbar nicht nur durch die Kreide und die Conglomeratschicht hindurch, sondern durchschneidet auch noch die unteren Basaltbänke, deren mandelsteinartige Ausbildung von der ganz dichten Struktur des Ganges scharf absticht. Die Gänge enthalten nach beiden Salbändern zu stets zahlreiche Stücke von Kreidekalk und Feuerstein und sind sonach von basaltischen Breccien eingefasst, echten Reibungsbreccien, gebildet während des gewaltsamen Durchschiebens dieser noch plastischen Gesteinsmassen durch die Kreide, deren losgelöste Bruchstücke sogleich vom Basalte wiederum verkittet wurden.

Der Kalkstein ist ein fast ganz weisser, reiner Kalkstein[2]) mit lagenweise der Schichtung entsprechend eingelagerten Flintknollen. Er ist ziemlich reich an Versteinerungen, und die Belemniten liegen auch hier zahlreich beisammen. Die mikroskopische Untersuchung dieser Kalksteine hat aber in ihnen auch die reichliche Anwesenheit von

1) Vergl. S. 142.
2) Er enthält durchschnittlich 97 °/₀ kohlens. Kalk

Foraminiferen ergeben. Dünne Schliffe des Feuersteins zeigen unter
dem Mikroskope genau dieselbe Zusammensetzung wie der Kalk, nur
weniger deutlich; denn die Feuersteinsubstanz ist nur eine Pseudomorphose nach dem ursprünglichen Kalke; desshalb sind die Formen der organischen Reste schon einigermassen verwischt[1]). Hier
sowie besonders auch in den Kalkbrüchen von Moira westlich von
Belfast werden Feuersteinknollen von ganz bedeutender Grösse gefunden, darunter auch die sogen. Paramudras: Feuersteinknollen,
die ich im Belfast Museum sah, von aussergewöhnlicher Form. Einzelne sind ca. 30" hoch und 28" breit und zeigen die Gestalt einer
riesigen Birne, äusserlich rauh und uneben, im Innern von einer von
der Spitze bis zum breiten Ende durchgehenden Röhre durchbohrt,
die mit festem Kalksteine erfüllt ist, so dass nur die äussere Hülle
aus Flint besteht. Buckland hielt diese Dinge für fossile Spongien,
eine Ansicht, der auch Prof. Hull beistimmt[2]). In der That hat die
äussere Form grosse Aehnlichkeit mit einer Spongie, der mikroskopische Befund müsste hier wohl die Entscheidung ermöglichen.

Unter dem Kalksteine erscheint in den tiefer gelegenen Brüchen,
abwärts gegen den Bremsberg hin, der zu einem Schienengeleise hin-
abführt, auf dem der Transport der Kalksteine beginnt, noch eine
ganze Schichtenreihe. Zunächst folgt die Etage des Grünsandes, der
hier aus 3 Schichten besteht: zu oberst ein chloritischer Sandstein,
dann ein gelber Sandstein und zu unterst die eigentlich glauconiti-
schen Sande. Die oberen Lagen des Grünsandes, mit einem Lokalnamen: „Mulattostone" genannt, haben oft einen conglomeratartigen
Charakter und enthalten Geschiebe von Hornstein, Quarz u. a. Sie
sind stellenweise recht reich an Fossilien, die keinen Zweifel an ihrer
geognostischen Stellung zulassen: z. B. Exogyra conica, Pecten orbi-
cularis, Ostrea canaliculata u. A. Unter den Grünsandschichten folgen,
wenn wir weiter zur Ebene des Lagan fortschreiten: Liasschichten,
dem unteren Lias angehörig, besonders gut wahrzunehmen zu beiden
Seiten eines basaltischen Ganges, der durch sie hindurchsetzt. Sie
bestehen aus folgenden von oben nach unten liegenden Schichten:
Harte, splittrige Schiefer und ebensolche Mergel ohne Versteinerungen,

---

1) Hull, Expl. Sheet 21, S. 15.
2) Expl. Sheet 36, S. 33.

zusammen etwa 15' mächtig; darunter die Folge des Rhät, beginnend
mit einer etwa 12' mächtigen Schicht schwarzer, bröcklicher Schiefer,
die gerade der Welle des grossen Bremsberges gegenüber anstehen,
worin Avicula contorta u. A. leicht von uns gefunden wurden, dann
ein thoniger Kalkstein, nur 1½" mächtig, eine 2' mächtige Schiefer-
schicht, thonig-kalkige Schmitzen und endlich eine dünne bituminöse,
schwarze Schieferlage mit Avicula contorta und Fischabdrücken. Die
besten Aufschlüsse des ganzen Lias finden sich nach Mr. Ralph Tate[1])
bei Larne an der Ostküste, eine Stelle, die er den Schlüssel zum
Verständnisse der Lias in Irland nennt; auch am Collin glen sind die
Rhätischen Schichten vortrefflich aufgeschossen und dort überhaupt
zuerst gefunden worden. (S. 190.) Er unterscheidet an diesen Punkten:
a. Rhät, über 100' mächtig, die Zone der Avicula contorta, b. Zone
des Ammonites planorbis, schwarze, erhärtete Schiefer, c. Zone von
Ammonites angulatus, schwarze Kalke und blaue Mergel ungefähr 35'
mächtig, d. Zone des Ammonites Bucklandi, dichte blaue, thonige
Kalksteine, weiss verwitternd, mit zahlreichen Coryphea incurra, e.
Zone des Belemnites acutus, das höchste Glied der Irischen Lias.
Unter den rhätischen Schichten erscheint die Trias, welche in einer
breiten Zone die ganze nordwestliche Küste des Lough Belfast von
Black Head an bildet und sich südwestlich, immer dem Steilabsturze
der basaltischen Bildungen folgend, bis nach Portadown hinzieht. Die
triassischen Schichten bestehen hier aus Keuper und Buntsandstein-
mergeln, (New Red) rothen und grauen, schiefrigen Mergeln mit
zwischenliegenden Schichten glimmerreicher Sandsteine. In diesen
Sandsteinen finden sich auf den Fugen die bekannten Pseudomorphosen von Sandstein nach Steinsalz, verschobene, oft dadurch rhom-
boëderähnlich gewordene Würfel mit den treppenförmig vertieften
Würfelflächen, wie solche Pseudomorphosen auch aus der Gegend des
rheinischen Buntsandsteines bekannt sind. Zahlreiche Gypsschnüre
von wechselnder Mächtigkeit durchsetzen diese Mergel. Diese Schichtenfolge erreicht stellenweise eine Mächtigkeit von 800'. Bohrungen
in der Gegend von Carrikfergus haben zu der Entdeckung von Stein-

[1) On the Rhätic and Lower Liassic Rocks of Belfast. Quart. Journ. Geol.
Soc. XXI. p. 15. 1864.

salzlagerstätten geführt, deren Auftreten die vollkommene Identität
dieser Mergel mit den continentalen und englischen Mergeln der
gleichen Formation (New Red) darthut. Mr. Doyle hat von der Entdeckung dieser wichtigen Funde zuerst der geologischen Gesellschaft
zu Dublin im Jahre 1853 Bericht erstattet[1]. Das Bohrloch steht etwa
2 Meilen von Carrikfergus zu Duncrue und erreichte, nachdem es die
gypsführenden Mergel in grosser Mächtigkeit (500') durchteuft, das
Steinsalzlager. Dasselbe besteht aus über 150' mächtigen salzführen-
den Schichten, in denen 3 ausgezeichnete Bänke reinen Steinsalzes
liegen. Zu Carrikfergus hat sich eine Gesellschaft gebildet, welche die
Gewinnung und den Export dieses Steinsalzes betreibt. Es enthält
95 — 98 % reinen Salzes; im Jahre 1873 betrug die geförderte Menge
19,392 Tonnen[2]. Auch an andern Orten, so zu Ballybig und Magher-
amorne bei Larne wurde nachher die Anwesenheit des Steinsalzes
constatirt.

Die untere Abtheilung der Trias ist durch den New Red oder
Bunten Sandstein vertreten, der hier allerdings nicht mehr, wie er
das anderswo mit Auszeichnung zu thun pflegt, an den Reliefformen
und der landschaftlichen Staffage der Gegend Theil nimmt. Die
Schichten desselben treten noch im Weichbilde der Stadt selbst zu
Tage und können am Besten an der Gruppe schöner Villa's wahrgenommen werden, die unmittelbar vor dem Nordende der Stadt gelegen ist. Einer der durch die prächtigen Parkanlagen, welche diese
Villen umgeben, hindurchgeführten Fahrwege hat einen tiefen Einschnitt in eine etwas aufragende Buntsandsteinkuppe aufgedeckt. Das
kurze Profil gewinnt dadurch an Interesse, dass ein etwa 3' mächtiger Basaltgang gerade hier durch den Buntsandstein hindurchsetzt. Eine Contactwirkung konnte nicht wahrgenommen werden. In
der gleichen Weise sieht man in der Nähe von Fort William einen
Zug paralleler Basaltgänge durch den Buntsandstein emportreten.
Zur Zeit der Ebbe liegen die Sandsteine in einer flachen Decke etwa
eine Meile längs der Küste entblösst, in fast horizontaler Lagerung
nur schwach nach W. einfallend. Gerade der Station Greencastle

---

1) Notes of the Salt-mine ot Duncrue. Journ. Geol. Soc. Dubl. V, 232.
2) Expl. Sheet 21. S. 10. Mineral. Statist. Journ. 1873, S. 176.

gegenüber ist der Buntsandstein wiederum von vielen Basaltgängen durchschwärmt. So am Ufersaum des Lough Belfast entlang wandernd bekommt man erst einen richtigen Begriff, auf wie vielen tausend Gängen und Schloten hier die basaltischen Massen sich den Durchbruch an die Oberfläche verschafft haben.

Nirgendwo scheinen die Basaltgänge selbst als verwerfende Klüfte eine Dislokation der Schichten bewirkt zu haben. Und doch treten auch längs des südlichen Saumes des basaltischen Plateau's, vielfache Verwerfungen der Schichten der Kreide auf. Einer der interessantesten Punkte dieser Art ist das Collinglen, eine in das Plateau eingerissene tiefe Schlucht zwischen dem Black Hill und dem White Mountain, nur wenige Meilen westsüdwestlich von Belfast. Es ist der schon vorher erwähnte Punkt, wo ebenfalls die Schichten des Rhaet in ganz besonders guten Aufschlüssen sichtbar sind. Hier wurden sie sogar zuerst von Dr. Berger im Jahre 1814 beschrieben [1]) und später durch General Portlock in dessen Geologie von Londonderry besprochen und endlich von Ralph Tate [2]) dem Rhaet zugetheilt. Längs der ganzen Steilwände, besonders am Black Mt. und Black Hill, etwas nördlich des Collinglen, sind dieselben von zahlreichen kleineren Verwerfungen in ihren einzelnen Theilen verschoben, und an einigen Stellen ist leicht zu sehen, dass es nur Rutschungen einzelner Theile nach der Ebene des Lagan zu sind, wie Landschlipfe längs der Steilküsten irgend eines Wasserbeckens. Diese Verwerfungen haben sich denn auch vorzüglich in der Zeit vollzogen, wo die ganze Ebene des Lagan unter Meer getaucht war, und längs der Uferwände ein Abspülen, Aufweichen und Nachgeben ihrer Unterlage möglich war. Daher sind alle Rutschungen in diesen Steilwänden, auch ohne Rücksicht auf deren Verlauf, dem tieferen Lande zu gerichtet, und die trennenden Klüfte stehen normal auf der alten Uferlinie. Das zeigt die Section 36. der geologischen Karte auf's schönste. Wenn man daher von den rothen Keupermergeln an aufwärts an der Wand von Collin glen hinaufschreitet, so trifft man

---

1) Geolog. Features of the north east of Ireland, by J. F. Berger, with an Introduction by the Rev. Conybeare. Trans. Geol. Soc. Lond. Vol. III.
2) l. c.

die regelmässige Folge der Schichten in zweimaliger Wiederholung, wie das die von Herrn Hull entworfene, hier nur wenig ergänzte und

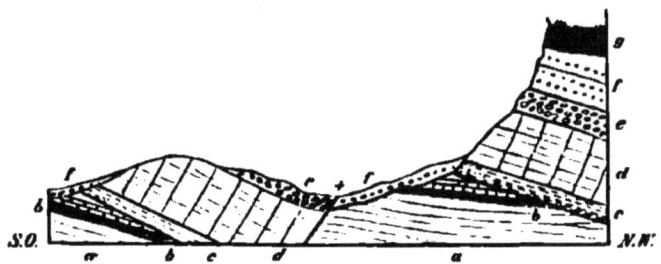

Collinglen (nach Hull).

a. Keuper. b. Rhaet. c. Grünsand. d. oberer Grünsand. e. Mulattoconglomerat. f. Kreidekalk. g. Basalt. † verwerfende Kluft.

wiedergegebene Abbildung zeigt [1]). (Dieselbe gibt zugleich ein Bild von der Gliederung der Schichten des Lias an diesem Punkte.) Die ganze tiefere Scholle unterhalb der Kluft ist nach Südosten in das Thal gerutscht und ist mit dem hier zu oberst liegenden Mulattostone abgerissen, so dass die auf der stehengebliebenen Wand aufliegenden oberen Kreideschichten und der Basalt gänzlich zu fehlen scheinen.

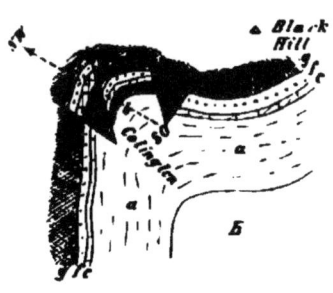

B. bunter Sandstein der Laganebene.
a. Keuper. b. Rhaet. c. Grünsand. f. Kreidekalk. g. Basalt.

1) Expl. Sheet 36. S. 28.

Im Grundrisse gestaltet sich die Lage der Schichten wie in der zweiten Figur entworfen. Gleichzeitig gibt dieser Grundriss ein Bild von der Lage der Verwerfungsklüfte, die hier also nichts weiter sind, als die Ablösungsfugen der heruntergerutschten Theile. Alle diese Verwerfungen, deren weiter südlich und nördlich noch mehrere deutlich wahrzunehmen sind, scheinen nicht in die unterliegenden Triasschichten

hineinzugreifen, wenigstens nur um ein geringes; das zeigt ihren lokalen
Charakter und lässt vermuthen, dass es vielleicht gerade die merge-
ligen Schichten des Keuper gewesen sind, auf denen die eigentlichen
Rutschflächen sich bildeten.

Um die Schichtenfolge, welche das in der Fig. S. 174 dargestellte
Profil aufweist, und die wir bis hierhin aus eigener Anschauung beim
Niedersteigen vom Cave Hill nach den freundlichen Belehrungen von
Prof. Hull in Dublin verfolgen konnten, zu vervollständigen, hätten
wir über das ganze Becken des Lough Belfast oder das Thal des
Lagan, dessen von Aluvium bedeckter Untergrund überall aus Buntsandstein besteht, hinweg schreiten müssen. Sehr bald, nachdem wir
über die Queens bridge und durch die Vorstadt Ballymacaret hindurch
an den Fuss der südöstlich den Lough Belfast einfassenden Hügel
gelangt wären, würden wir dann auf eine uns schon bekannte, aus
schwarzen Schiefern und dunkelgefärbten Sandsteinen bestehende
Schichtenfolge gestossen sein, die uns an die Bay von Bantry und
an die Umgebungen des Lough Erne erinnert hätte; es sind wiederum
die als unterstes Glied der Steinkohlenformation anzusehenden Coomhala grits. Hier bilden diese Theile der Steinkohlenformation nur ein
ganz beschränktes Gebiet unter dem flachliegenden Buntsandstein
mit discordanter Lagerung hervortretend. Diese schmale Zone zieht
sich längs der Südküste des Belfast Lough bis nach Holywood und
zu den Ufern von Strangford Lough hinüber. Unter der Steinkohlenformation liegt dann das untere Silur, das von hier aus in der breiten
Zone südwestlich sich erstreckt, die wir schon bei der Fahrt nach
Enniskillen durchschnitten. Weiter aufwärts im Thale des Lagan fehlen
die Schichten der Kohlenformation ganz; hier liegt das Silur unmittelbar unter dem Bunten Sandsteine, dessen Grenze gegen das
Silur nur 2 Meilen oberhalb Belfast durch den Lagan deutlich blosgelegt ist.

Wenn man vom Cave Hill niedersteigt, so führt der Weg zur
Stadt an den grossen Bassins der städtischen Wasserleitung vorbei,
die das Wasser des am nördlichen Fusse des Cave Hill entspringen-
den Baches aufstaut und von hier aus der Stadt zuführt.

Ein anderer interessanter Ausflug kam wegen der Kürze der
uns zu Gebote stehenden Zeit nicht mehr zur Ausführung. Er sollte

uns auf die südlichen Höhen des Lough Belfast und nach den Mourne Mts. führen.

Die südlichen Gehänge des See's sind wie die Nordseite von einer fast ununterbrochenen Reihe von Landhäusern und Ortschaften bedeckt, aus denen weithin der Pallast des Bischofes von Down und Connor hervorragt. Holywood und Bangor, wo die Küste nach Süden umbiegt, sind in der Ferne sichtbar. Alle in diesem Theile des Landes gelegenen Städte sind in frischem Aufblühen begriffen. Die herrliche Lage der meisten derselben lässt sie von Belfaster Kaufherrn vielfach als Wohnort für den Sommer gesucht sein: so das alte, heiligenreiche Bangor, auch schon in frühen Zeiten ein wichtiger Platz. Auch Donaghadee gehört zu diesen aufblühenden Städten, es ist der der schottischen Küste nächstgelegene Hafenplatz; denn von hier bis nach Portpatrik drüben sind nur 21 englische Meilen. Daher ist auch Donaghadee der Ausgangspunkt einer regelmässig zwischen Irland und Schottland coursirenden Dampferlinie.

Als wichtigster Platz aber ist hier noch Newtownards zu nennen, das sehr bedeutende industrielle Etablissements besitzt. Hier ist es vor allem die Fabrikation von Spitzen und Mullstickereien, welche einen grossen Theil der Bewohner beschäftigt. Die meisten der prächtigen irish laces, die man an den Schaufenstern zu Belfast bewundern kann, stammen hierher. Für den Historiker mag noch das ehrwürdige Downpatrik genannt sein, das man in 1½ stündiger Fahrt von Belfast aus erreichen kann. Die Stadt ist auf einigen niedrigen Hügeln an der südöstlichen Küste des Strangford Lough gelegen und war schon im Jahre 1403 eine selbstständige Stadt. Drei grosse irische Heilige liegen in der Kathedrale begraben: Hi tres in Duno tumulo túmulantur in uno: Brigida, Patritius atque Columba pius [1]).

Duns Scotus, der berühmte Scholastiker des 13. Jahrhunderts, war ein Kind dieser Stadt.

Für uns hatte die Stunde der Abfahrt von Belfast leider zu schnell geschlagen. Das Queen's mail boat verlässt die Queensbridge mit dem Glockenschlage 8 Uhr und trifft morgens um 5 Uhr in Greenock an den Ufern des Clyde ein, (um 8 Uhr in Glasgow) von wo man am Besten mit der Bahn in ¾ Stunden nach Glasgow fährt.

[1]) Shaw's Guide, S. 27.

Die Fahrt über den schmalen Canal des h. Patrick in einer vollmondbeleuchteten, durchsichtigen Nacht, hat etwas ganz besonders reizendes. Gigantisch liegen die steilen Wände der Nordküste des Lough Belfast im Dunkel und wenn sie allmählig verschwimmend hinter uns zurückbleiben, taucht sehr bald gespensterhaft aus dem Meere der einsame und seltsame Felsen von Ailsa Craig im Mondenscheine auf, wie ein Posten vor dem Eingange des Clyde. Dann ziehen die formenreichen Schatten der hohen Küsten von Kintyre, Arran und der Ufer des Clyde, immer näher auf uns einrückend, vorüber. Wir sind in Schottland.

Dunbarton Rock von der Westseite.

XIII.

GLASGOW UND UMGEGEND.

Die Ausflüge, welche während des Meeting der British Association in den ersten Septemberwochen 1876 von Glasgow aus unternommen wurden, gaben uns mehrfach Gelegenheit, die interessanten
geologischen Verhältnisse dieses Theiles von Schottland zu studieren
und wenn es auch über dieses Gebiet nicht an deutschen Nachrichten
fehlt, so mag doch eine Skizze der Geologie von Glasgow und Umgegend manchem Leser von Interesse sein, dem die vielfach zerstreute
Literatur nicht leicht zugänglich ist. Die trefflichen Karten der geologischen Landesuntersuchung von Schottland, die jetzt unter der be-
währten Leitung von Prof. A. Geikie in Edinburgh steht, dienten
uns, soweit dieselben vorlagen, als Führer. Besonders erfreulich war
das Eintreffen der neuen geologischen Karte von ganz Schottland, die
Prof. A. Geikie als eine schöne und willkommene Gabe während des
Meeting's überreichen konnte. Sie ist im Massstabe von 1 Zoll = 10

englische Meilen ausgeführt und nach Farbengebung und Ausführung
ein Musterwerk. Die Erforschungen der geologischen Landesuntersuchung, auch der Theile, die noch nicht im gewöhnlichen Massstabe
der geologischen Karte veröffentlicht waren, wurden uns dadurch zugänglich. Ihr und der liebenswürdigen Führung und Belehrung der
Glasgower Geologen, unter denen ich die Herrn Armstrong, Thomson, Wünch und J. Young ganz besonders nennen will, verdankten
wir die Möglichkeit, in kurzer Zeit eine ziemlich vollkommene Uebersicht über das von uns besuchte Gebiet zu erhalten.

Glasgow selbst ist auf flachhügeligem Terrain erbaut und das
rasche Anwachsen dieses mächtigen Centrums der schottischen Industrie,
als dessen Wahrzeichen man nicht mit Unrecht den höchsten Fabrik-
schlot (500') der Welt bezeichnen kann, den die grosse chemische
Fabrik besitzt, war ein Grund, dass die Zusammensetzung dieser
Hügel durch zahlreiche Aufschlüsse aller Art erkannt und hierin
manches interessante Resultat der jüngsten geologischen Vergangenheit zu Tage gefördert wurde.

Ein Blick auf die geologische Karte zeigt uns, dass Glasgow
auf einem alten Meeresboden steht und in der Sammlung der Ander-
sonian University finden wir die wiederausgegrabenen Belegstücke
hierfür. Es sind canoes, die man innerhalb des Weichbildes der Stadt
beim Graben der Fundamente von Gebäuden gefunden hat. Sie liefern
den Beweis, dass hier vor der letzten stattgehabten Erhebung eine
schmale Meeresbucht sich tief in's Land erstreckte, und dass an den
Ufern dieser Bucht Menschen wohnten, die sich des Feuers bedienten,
um einen Baumstamm zum Canoe auszuhölen [1]). Allerdings stehen wir
ohne Antwort da, wenn wir uns fragen, um wie viel messbare Zeit
wir diese ersten Bewohner hinter die Tage zurückversetzen sollen,
da wieder auf künstlich geschaffener Wasserbahn die Schiffe bis in's
Herz der Stadt dringen.

Die Universität von Glasgow ist ein prächtiges, mit gothischen
Zinnen und Thürmen stolz aufragendes Gebäude. Es wurde fast ganz
aus freiwilligen, binnen Jahresfrist gesammelten Beiträgen in den
Jahren 1868—70 erbaut und im Jahre 70 auch schon eröffnet. Es

---

1) R. J. Jack. Geology of Glasgow, Hardwick's Science gossip 1876. 193.

liegt auf einem Hügel, dem Gilmore Hill, am nördlichen Ufer des Kelvinbaches. Dieser trennt mit tiefer Schlucht jenen Hügel von dem, welcher den Westend Park und das fashionableste Quartier der Stadt mit seinen prachtvollen Terrassen trägt. Das mineralogische Museum, ein Theil der als Hunterian Museum bezeichneten naturwissenschaftlichen Sammlungen der Universität, dem Mr. John Young als sorgsamer Conservator vorsteht, ist das Beste, welches ich ausser London in Grossbrittanien gesehen; hier tritt System und Ordnung in der Aufstellung und Etiquettirung hervor. Auch hier überwiegt der geologisch-paläontologische Theil und bestätigt die mehrfach gemachte Wahrnehmung, dass eigentlich mineralogische Studien nur vereinzelt in Grossbrittanien getrieben werden. Von hohem Interesse und von eminent lokaler Bedeutung ist eine Sammlung von mehreren hundert Handstücken von Gesteinen, die alle beim Ausschachten der Fundamente im Gilmore Hill gefunden wurden. Dieser und mancher andere dieser sanft gewölbten Hügel in der Nähe erinnern in ihren allerdings wenig mehr sichtbaren Formen an die Roches moutonnées anderer Gegenden, es sind die alten drums oder drumlins der Celten. Die schönste und grösste Strasse von Glasgow, die Sauchiehall street zieht sich zwischen zwei andern dieser runden Hügel hin. Sie sind oft 100 — 200' hoch und bestehen ganz aus den Anhäufungen einer glacialen Drift: den mächtigen, fast die ganze Oberfläche von Schottland bedeckenden Ablagerungen von Thon, Sand und Kies aus den Zeiten, wo Schottlands Berge noch von ewigem Eise starrten und aus allen ihren Thälern die alten Gletscher in Arbeit und Bewegung herunterstiegen. Eine ganz treffliche Schilderung der Verhältnisse dieser Zeit finden wir in dem Werke J. Geikies: „The great Ice Age". London 1873. Nach diesem unterscheiden sich die in den Ablagerungen dieser Drift vorkommenden vier verschiedenen Etagen sehr deutlich von einander. Es sind: 1. Moränen, wie solche vor den Thälern der Grampian Mts. häufig sich finden. 2. Sande, Gerölle, Lehm, oft mit marinen Muscheln erfüllt und zahlreiche erratische Blöcke einschliessend; 3. oberer Gerölle- oder Diluviallehm mit marinen Muscheln und 4. unterer Diluviallehm, unmittelbar die vom Eise gefurchten Oberflächen der älteren Gesteine bedeckend. Für die beiden letzteren Ablagerungen ist der Name Till gebräuchlich. Aus solchem Till be-

stehen die Hügel in und um Glasgow, und aus ihm rühren die vielen
verschiedenen Gesteinsstücke des Gilmore Hill her, die in dem mine-
ralogischen Museum der Universität beisammen liegen. Sie umfassen
wohl die ganze Serie der Gesteine von den ältesten Graniten und
Gneissen anfangend, bis zu den jüngsten Eruptivgesteinen, Gesteine,
z. Th. von hohem petrographischem Interesse, die weither aus den
Gebirgen des nördlichen Schottland hierhin ihren Weg gefunden
haben. Das ist der Charakter des oberen Till, dass er eine bunte
Mischung weit hergekommener Geschiebe mit z. Th. grossen, gewaltigen Blöcken darstellt, während der untere Till in seinen Geröllen
meist auf die nähere und nächste Umgebung der Oertlichkeiten sich
beschränkt, in denen sich dieselben finden, und auch nicht so grosse
Blöcke umschliesst. Eine zuweilen mehr oder weniger deutliche
Schichtung zeichnet den oberen Till aus. A. Geikie's, des trefflichsten
Kenners der schottischen Geologie Worte über diese Bildungen
mögen hier eine Stelle finden[1]). „Als der untere Geschiebelehm“,
so schreibt er, „sich anhäufte, war das in Eis gehüllte Land in langsamem Sinken begriffen. Diese Abwärtsbewegung dauerte vielleicht
auch noch während des Absatzes des oberen Geschiebelehms fort.
Aber als dann das nächste Glied der glacialen Drift sich bildete, war
das Land schon wieder im Aufsteigen. Die geschichteten Thone,
Sande und Kiese mit Irrblöcken, gehören ohne Zweifel den Zeiten
dieser untermeerischen Lage des Landes an. Wahrscheinlich aber
der letzteren Hälfte, wo das Land in langsamem Aufstiege schon
wieder über das Meer auftauchte. Die Muscheln, die in diesen
Schichten gefunden wurden, tragen alle einen entschieden arktischen
Charakter. Einige sind jetzt in den Britischen Meeren nicht mehr
vorhanden, sondern finden sich nur noch im hohen Eismeere. Diese
Thonlager mit marinen Muscheln finden sich an manchen Küstenorten
des Clyde und seiner Seitenfjorde. An der östlichen Küste von Schottland finden sie sich mit Unterbrechung von den Küsten von Aberdeenshire an bis nach Haddington hin. In einigen Landestheilen,
besonders über die moorigen Ebenen der tiefen Gebiete hin, bilden
die Driftmassen lange, gebogene, wallförmige Rücken, hier Kames ge-

---

1) Geikie: Geology of the British Isles. Edinburgh. S. 73.

nannt, genau entsprechend den Irländischen Eskers und den Schwedischen Ösars." Noch ist die Ursache der Bildung dieser regelmässigen Wälle nicht ganz aufgeklärt.

An den Geröllen, die das Hunterian Museum gesammelt und ausgestellt hat, liessen sich die schönsten Studien über die Mannigfaltigkeit der Gletscherschliffe machen, jener oft nicht ganz leicht zu entziffernden Hieroglyphen, in denen die uralte Geschichte dieser Landstriche von den geologischen Faktoren selbst geschildert wird. Noch deutlicher und schöner lassen sich diese Zeichen in der Umgebung von Glasgow an den unberührten Felsen wahrnehmen. Hier lassen sie auch die Richtung erkennen, aus welcher die Eiszüge, die sie ausfurchten, sich bewegten. Sie zogen alle von Nordwesten her über das Gebiet hin, auf dem jetzt Glasgow liegt. Dabei ergibt sich, dass sie z. B. die Hügelkette von Kilpatrik, die sich von Strathblane nach Dunbarton hinzieht, überschritten; denn auch die höchsten Gipfel dieser Höhenkette zeigen die Spuren der Eisschrift.

Wie ein Wall liegt diese Hügelreihe südlich vor dem Lough Lomond, und sonach wird es deutlich, dass die tiefe Schlucht dieses Beckens einst das Gefäss war, in dem die Eismassen sich bewegten, die dann ihren Weg nach Südosten bis über Glasgow hinaus fortsetzten. Auch an den Ufern des Firth of Clyde erscheinen die polirten und gefurchten Felsen an manchen Stellen. Wir sahen sie in grosser Schönheit an den Sandsteinen des Craigend Muir auf dem Wege nach dem bei Strathblane gelegenen Balagan glen.

Von diesen geologisch jugendlichen, nachtertiären Bildungen an rückwärts, ist eine weite Lücke in der Folge der Formationen. In der Umgegend von Glasgow tritt keinerlei tertiäre Bildung, keine Schicht aus der ganzen Reihe der Secundärformationen auf[1]), erst die Carbonformation bildet nun den ganzen Untergrund jenes Gebietes und bedingt die reichen Schätze, auf denen die Industrie von Renfrewshire Wurzel gefasst hat. Nur die dunkeln Eruptivgesteine, die in allen Ländern Europa's eine unveränderliche und treue Charakteristik der tertiären Schichten bilden, überall von sehr nahe überein-

---

1) Wenige von Glasgow entfernter liegende Punkte ausgenommen, wo permische Schollen sichtbar sind, die noch Erwähnung finden.

stimmendem Alter und überraschend gleichartiger, petrographischer
Beschaffenheit, fehlen auch hier nicht, wenn ihnen auch die Begleitung tertiärer Bildungen mangelt, die als ihr Geburts- und Alters-
dokument gelten muss. Es sind das die Basalte. Prof. Geikie hat
es fast unzweifelhaft gemacht, dass auch die schottischen Basalte
dem Miocän angehören, wie die basaltischen Gesteine der Insel Mull
und der gegenüberliegenden Küste von Irland.

Eine grosse Zahl basaltischer Gänge, oft von bedeutender
Mächtigkeit und weiter horizontaler Erstreckung, setzt in übereinstimmend westöstlicher Richtung durch die Schichtensysteme der Umgegend von Glasgow hindurch. Die Folge der Schichten ist von
zahlreichen Verschiebungen gestört, aber der Verlauf der Gänge ist
hierdurch nicht betroffen. Nirgendwo haben sie selbst eine wahr-
nehmbare Veränderung in der Lage und Stellung der Schichten bewirkt. Von den Schichten des Silurs an, durch den Old Red und
alle Schichten der Steinkohlenformation und der mit diesen in engem
Verbande auftretenden, mächtigen Einschaltungen älterer diabasischer
und dioritischer, sowie auch porphyrischer Gesteine, treten sie mit der
gleichen Regelmässigkeit hindurch. Wir hatten Gelegenheit, uns
hiervon an verschiedenen Stellen zu überzeugen.

Eine vorzüglich den schönen Ufern des Clyde gewidmete Fahrt
brachte uns nach Dunoon, herrlich gerade dort gelegen, wo der
Clyde mit südlicher Wendung dem Patrikcanale zustrebt. Mit der
Bahn fährt man bis Helensborough, an der Oeffnung des Gare Lough
reizend gelegen und daher nicht mit Unrecht ein beliebter Sommer-
aufenthalt der Glasgower Kaufherren. Zwischen Helensborough und
den gegenüberliegenden Küsten findet ein ausserordentlich lebendiger
Dampferverkehr statt. Eine ganze Schaar kleiner, trefflich und mit
äusserstem Geschmack ausgestatteter Dampfer, alles Produkte der
Greenocker Industrie, kreuzen hinüber und herüber, nach Greenock,
nach Port Glasgow, nach Kirn und Dunoon, und in das Gare Lough
hinein. Ein prächtiger, sonnenglänzender Tag, zeigte uns dieses un-
übertreffliche Bild in der günstigsten Beleuchtung. Der kleine Dampfer
brachte uns schnell nach Dunoon hinüber. Auf einem kleinen spitzen
Kegel liegen die Reste des alten Dunoon Castle, dessen erbliche
Herrschaft einst durch Robert Bruce der Familie des Sir Colin

Campbell von Loch Awe übertragen wurde, einem der Vorfahren des
Herzogs von Argyll, der in diesen Tagen als ein den geologischen
Wissenschaften warm ergebener Förderer der britischen Naturforscher-
versammlung als Ehrenpräsident vorgestanden. Die wundervolle Aus-
sicht vom Dunoon Castle auf den Clyde und seine Ufer, liess uns
doch nicht vergessen, dass wir auf basaltischem Boden standen.
Werfen wir einen Blick auf die geologischen Umgebungen dieses
Basaltdurchbruches.

Die ganze östlich vom Lough Long und westlich vom Lough
Fyne eingefasste Halbinsel der Grafschaft Cowal, deren Berge wir
vom Dunoonhügel landeinwärts bis zum Ben Vore und jenseits des
schmalen Lough Eck bis zum Knap Hill sich aufthürmen sehen, besteht aus den Schichten des silurischen Systemes. Dieses System
zieht sich als ein gewaltiger Schichtenbau von der Halbinsel Kintyre
in nordöstlicher Richtung quer durch ganz Schottland hindurch, nördlich bis an die Küsten von Pentland Firth reichend, der die Orkaden von
dem Festlande trennt, östlich bis an die Spitze von Kinnaird Head,
das hinüber nach Norwegen grüsst. Ueberall an der Küste sind
die charakteristischen Gesteine dieser Formation erschlossen und aufgedeckt, und was man nicht anstehend sieht, das bietet sich dem
Geologen in reicher Mannigfaltigkeit, weither von den Wasserläufen
aus dem Innern getragen, in den Geschieben, mit denen die Brandung
spielt. Ueberall zeigen, wie drüben in Irland, die Schichten des Silurs
die regellosesten Faltungen, Stauchungen und Knickungen, die sich
im Kleinen in vielen der Glimmerschieferblöcke schon erkennen lassen,
die man an der Küste aufliest. Dennoch hat die sorgsame Durchfor-
schung eine gewisse Regel in dem Schichtenbau gefunden, eine centrale Wölbung. Die Axe dieses Sattels, (anticlinale Axe) verläuft
nach Geikie mitten durch die Grafschaft Cowal, über die Gipfel weg
die hinter uns im Lande liegen. Es ist die silurische Formation nach
Geikie in zwei Etagen zu trennen. Die unterste umfasst das ganze
System der sogenannten metamorphischen Schiefer, während die obere
die drei Abtheilungen der Llandeilo-, Caradoc- und Ludlowschichten
enthält, die aus dem englischen Silur bekannt sind, und an deren
Basis die Graptolithen erscheinen.

Hier zu Dunoon sind es ersichtlich Theile der ältesten untern Etage, die wir vor uns haben. Thonschiefer und Chloritschiefer wechsellagern mit echten Glimmerschiefern und flaserigen Gneissen. In diesen treten besonders auch mächtige Lager von Quarziten auf, die sich als centraler Theil des Schichtenbaues vorzüglich im Innern der Grafschaft Cowal bis nach Balquhidder hinziehen. In ihren grotesken, steil aufragenden Verwitterungsformen bilden diese Quarzite vorzüglich die malerischen Parthien der von Fremden so viel besuchten schottischen Seen, von den Kyles of Bute an, dieser wilden Felsenschlucht, durch welche die Wasser strömen, die die Insel Bute abtrennen, über den Lough Riden, Lough Eck, Lough Goil, Lough Long und den oberen Lough Lomond hin. Zahlreiche Brocken dieser Quarzite, von eisenschüssiger Färbung, liegen zwischen den Blöcken des Ufers; vorwaltend zeigen allerdings die Geschiebe die flache Form schiefriger Gesteine.

Der ganze Zusammenhang der silurischen Schichten mit den übrigen Formationen in dem südlichen Theile Schottlands, lässt sich am besten durch ein Profil darstellen, das nach der neuen Karte Geikie's von mir construirt ist, und zu dessen Verständniss kaum noch etwas gesagt zu werden braucht. Es kann uns für die ferneren Betrachtungen über die Geologie der Umgebungen Glasgow's gleichfalls zur Orientirung dienen.

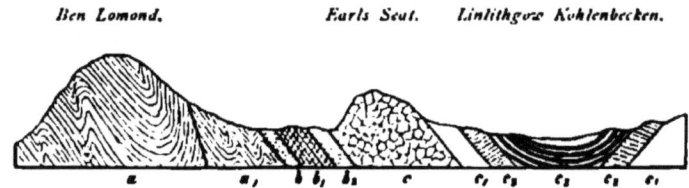

Ben Lomond.   Earls Seat.   Linlithgow Kohlenbecken.

Profil durch die Formationsfolge der Umgegend von Glasgow.

Silur. { a. Glimmerschiefer. Gneiss. a_1. Chlorit-, Thon- und Grauwackenschiefer.

Devon (Old Red.) { b. Conglomerate. b_1. Old Red. b_2. oberer Old Red. (Flötzleerer Sandstein.)

Carbon. { c. Trappe der Campsie fells. c_1. Kohlenkalk. c_2. Millstone grit. c_3. prod. Flötzgebirge.

Auch Kalksteine sind in den silurischen Schichten in vielfachen, z. Th. ausgedehnten Lagern eingeschaltet, in denen die charakteristischen Versteinerungen vorgekommen sind, die eine Altersbestimmung dieser Schichten auf das unzweifelhafteste gestatten.

Unter den zahlreichen Gängen, welche das ganze Gebiet des Silurs durchschwärmen, sind die Granitgänge am bemerkenswerthesten. Sie bilden ein vollkommenes Maschenwerk in den Schiefergesteinen und wechseln in der Mächtigkeit von schmalen Adern an bis zu grossen Bergmassen. Auch hier lassen sich an einigen Stellen auffallende Umwandlungen der Schiefergesteine nach dem Granite zu nachweisen[1]). Porphyrite, Diorite und Basalte treten ausserdem in Gängen auf. Der Hügel von Dunoon ist ein lehrreiches Beispiel der letzteren Art. Er ist die aufragende Kuppe, die mit einem Basaltgange in Verbindung steht, der gerade unterhalb derselben mit ziemlich bedeutender Mächtigkeit durch die steil stehenden Schieferklippen der Küste hindurchsetzt. In der That ruft dieses Profil, gerade an einer Stelle, wo die Bewohner mit Vorliebe im dolce far niente dem Spiele der Wellen zuschauen, auch den ernsten wissen-

Niveau des Clyde.

Basaltgang von Dunoon Castle.

r. rothe, quarzreiche Contaktzone zwischen Basalt und grauem Schiefer.

schaftlichen Gedanken wach. Die vorstehende Zeichnung gibt die einfachen Verhältnisse dieser Stelle wieder. Der Gang streicht von O. nach W., ist etwa 12' mächtig und besteht aus derbem, rohe sphäroidale Absonderung verrathendem Basalt. Die Schichten der Schiefer, durch die er aufdringt, haben keinerlei Dislokation erlitten, keiner-

1) Geikie, Geol. of British Isles, S. 57.

lei Veränderung ist im Contakte am Basalte, der z. Th. fest mit ihnen verbunden ist, wahrzunehmen. Nur eine intensivere rothe Färbung der unmittelbar an den Basalt angrenzenden Schieferzone, nur wenige Zoll breit, lässt an eine Einwirkung des Basaltes denken. Aber diese Färbung beruht eben nur auf einer stärkeren Beimengung von Eisen-oxyd, zu welchem der Magnetit im Basalte durch seine Zersetzung und höhere Oxydation das Material liefert. Auch die etwas quarz-reichere Beschaffenheit der Contaktzone ist nur durch die Zersetzung des Basaltes bewirkt; denn auf den Salbändern des Ganges treten auch Lagen von krystallinischem Kalkspath auf, ein Beweis, dass längs der Grenze zwischen Basalt und Schiefer mineralische Neubil-dungen sich vollzogen. Quarz und Kalkspathschalen sind hier gene-tisch aequivalent. Auch hier kann also weder die rothe Färbung, noch die härtere, quarzige Beschaffenheit der Schiefer als eine Con-taktwirkung des Basaltes in anderem Sinne aufgefasst werden, als dass damit die Lage der secundär veränderten Gesteinszone am Con-takte von Basalt und Schiefer hervorgehoben werden soll. Dass dieser Basaltdurchbruch keineswegs vereinzelt an der Küste liegt, zeigt ein anderer mächtiger Basaltsteinbruch nördlich von Dunoon, dessen Gestein eine nur wenig andere Beschaffenheit zeigt.

Einen der grössten Basaltgänge der ganzen Umgebungen von Glasgow kreuzten wir mit der Bahn von Helensborough nach Glas-gow zurückkehrend. Dieser, an dem Clydeufer gleich östlich von Helensborough beginnend, zieht sich, nur auf kurze Strecken im nach-gewiesenen Zusammenhange unterbrochen, bis an die Ufer des Firth of Forth, in der Nähe von Grangemouth hin, auf diesem Wege eine ganze Reihe verschiedener Schichten durchsetzend. Gerade westlich der Station Dunbarton hat die Eisenbahn diesen Basaltgang durch-schnitten. Er besitzt nach der geologischen Karte fast eine Länge von 40 englischen Meilen und eine Mächtigkeit von stellenweise über 100'. Auch der Basaltgang, den wir auf einer andern Excursion in der Nähe von Mugdock Castle sahen, streicht auf etwa 20 Meilen hin ununterbrochen fort, z. B. die aus dem Lough Katrine kommende Wasserleitung quer überschreitend.

Der bemerkenswertheste Punkt zwischen Dunoon und Glas-gow ist Dunbarton, dessen mächtiger Felsenkegel an der Verbindung

des aus dem Lough Lomond fliessenden Leven mit dem Clyde gelegen ist. Dieser Felsen, dessen Abbildung diesem Kapitel vorsteht,
(S. 195) ist ein älteres Trappgestein. Fast 240' hoch aufragend, mit
fast unzugänglichen Wänden, war er so recht geeignet eine feste
Warte zu bilden, die den Eingang in den Strom schützte. Auf dem
doppelten Gipfel, dessen höchste Spitze den Namen Wallace seat
führt, liegt eine uralte Veste; eines der ältesten Bollwerke der schottischen Könige, nicht mit Unrecht in mittelalterlichen Schriften die
Ars inexpugnabilis genannt. Um den östlichen Fuss des Felsens zieht
sich landeinwärts jetzt eine hübsche, industriereiche Stadt hin. Sie
verdankt ihr Aufblühen und ihren Reichthum dem Schiffsbau, der
vorzüglich hier durch die Energie der Familie Denny zu einer Ausdehnung gekommen, wie kaum an einer zweiten Stelle der rauchen-
den und schmiedenden Ufer des Clyde. Die grossartigen Werke dieser
Familie beschäftigen viele tausende von Arbeitern und eine ganze
Vorstadt hat den Namen Dennystown erhalten. Die Werke zerfallen
in eine eigentliche Schiffsrhederei und eine Maschinenfabrik für die
Marine. Es mag einen Begriff von der Grossartigkeit der Leistungen
dieser Werke geben, wenn ich anführe, dass in den 25 Jahren von
1851 — 76 nicht weniger als 176 grosse Schraubenschiffe mit einer
Gesammtpferdekraft von 33,942 Pf. und 21 Raddampfermaschinen mit
3427 Pferdekraft neu gebaut wurden, ohne die zahlreichen Bauten
kleinerer und die Umwandlung und Reparatur älterer Schiffe. Nur
die Firmen der Schiffsbauer von Greenock, welches drüben in steter
dichter Rauchwolke gehüllt liegt, können mit den Werken von Dunbarton wetteifern.

Näher nach Glasgow zu heben sich aus dichtbewaldetem Parke,
ein wahrhaft wohlthuender Gegensatz zu dem Qualm und Getöse von
Portglasgow und Greenock, die epheugrünen Ruinen des Schlosses
Cadzow hervor, jenes alten Sitzes der Familie Hamilton, ausgezeichnet durch die Jahrhunderte alten Eichen und die noch darunter wei-
denden wilden Stiere, die letzten Abkömmlinge aus Schottlands Vor-
zeit. Ueberhaupt zieht sich längs des Clyde bis nach Glasgow eine
ganze Reihe freundlicher Landsitze hin.

Es ist die Kohlenformation, welche der ganzen Gegend um
Glasgow als Grundlage dient, in des Wortes vollster Bedeutung;

denn auch der ganze Fleiss und der Reichthum der Bevölkerung fusst in dieser. Ich hatte schon vorher bemerkt (S. 199) dass zwischen den tertiären Basalten und der Kohlenformation kaum secundäre Bildungen in diesem Theile Schottlands bekannt wurden. Nur die rothen Sandsteine von Mauchline in Ayrshire und ähnliche Schichten, über den Schichten der Kohlenformation an der Westseite des Lough Ryan in der Grafschaft Wiktow scheinen dem Perm anzugehören und wären die einzigen Vertreter dieser Gruppe. Die Sandsteine von Mauchline sind in ausgedehnten Steinbrüchen gewonnen, und eine Reihe der schönsten Gebäude Glasgow's zeigt die ausgezeichnete architektonische Verwendbarkeit derselben[1]).

Glasgow liegt auf dem westlichen Ende des grossen Kohlenbeckens der Grafschaften Lanark und Linlithgow. Dasselbe erstreckt sich nördlich über den Firth of Forth hinüber bis an den Fuss der Ochills Berge in Clackmannshire. Es ist das bedeutendste der kohlenführenden Becken, welche als die nutzbaren Glieder der grossen carbonischen Formation dem Auftreten derselben hier in Schottland eine so wesentlich andere Bedeutung verleihen, als das wenn auch ausgedehnte Vorkommen derselben Formation drüben in Irland.

Der ganze centrale Theil von Schottland, welcher zwischen der Ochill und Campsie Kette im Norden und dem flachen Hügellande der an England angrenzenden Grafschaften von dem Firth of Clyde zum Firth of Forth hinübergreift, ist nur aus der Kohlenformation gebildet. Dieselbe säumt bei St. Andrews die Küste der Nordsee und umspannt im Südwesten die Bay zwischen Ardrossan und Ayr. Nach J. Geikie gliedert sich die Formation in Schottland in 4 Abtheilungen: Obere kohlenführende Schichten (upper coal measures); Moorrock oder Milstone grit; Kohlenkalk (carboniferous limestone series) mit den unteren kohlenführenden Schichten und endlich als Basis des Ganzen den kalkführenden Sandstein.

Diese unterste Schichtenreihe besteht aus mächtigen Sandsteinen und Schiefern mit Zwischenlagen kieseliger, hornsteinimprägnirter Kalksteine. Sie ist besonders im östlichen Theile der Schottischen

---

1) Jurassische Schichten erscheinen nur auf den Inseln Skye und Raasay und an der Nordküste des Durnoch Firth in schmalen Streifen.

Kohlenformation in den Umgebungen von Edinburg entwickelt, wo ich später dieselbe als Basis des berühmten Arthur's Seat erblickte. Besonders gut kann man diese Sandsteine auch in der tiefen Schlucht des Leith River in Edinburg selbst wahrnehmen. Dieser Bach, welcher die nordwestliche Grenze der eigentlichen Stadt bildet, hat einen Einschnitt geöffnet, den man von der schönen Deanbrücke übersehen kann. Seine Wände sind von den steilen Bänken der Sandsteine und Schiefer dieser Etage gebildet. Dieselbe fehlt in dem westlichen Theile der Kohlenformation in der Umgebung von Glasgow gänzlich. ·

Um so besser bietet sich hier Gelegenheit, die Schichten des Kohlenkalkes zu studieren. Diese Abtheilung der Kohlenformation ruht hier allenthalben unmittelbar auf den Schichten des Old Red auf. Die untersten Schichten sind Kalksteine, zum Theil einen grossen Reichthum an verschiedenen Versteinerungen führend, 600 — 1200' mächtig, petrographisch mit dem oberen Kohlenkalke fast übereinstimmend. Marine Kalke wechseln an einigen Orten, so z. B. zu Campsie mit Süsswasserkalken. Vereinzelte Flötze und zahlreiche Schichten von Thoneisenstein geben diesem Theile des Kohlenkalkes an einigen Orten besondere Bedeutung.

Auf diesem unteren Kalke liegt fast in der Mitte der ganzen Kohlenkalksteingruppe eine mächtige Reihe von Sandsteinen, sandigen Schiefern und dunkelgrauen, bituminösen Thonschiefern, mit zwischenliegenden Kohlenflötzen und Thoneisensteinen. Auch diese unteren coal measures, in ihren petrographischen Charakteren mit den oberen übereinstimmend, sind reich an Versteinerungen, deren Verbreitung für einzelne Typen eine durchaus lokale zu sein scheint.

Es ist vorzüglich die enge Verknüpfung der Kohlenflötze und der Eisensteine dieses Theiles, auf dem die Industrie an den Ufern des Clyde basirt.

Der obere Kohlenkalk, vorzüglich aus Kalksteinen mit wenigen zwischengelagerten Schiefern und Sandsteinen bestehend, 500 bis 600' mächtig, gleichfalls mit zahlreichen Versteinerungen, schliesst diese Gruppe gegen den aufgelagerten Millstone grit ab.

Kein Punkt in der Umgebung von Glasgow ist für das Studium des Kohlenkalkes und seiner fossilen Reste besser geeignet, als die Gegend von Beith, aus deren zahlreichen Steinbrüchen das Material zu fast allen Gebäuden von Glasgow gewonnen wurde. Eine Excursion über Paisley und Johnston dorthin war uns daher sehr willkommen und füllte in nützlicher Weise die beschäftigungslose Zeit eines schottischen Sonntages aus. Die strenge Sonntagsfeier hatte allerdings zur Folge, dass wir sorgsam unsere Hämmer als Symbole entweihender Arbeit verstecken mussten, bot uns aber andererseits den Vorzug, statt im Fluge mit der Eisenbahn, in ruhigerer, einen besseren Blick auf die Landschaft gewährender Omnibusfahrt unserm Ziele zuzustreben. Denn Eisenbahn und Droschke sind an Sonntagen gleichmässig verpönt und fahren nicht; nur verstohlen erwartete uns der Omnibus draussen vor den Thoren.

Paisley ist gewissermassen eine Vorstadt Glasgow's, aber von gewaltiger Entwicklung und einer Bevölkerung, die jetzt schon die 50,000 überschritten hat. Man sieht es der Stadt an, dass ihr Wachsthum ein allzu schnelles, dem das Gewand der Gebäude immer zu klein bleibt. Ausser der eigentlichen Altstadt, die auf einer kleinen Anhöhe des westlichen Ufers des White Cart River gebaut ist, macht die Neustadt ganz den unvollendeten Eindruck einer jungen Industriestadt. Mit jener ist diese, am gegenüberliegenden Ufer stehend, durch mehrere prächtige Brücken verbunden. Die herrliche, gothische Kathedrale, die Kirche der alten, schon im 12. Jahrhundert gegründeten Abtei, spricht fast vereinsamt zu uns aus mittelalterlichen Zeiten. Denn dass mit der Industrie der Platz sich zur Stadt erhob, ist kaum ein Säculum her.

Bei der Weiterfahrt aus Paisley sieht man südlich die schön bewaldeten Hügel von Fereneze, die in dem Duchal law und Sergeant law (700') ihre höchste Höhe erreichen. Ein Theil dieser Berge, die Braes of Gleniffer, sind wegen ihrer frischen, grünen Thäler und Abhänge eine bevorzugte Sommerfrische der Stadtbewohner. Hier lernt man aus den Conturen der Berge auf ihre innere Beschaffenheit schliessen. Ueberall im Lande umher, wo solche aufragende, mauerähnlich sich hinziehende lange Rücken stehen, sind sie aus den mit der Kohlenformation in engem Verbande befindlichen sogenannten Trappen zusammengesetzt: Gesteine, die sich grösstentheils unseren Melaphyren, zum Theil auch diabasischen und dioritischen Gesteinen zutheilen lassen. Jedenfalls sind die Gesteine, die unter dem Collektivnamen der Trappe zusammengefasst werden, petrografisch nicht gleichartig, sondern sehr verschieden. Es lassen sich hier olivinreiche und quarzfreie Gesteine nachweisen, die mehr dem Typus unserer Melaphyre gleichen und andererseits quarzreiche, dagegen olivinfreie Gesteine, die noch am ehesten unseren Diabasen oder wenn sie Hornblende führen, Dioriten ähnlich sind. Denn eine vollkommene Uebereinstimmung zeigen weder die Gesteine der einen noch der andern Gruppe mit den deutschen Gesteinen. Ausserdem treten auch Felsitporphyre mit jenen Gesteinen in ganz gleicher Weise auf. In Bezug auf ihre geologische Stellung dürften sie, wohl als die Aequivalente der niederschlesischen Melaphyre und Felsitporphyre, oder der Diabase und Melaphyre des Saarbrückener Gebietes bezeichnet werden, beide Begleiter der Steinkohlenformation, wenn auch nicht ganz von gleichem Alter. Denn es scheint, dass die saureren Porphyre zuweilen älter sind, als die basischen Gesteine.

Johnston ist wie Paisley eine ganz junge Industriestadt. Zwischen den beiden Orten liegt überall der geschichtete, fossilienreiche Thon zu Tage und wird in zahllosen Ziegeleien verwendet, der als ein nachglaciales, auf dem Geschiebelehm aufliegendes Gebilde das allerjüngste geologische Zeitalter dieser Gegend repräsentirt. Beith, das Ziel unserer Excursion, ist ein kleines Städtchen an der Bahn von Glasgow nach Ardrossan. Hier liegen, ganz in der Nähe, bei dem Orte Broadstone die berühmten Kalksteinbrüche. In der That boten sie uns in mehrfacher Beziehung den Lohn für unsere weite Fahrt. In ausgedehnten Aufschlüssen sahen wir hier die Schichtenfolge des unteren Kohlenkalkes. Blaugraue, zum Theil auch etwas grünliche, dichte, muschelig brechende Kalksteinbänke von grosser Mächtigkeit sind vollkommen durchspickt mit Corallen, Crinoiden, Brachyopoden und Fischresten. Die meisten und besterhaltenen Fossilien finden sich in den dünnplattigen, fast schiefrigen Bänken. Es bedurfte nur eines Durchlesens der überall aufgehäuften Schutthalden, um die Fossilien mit vollen Händen zu sammeln.

Der Kalkstein geht hier an einigen Stellen fast bis an die Oberfläche und ist nur von einer wenige Fuss dicken Schicht des diluvialen Lehmes bedeckt, der auch hier reich ist an Geschieben

14

von mancherlei interessanten Gesteinen der Umgebungen. Dort wo
der Steinbruchbetrieb ein Abtragen dieser diluvialen Bedeckung er-
forderte, hat sich an einigen Stellen die Oberfläche des Kalkes mit
den prächtigsten und verschiedensten glacialen Zeichen und Erosions-
erscheinungen bedeckt gefunden. Zwischen den spinnenartig auf der
verwitterten Oberfläche hervortretenden Encriniten, verlaufen ge-
glättete und polirte Stellen und deutliche Eisfurchen. Besonders bemerkenswerth schien eine Stelle, wo die ganze Oberfläche des Kalksteines von einem System tiefer Furchen, ordentliche Spalten, meist
5 — 7' tief und bis zu 2' breit durchschnitten war, wie ein vollkommenes Netz, in dem die stehen gebliebenen Pfeiler und Bänke die Maschen
darstellten. Es ist dieselbe Erscheinung, die man in der Schweiz die
Karren- oder Schrattenfelder, in der französischen Schweiz die Lapiaz
nennt. Hier wie dort wechseln die Hohlkehlen an Tiefe und Breite ;
oft nur wenige Zoll tief, oft viele Fuss; und solche gefurchte Kalk-
flächen bekleiden in der Schweiz an manchen Punkten stundenweit
die Abhänge und horizontalen Terrassen der Gebirge. Man kann sie
u. A. sehr schön sehen, wenn man über die Gemmi steigt, oder am
Säntis wandert. Diese Oberflächengliederung ist die blosse Folge der
athmosphärischen Erosion. Die ungleichartige Beschaffenheit der verschiedenen Theile des Kalksteines, hier z. B. die härteren kieseligen
und die weniger harten nicht kieselsäurehaltigen Stellen, bedingen das
ungleiche Fortschreiten der Erosion. Es entstehen Rinnen, die sich
mehr und mehr vertiefen und durch allmählig schmäler und schärfer
werdende stehen gebliebene Wände getrennt sind.

In diesen natürlichen Vertiefungen des alten Schrattenfeldes
von Broadstone finden sich die Begräbnissstätten früherer Bewohner,
deren Särge in eine solche Schratte hineingeschoben wurden. Ueber
das muthmassliche Alter der aufgefundenen Gebeine habe ich nichts
erfahren können.

Aber noch ein anderes Interesse knüpfte sich an den Besuch
dieses Punktes. Mitten durch diesen Kalksteinbruch, der an seiner
Oberfläche das Schrattenfeld entblösst hat, setzt eine deutlich auf-
geschlossene Verwerfung hindurch, die in einer für den Geologen
höchst erfreulichen Weise neben den Kalkstein ein Kohlenflötz und
schwarze Schiefer geschoben hat. Für den Steinbruchbesitzer ist na-

türlich der Verlust des Kalksteines nicht angenehm; er müsste in bedeutender Tiefe wiedergesucht werden. Denn es treten in diesen neben den Kalkstein gerückten Schichten die über dem Kohlenkalke liegenden unteren flötzführenden Schichten entgegen, die centrale Etage der Sandsteine und Schiefer. So gibt das Profil, das die nebenstehende Figur darstellt, ein vollständiges Bild von der Zusammensetzung der Steinkohlenformation dieser Gegend.

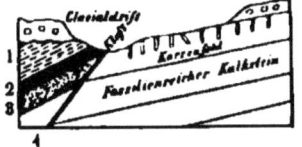

Profil aus dem Steinbruche zu Broadstone bei Beith.

1. *Schwarzer Brandschiefer.* 2. *Flötz von Steinkohle.* 3. *Sandstein.* 4. *Kohlenkalk.*

Auf dem Rückwege von Broadstone nach Beith besuchten wir noch die Kalksteinbrüche von Trearne, die älteren, und daher noch besser erschlossenen. Sie besonders bieten dem Sammler von Fossilien eine fast unerschöpfliche Ausbeute. Ueberall, wo der Kalkstein verwittert, lösen sich aus demselben die schönsten Fischzähne, von Brachyopoden u. a. Athyris (Mac Coy) mit ihren Spiralarmen, prächtige Crinoidenstiele und Kelche, und viele andere Versteinerungen heraus.

Der Millstone grit ist in dem Distrikte östlich von Glasgow nicht entwickelt. Er erscheint als ein nicht sehr breiter Saum zu beiden Seiten des aus den oberen eigentlichen flötzführenden Schichten gebildeten Kohlenbeckens nordöstlich vom oberen Clyde und von Glasgow. Mächtige Sandsteine, sandige Thone, mit nur wenigen Einlagerungen von Kalksteinen setzen ihn zusammen. Er enthält keine Spur bauwürdiger Kohlenflötze und ist überhaupt noch wenig erschlossen und bekannt. Die in ihm gefundenen Fossilien sind übereinstimmend mit denen des Kohlenkalkes.

Das wichtigste Glied sind auch hier die eigentlichen oder oberen flötzführenden Schichten, die in einer Mächtigkeit von 1000 — 2000' in weiter Ausdehnung eine Reihe getrennter Kohlenbecken bilden. Das westlichste ist das Becken von Ayrshire, dessen Schichten sich von Ardrossan an südwestlich bis nach New Commock hinziehen. Mit diesem hängt das noch etwas weiter nach Südosten liegende kleine Becken von Kirkonell zusammen. Isolirt und für sich erscheint das Becken von Douglas. Die grösste Ausdehnung hat das Becken von Linlithgow oder das Kohlenfeld von Stirlingshire, das mit dem von Clackmannanshire zusammenhängt. In grosser Breite bildet hier diese Abtheilung der Steinkohlenformation die Oberfläche des Landes von Glasgow bis zum River Forth und darüber hinaus. Wiederum ein isolirteres kleineres Becken, aber werthvoll durch die Regelmässigkeit seines Baues, die reiche Beschaffenheit und Mächtigkeit der Flötze und die Nähe der Küste, ist das von Dalkeith oder das Midlothian - Kohlenfeld, südöstlich von Edinburg, welches zwischen Portobello und Prestonpans die Ufer des Firth of Forth berührt. Diesem gegenüber auf der Nordseite des Firth of Forth, eine Fortsetzung des vorhergehenden, liegt das Kohlenfeld von Fifeshire in den Umgebungen von Dysart, Markinch und Kennoway.

Uebereinstimmend bestehen diese Kohlenbecken aus zwei in Bezug auf ihren ökonomischen Werth sehr ungleichen Hälften. Die obere Schichtenabtheilung besteht aus rothen Sandsteinen, röthlichgrauen sandigen Schiefern, grauen Thonen und dunklen Schiefern, enthält aber nur dünne Schmitzen von Kohle. Die untere Abtheilung aber, in der weisse und graue Sandsteine mit Thonschiefern und bituminösen Brandschiefern wechsellagern, ist reich an Thoneisenstein und bauwürdigen Kohlenflötzen. Das mächtigste der Kohlenflötze von Ayrshire „the Ell" hat 10′ reine Kohle, Pyotshaw und Main Flötz haben zusammen 8′ Kohle, sind aber im nördlichen Theile des Ayrshire Kohlenfeldes oft durch ein 48′ starkes Mittel auseinandergeschoben. In dem Midlothian Kohlenfelde sind 14 bauwürdige Flötze mit 43′ Kohle bekannt, das Great Seam hat eine Mächtigkeit von 8 — 12′. Das Stirlingshire Kohlenfeld hat nur 9 bauwürdige Flötze mit 30 — 31′ Kohle. Die die Flötze begleitenden Eisensteine haben in der Regel nur eine geringe Mächtigkeit von wenigen Zoll. Besonders entwickelt sind diese in den Kohlenbecken von Stirlingshire und Clackmannanshire. In der Nähe der wichtigen Stadt Falkirk sind schiefrige Thoneisensteine in unregelmässiger Begleitung mit den Flötzen gebaut, die zum Theil 7′ Dicke erreichen, oft aber ganz fehlen. In dem Kohlenfelde von Ayrshire, insbesondere in der Nähe von Airdrie (auch zu Linwood bei Johnstone), treten die ausgezeichneten, auch unter dem Namen: „Torbanehill Mineral" bekannten Boghead Gaskohlen auf, aus denen Mineralöl

dargestellt wird. Sie erscheinen ganz im untersten Theile der flötzführenden Schichten.

Mit Ausnahme eines einzigen dünnen Lagers zu Drumpark,
östlich von Glasgow, wo einige marine Fossilien gefunden wurden,
sind alle in den flötzführenden Schichten vorkommenden Fossilien
Sumpf- oder Land-Pflanzen und -Thieren angehörig. Die zu Kohle
verwandelte Pflanzensubstanz findet sich in einzelnen zerstreuten Resten
und Lappen in den Sandsteinen, durchdringt in grösserer Menge die
dunklen Thonschiefer und bildet endlich auch die verschiedenartigsten
Kohlenflötze bis zu dem am vollkommensten carbonisirten Anthracit.
Die Anhäufungen der Pflanzensubstanz, die die Flötze selbst zusam-
mensetzt, vollzog sich in seichten Sümpfen und Lagunen, während
die Sandsteine und Schiefer die Absätze tieferen Wassers darstellen,
die den jedesmaligen Bodensenkungen entsprechend über den Flötzen
sich bildeten. Die unregelmässigen Anhäufungen der Thoneisensteine
geschahen ganz ähnlich unserm modernen Sumpf- und Raseneisenerzen
in den vegetationsreichen Lagunen unter dem Einflusse der Fäulniss
gerade dieser Pflanzen, welche die Kohle lieferten.

Um einen Blick in die Schichtenreihe thun zu können, welche
der ganzen Kohlenformation als Unterlage dient, in die Schichten des
Old Red, gäbe es zwei Wege. Man müsste die Gesammtmächtigkeit
der Kohlenformation also etwa 6000' durchteufen oder muss sich in
horizontaler Richtung von der Mitte des Kohlenbeckens aus nord-
oder südwärts gegen die Ränder desselben bewegen, wo dann die
Hülle sichtbar werden muss, in der diese nützlichen Schichten gebor-
gen sind. Auch diesem Zwecke diente eine eigene Excursion, die vorzüglich die untersten Glieder der Carbonformation und den Old Red
an dem südlichen Abhange der Campsie Fell's in der Umgebung von
Strathblane uns zeigen sollte.

Von Glasgow aus nordwärts sich richtend passirt man zunächst
die vollkommen qualmende Vorstadt Maryhill, wo besonders das
grosse, in seiner Art für Schottland einzige Zinkwerk von Mr. Swan
Aufmerksamkeit verdient. Nach der Methode der Belgischen Zink-
hütten werden hier vorzugsweise die Zinkerze verhüttet (vorwaltend
Zinkcarbonat), die zu Schiffe aus der spanischen Provinz Santander
kommen. Die Werke sind im Stande bis zu 6000 Tonnen Erz zu

schmelzen und bedürfen zu der Reduction derselben das doppelte an Kohlen, welche direkt den in Maryhill gelegenen Kohlenzechen entnommen werden.

Milngavie etwas weiter auf unserm Wege nach Norden gelegen, besitzt grosse Kattundruckereien. Jeder Ort, den man in der Umgebung von Glasgow sieht, hat seine eigene, ausgedehnte Industrie, und kaum ein Gebiet ausserhalb Grossbritannien's dürfte sich in Bezug auf die Vielseitigkeit der industriellen Arbeit mit diesem Theile Schottlands messen.

Gleich hinter Milngavie trafen wir auf die grossen Reservoirs der Wasserleitung für die Stadt Glasgow. Es ist leicht verständlich, wie für eine solche, alle möglichen Industriezweige in sich vereinigende Stadt die Beschaffung ausreichenden, geeigneten Wassers eine Lebensfrage aber auch keine ganz leichte Aufgabe war. Der Lough Katrine, der malerischste der schottischen See'n wurde, obgleich er 40 Meilen von Glasgow entfernt ist, als die Quelle zu der Wasserleitung ausersehen. Ein mit allen Mitteln der Kunst über Berg und Thal hinweggeführter, weiter, gemauerter Canal, mit zahlreichen Schleusen und Syphonen liefert das in den bei Milngavie gelegenen grossen Reservoirs und Filtervorrichtungen gesammelte und noch einmal gereinigte vortreffliche Bergwasser. Täglich können etwa 28 Millionen Gallons geliefert werden, was auf den Kopf der Bevölkerung von Glasgow fast 50 Gallons macht.

In der Nähe von Mugdock sahen wir die Sandsteine des Millstone grit in einem Steinbruche erschlossen und von einem Basaltgange durchschnitten, dessen wir wegen seiner grossen horizontalen Erstreckung schon früher Erwähnung gethan[1]).

Wir näherten uns nun allmälig dem Höhenzuge der Campsie Fells, welche, in ihren oberen Theilen aus Trappschichten bestehend, von W. nach O. sich hinziehen und in dem Earl's Seat die grösste Höhe von 1510' erreichen. Balagan glen, das erste Ziel unserer Excursion, ist eine kurze, aber tief und mit fast senkrechten Wänden in die trappbedeckten Flanken des Earls Seat eingeschnittene Felsenschlucht, in der ein prächtiges, die untersten Schichten der Kohlen-

1) Vergl. S. 204.

formation aufdeckendes Profil in den hohen Felsenmauern durch des Baches Erosion geschaffen ist. Der Ort hat der Schichtenfolge den Namen gegeben; denn die hier sich darbietende Schichtenreihe hat den Namen der Balagan Series erhalten. Sie mag zum Theil als das Aequivalent der sonst hier fehlenden unteren Etage der kalksteinführenden Sandsteine angesehen werden, die in dem östlichen Theile der Kohlenformation bei Edinburg so gut entwickelt sind[1]. Zu oberst liegen hier mächtige Trappbänke, von denen gewaltige Stücke durch die Verwitterung losgelöst in der ganzen Schlucht zerstreut liegen. Es sind Mandelsteine, unsern Nahemelaphyren durchaus ähnlich. Die Hohlräume derselben enthalten einen grossen Reichthum an zeolithischen Mineralien: ich fand dort treffliche Krystalle von Chabasit und Analcim, auch Mesotyp und Desmin, wenn auch diese seltener; häufig waren dagegen wieder recht schöne Drusen von Quarz, farblos, aber ganz den Typus der Amethyste zeigend.

Unter den Trappbänken liegt eine ganze Folge von Schiefern und Sandsteinen mit eingeschalteten Lagen unreiner, dolomitischer Kalksteine, rothe und graue Sandsteine, die Pflanzenabdrücke und Fischreste geliefert haben, die auf eine Süsswasserbildung verweisen. Die eigentliche Basis des Profils bilden Kalksteine von zum Theil eigenthümlicher Beschaffenheit, die aber hier an der unteren Grenze gegen den Old Red hin wohl eine charakteristische genannt werden darf. Die Kalksteine enthalten eingeschaltete Knollen und grössere Parthien von rothem, zum Theil gelbgesäumtem Jaspis und an einigen Stellen haben sie eine entschieden oolithische Struktur, indem in der blauen Kalksteinmasse zahlreiche rothe und gelbe Sphärolithe von kieseliger Beschaffenheit und concentrischschaaligem Baue inneliegen. Auch diese oolithische, nur lokal auftretende Ausbildung dieser Kalksteine scheint ihren Süsswasserursprung anzudeuten. Es erinnern diese Kalksteine, wenn sie auch nicht in der Weise damit übereinstimmen, wie die Schichten von Mucross bei Killarney in Irland, doch einigermassen an die Kramenzelkalke des rheinisch-westphälischen Devons und es dürfte bei der unmittelbaren Auflagerung auf Old Red und bei dem Mangel an Versteinerungen gerade in den tiefsten Schichten der Balagan Reihe wohl noch zweifelhaft erscheinen, ob nicht die

---

1) Vergl. S. 207.

Grenze des Devon's und der Kohlenformation in diesem Profile etwas in die Höhe gerückt werden müsse.

In der unmittelbaren Nähe von Strathblane sahen wir eine der alten Ausbruchsstellen der Gesteine, welche in ihrer Association mit der Steinkohlenformation, von deren unterster Basis an bis zu den oberen Abtheilungen, so durchaus charakteristisch erscheinen. Das ganze weite Becken der Kohlenformation, wie es im vorhergehenden begrenzt wurde, ist mit solchen vulkanischen Ausbruchskegeln übersät, einzeln liegend oder zu Gruppen und zusammenhängenden Zügen vereinigt, wie es die Bathgate Hill's in Linlithgow sind. Auch hier gilt, dass die einzelnen Kegel aus Eruptivgesteinen nicht die ursprünglichen Eruptionskegel selbst sind, sondern nur Reste derselben, durch die Erosion aus umhüllenden Schichten der Kohlenformation herausgelöst und vollkommen beraubt der einst die oberen Theile bildenden losen Auswurfsmassen, die den festen Kern mehr oder weniger umhüllt und überdeckt hatten. Der Dumgoyn, ein scharfer, gleichmässig nach allen Seiten abfallender Kegel bei Strathblane bot uns ein vortreffliches Beispiel dieser vulkanischen „Necks" oder Reste der alten Schlote dar.

Der Old Red war das zweite Ziel unseres Ausfluges. In einer tiefen, vom Finichbache ausgehöhlten Schlucht, dem Finichglen ist er prächtig erschlossen. Diese Schlucht senkt sich 2—300' tief unter die Oberfläche des hier ganz allmälig von der Einsenkung des Lough Lomond an aufsteigenden Landes. Die Schlucht ist so enge und schmal, dass man sie von oben gar nicht bemerkt, ehe man unmittelbar davor steht, und dass die Strasse sie mit einfachem Brückenbogen überspringt. Zahlreiche todte Kaninchen lagen auf der vom Bach durchflossenen Sohle der Schlucht; sie waren, oben in dem einfassenden Strauchwerke sorglos ihre Spiele treibend, dem gefährlichen Einschnitte zu nahe gekommen und in die Tiefe gestürzt. Längs der senkrechten Wände führen Treppenstufen bis auf den Boden der Schlucht. Nur ein schmaler, meist künstlich erweiterter Steg gestattet eine Wanderung längs des Baches in der Tiefe. Diese Schlucht bietet so recht das Beispiel eines der im westlichen Nord-Amerika in riesigen Dimensionen vorkommenden Cañons. Die Sandsteine haben eine tiefrothe Färbung und zwischen ihnen erscheinen einzelne Lagen von grobkörnigen Conglomeraten, deren Trümmerstücke älteren, silurischen Schiefern und Quarziten anzugehören scheinen.

Die Zone der Schichten des Old Red, dem diese Bänke von Finichglen angehören, zieht sich von den Ufern des Clyde, vom Gare Lough an nordostwärts und in der Mitte am River Strath breiter werdend bis an die Ostküste von Schottland nach Stone-Haven hin, stets ihrem Verlaufe nach der Richtung der Grampian Mts., dieser prächtigen Gebirgskette des schottischen Hochlandes folgend, deren südlichen Abhängen sie aufgelagert scheint. Der Old Red lässt sich auf dieser ganzen Strecke in zwei Abtheilungen gliedern, eine untere, unmittelbar auf den silurischen Schiefern der Grampians aufliegende Folge von Conglomeraten und Wacken und rothen Sandsteinen, und eine obere Folge von rothen und gelben Sandsteinen. Alle diese Schichten sind ganz ausserordentlich arm an Fossilien und haben bis heran nur wenige Pflanzenreste und von Thieren: Graptolithen, einen Orthoceras (dimidiatum), Spuren von Beirichia und einige Fischreste geliefert[1]).

Nachdem die Geologie ihr Recht erhalten, boten uns die gastlichen Hallen von Aucheneck House, wo uns Mr. Wilson und mit ihm liebenswürdige Damen des Hauses freundlichst bewirtheten, noch einen herrlichen Blick auf den Lough Lomond, an dessen Seite der spitze Kegel des Ben Lomond uns Grüsse des Hochgebirges brachte, in dem schon die herbstlichen Nebel wallten. Im Lichte der untersinkenden Sonne warf er seinen gewaltigen Schatten auf das Unterland. Und dieser Blick aus den Fenstern von Aucheneck galt uns für jetzt als Scheidegruss von den schönen und interessanten Bergen Schottland's.

1) Catalogue of the western Scottish Fossils, by Armstrong, Young, Robertson. Glasgow 1876. Gabe zur British Association.

Holy Isle.	Clachland	Brodick-	Goatfell, Cior Mhor.	Cock of
Lamlash-	Point.	Bay.		Arran.
Bay.				

Die Insel Arran von Ardrossan aus gesehen.

XIV.

INSEL ARRAN.

Die Insel Arran ist ein von Geologen vielbesuchtes und viel-
beschriebenes Eiland; ein Gebiet, dem eine grosse Zahl englischer,
französischer und deutscher Forscher ihre Aufmerksamkeit zugewen-
det haben, so dass es scheinen möchte, als ob einem erneuerten Besuche nicht leicht noch unbeachtete Thatsachen sich bieten könnten.
Aber Arran ist in gewissem Sinne unerschöpflich, und so drängten sich
doch auch uns, als wir auf der prächtigen Insel zu kurzem Besuche
weilten, manche Betrachtungen über ihren geologischen Bau und ihre
Umrisse auf, die vielleicht einige neue Gesichtspunkte eröffnen mögen,
von denen aus auch die zum Theil verwickelten und noch nicht ganz
verstandenen geognostischen Details der Insel sich leichter lösen
lassen werden.

Arran kann mit Recht als eine Ehrenpforte bezeichnet werden,
die den Eingang zu den schönen Ufern des Clyde ziert. Von Glasgow
aus erreicht man es am schnellsten, indem man mit der Bahn nach

Ardrossan und von hier mit den kleinen Dampfern, die einen regelmässigen Verkehr unterhalten, hinüber fährt. Wenn man von Glasgow
aus mit dem Dampfer den Clyde abwärts fährt, so landet man zu
Rothesay auf der Insel Bute und findet von hier aus Gelegenheit zur
Ueberfahrt.

Die Insel Bute mit der alten Stadt Rothesay ist vom Festlande durch die malerische Felsenenge der Kyles of Bute getrennt,
in welcher die wild brandenden Wasser halbkreisförmig das Nordende der Insel umspülen. Das Klima von Bute ist so milde, wie das
von Arran, und gleich lieblich die grünen Küsten. Das alte, schon
um das Jahr 1100 gegründete Rothesay castle, einst eine königliche
Residenz, schaut, nun schon lange in Ruinen liegend, aus der Mitte
der freundlichen, kleinen Stadt hervor, die sich um dasselbe ange-
baut hat. Auch im Innern ist die Insel Bute schon lange bewohnt;
merkwürdige Ruinen alter Bauwerke erzählen uns von den ersten
Bewohnern. Die Steinkreise von Kingarth und St. Colmac aus 5 oder
7 im Kreise aufrecht gestellten Steinen bestehend, sind noch die
besterhaltenen dieser Alterthümer, deren Spuren sich noch an manchen
andern Stellen der Insel verfolgen lassen. Am meisten Interesse bietet
das sogenannte verglaste Fort von Dun-na-goil am südlichen Ende
der Insel gelegen. Es liegt auf einer Anhöhe unmittelbar am Meere,
etwa 50' hoch, überall von fast steilen Abstürzen umgeben. Ein kreisförmiger Wall, der aus groben Basaltbrocken und Sandsteinblöcken
aufgehäuft ist, umschliesst den Gipfel. Diese Steine sind untereinander
durch eine Schmelzrinde zu einer einzigen festen Masse verbunden.
Ueber diesem verglasten Walle ist dann noch anderer, lockerer Schutt
zur Erhöhung desselben aufgehäuft, so dass jener nur den soliden
Kern der alten Befestigung bildet. Die verglasten Basaltstücke
gleichen ganz denen, die in dem kreisförmigen Walle auf dem schmalen Plateau des Breitenberges bei Striegau u. a. a. O. in Schlesien
gefunden werden; die Sandsteinstücke zum Theil vollkommen den
unter der Einwirkung des Basaltes angeschmolzenen und prismatisch
abgesonderten Sandsteinen von Büdingen im Grossherzogthum Hessen.
Diese Sandsteine von Dun-na-goil bestehen aus dünnen, abwechselnden Lagen eines braunen, blasigen Glases, und unveränderter, rissig
und trübe gewordener Körner von Quarz, während die Basaltblöcke

nur oberflächlich mit einer glasigen Rinde überzogen sind, die aber zuweilen über 1 Centimeter Dicke hat. Nach Bryce[1]) ist das Feuer, welches die Verschlackung des Steinwalles bewirkte, nur von aussen her wirksam gewesen, da die Innenseite keine Spur einer Feuerwirkung erkennen lässt.

So wie man von Rothesay aus an der Südspitze von Bute vorbei in den weiter sich öffnenden Firth of Clyde hinausfährt, liegt quer vor dessen Oeffnung, genau von Süden nach Norden sich erstreckend, das schöne Profil von Arran, das von hier aus von mir an Bord des Schiffes gezeichnet wurde und in der vorstehenden Abbildung wieder gegeben ist.

Auf den ersten Blick erschliesst uns das Profil einen Theil des geologischen, interessanten Baues der Insel, worauf auch das Geheimniss seiner malerischen Umrisse beruht. Die Insel stellt sich uns in zwei durch ihre Reliefformen durchaus verschiedenen Theilen dar; rechts die hohen, scharfen und zackigen Granitgipfel, links die flacheren, fast mauerähnlich verlaufenden Rücken der von jüngeren Eruptivgesteinen überdeckten älteren Formationen des Old Red und des Carbon.

Bei der Ueberfahrt fällt uns nun auch noch einmal der gewaltige Zuckerhut von Ailsa-Craig in die Augen, den wir in nächtlichem Dunkel schon bei der Ueberfahrt von Belfast gesehen. Es ist ein bis zu der Höhe von 1114' aus dem Meere aufragender Felsen, bestehend aus einem feinkörnigen Quarzdiorite, dessen Stücke ich in Glasgow sah. Das Gestein ist syenitähnlich, hat aber keineswegs die Struktur eines granitischen Gesteines, und das Vorhandensein einer säulenförmigen Absonderung, von der uns Bryce[2]) berichtet, spricht gleichfalls für die Annahme eines dioritischen Eruptivgesteines. Wilde Ziegen sind die einzigen Bewohner des fast unzugänglichen Felseneilandes, dessen Fuss die Brandung rundum zu überhängenden Klippen ausgenagt hat. Die Vegetation soll nach Mr. Mac Cartney[3]) eine ausserordentlich reiche und eigenartige sein. Er

---

1) J. Bryce: Geol. of Arran fourth Edit. 1872. S. 342.
2) l. c. S. 353.
3) Bryce, l. c. S. 354.

fand bei einem Besuche hier 6 Fuss hohe Exemplare der sogenannten Baummalve (Lavatera arborea), die sonst auf den Inseln des westlichen Schottland nicht vorzukommen pflegt.

Man landet auf Arran entweder in der südlicheren Bay von Lamlash oder in der Brodick Bay. Die letztere ist geradezu entzückend schön: Eingefasst von den prächtigen Parkanlagen, welche das Schloss des Duke of Hamilton umgeben und überragt von dem Hintergrunde des mächtigen Granitgebirges.

Mit Ausnahme weniger Pachthöfe gehört die ganze Insel dem Herzog, ein Besitzthum von 165 engl. Quadratmeilen. Die Insel hat von N. nach S. eine Länge von 20½ engl. Meilen, eine Breite von 10½ Meilen. Zu ihr gehören noch die beiden kleinen Eilande: Holy Isle und Pladda, die erstere vor der Bay von Lamlash gelegen, Pladda durch einen schmalen Meeresarm von der Südspitze der Insel getrennt. Die Bay von Brodick und die von Lamlash, von einander durch das vorspringende Clachland Point getrennt, sind die einzigen eigentlichen Buchten, die Arran besitzt; davon abgesehen, bildet es eine fast regelmässige Ellipse von N. nach S. gelegen, nur an der Westküste schwach einwärts gebogen, dort wo die Wasser des Glen Jorsa und des Mauchrie sich ergiessen. Gerade von der Brodick Bay bis zur Mündung des letztgenannten Baches hinüber verläuft die Scheidelinie zwischen den orographisch und geologisch durchaus verschiedenen beiden Hälften der Insel.

Der nördliche oder hohe Theil der Insel trägt auch durchaus den Charakter eines wilden Hochgebirges, dessen zerrissene Gipfel von steilen, fast senkrechten Schluchten umzogen werden. Das ganze Gebirge lässt sich in zwei getrennte Züge scheiden, die parallel von N. nach S. verlaufen und die nach Süden durch das tiefe Jorsathal, nach Norden durch die Schlucht des Glen Eais-na-vear-raid auseinandergehalten werden. Der östlichste Zug ist nicht so bestimmt gegliedert, wie der westliche. Er besteht aus einer regellosen Gruppe von getrennten Granitgipfeln, welche die gewaltige Erosion aus einem massigen Granitbaue herausgemeisselt hat. Unter ihnen ist der höchste der Goatfell, der als das Wahrzeichen der Insel sein stolzes Haupt bis zu 2866' über den Wellen des Clyde erhebt. Nächst diesem ist der Caistael-Abhael (2700') der höchste, nach Nordwesten zu gelegen; zwischen ihm und dem Goatfell ragt die Spitze des Cior Mhor 2618' empor.

Der westliche Zug trägt ganz den Charakter eines regelmässigen Kettengebirges, hat aber nicht so bedeutende Höhen, wie der östliche Theil: der Meal-nan-Damh hat nur 1870' und die südlichen Höhen nördlich vom Glen Jorsa gehen nur bis zu 1500'.

Die südliche Hälfte der Insel ist ein Tafelland, dessen Durchschnittshöhe nur 5 — 800' beträgt, auf dem einzelne von Ost nach West verlaufende Rücken bis zu der Höhe von 1600' aufragen. Der höchste Punkt des südlichen Theiles ist der Ard Bheinn (1676'). Steile Abstürze begrenzen rundum diesen Theil nach der Küste zu, oft in mehrfachen, treppenförmigen Terrassen übereinander liegend, unten überall die Schichten des Old Red und der Kohlenformation und zwar sowohl die unterste Etage des kalkführenden Sandsteines, als auch des eigentlichen Kohlenkalkes, darüber die deckenförmigen Ablagerungen der Eruptivgesteine.

Was bei diesem orographischen Baue und der Vertheilung der Gesteine in demselben die englischen Geologen immer am meisten beschäftigt hat und ihnen als das auffallendste und bemerkenswertheste galt, war die abnorme, so zu sagen excentrische Lage der Granitmassen im nördlichen Inseltheile. Man ging dabei immer von der Annahme aus, als ob der Granit, durchbrechend, die hebende Ursache gewesen, die Kraft, die das Eiland auf ihren Schultern emportrug. Wir haben schon an Beispielen in Irland, der Deutung continentaler Gebirge folgend, erkannt, dass überhaupt diese hebende Kraft nicht in der Weise verstanden werden darf, dass sie als eine radiale, von unten nach oben wirkende bezeichnet werden kann. Wenn wir auch hier an Stelle dieser protrusiven Erhebung seitlich schiebende, tangentiale Druckwirkungen annehmen, hat die excentrische Stellung der Granite an und für sich keine Bedeutung mehr. Dass aber die Verhältnisse des Gebirgsbaues auf Arran sich der Annahme einer durch tangentialen Druck bewirkten Erhebung anpassen, das tritt dann besonders hervor, wenn wir dieses Eiland nicht als ein isolirtes Ganzes für sich, sondern in Verbindung mit dem übrigen Schottland und mit der gegenüberliegenden Küste von Irland betrachten.

Das so auffallende und übereinstimmende Verlaufen der Gebirgsketten und des Streichens der Schichten von SW. nach NO.,
das wir für Irland überall gefunden haben, setzt auch in Schottland
in der gleichen Weise fort. Wenn man vom Belfast Lough genau im
Streichen von SW. nach NO. eine Linie nach der schottischen Küste
hinüberzieht, so trifft diese scharf auf die Grenzlinie zwischen dem
mächtigen Bande silurischer Schichten und altkrystallinischer Schiefergesteine, welches sich von Money Head auf der Halbinsel Rhinns of
Callowa an der Westküste bis zu St. Abbs Head an der Ostküste
hinzieht. Nördlich von dieser Zone liegt das Gebiet der sedimentären
Formationen vom Old Red abwärts, vorzüglich die Steinkohlenformation und die ihr zugesellten mächtigen Trappbildungen, welche
aus der Gegend von Glasgow bis zu den Hügeln um Edinburg hin-
übergreifen. In Irland liegen nördlich der silurischen Schichten des
Laganthales die Basaltischen Gebilde der Grafschaft Antrim; der
Lage nach können sie daher als das Aequivalent zu jenen Schichten
zwischen Firth of Clyde und Firth of Forth gelten, d. h. sie entsprechen dem Verlaufe eines und desselben Senkungsgebietes. Ziehen
wir nun ferner weiter nordwestlich von der Grenze der alt krystallinischen Schiefer und der jüngeren Formationen, die wir am Lough
Foyle in Nordirland fanden, wiederum in der Streichrichtung, eine Ver-
bindungslinie nach Schottland hinüber, so führt uns diese genau an
die Nordgrenze der Schichten der sedimentären Formationen des Old
Red der Umgegend von Glasgow gegen die nördlich liegende silurische Formation. Die nordwestlich vom Lough Foyle liegende
Scholle der altkrystallinischen Schiefer von Donegal, denen auch die
in der Nordostecke von Antrim stehende Parthie zuzurechnen sein
dürfte, entsprechen sonach den silurischen Gebilden von Kintire, Argyllshire und den Grampian Mts., denen sie in der Nordostspitze
von Antrim ja auch räumlich fast die Hand reichen. So erhalten wir
über den Zusammenhang des geologischen Baues von Nord-Irland
und Schottland ein ziemlich klares Bild. Es zeigt uns, dass sich
diese beiden Länder vollkommen entsprechen, dass von Süden nach
Norden aufwärts schreitend gewissermassen in gleicher Folge sich
die Wellenberge und Thäler der gewaltigen Runzeln der alten Oberfläche folgen. So entspricht die Ebene des Kohlenkalkes im Centrum

von Irland, dem Kohlenkalke von Northumberland; die Zone des
Silurs und die Granite der Mourne Mts. der Zone des oberen Silurs
zwischen Money Head und St. Abbs Head; die Schichtenfolge von
Antrim mit ihren Eruptivgesteinen, deren Grundlage auch hier die
carbonische Formation ist, der ganzen Formationsreihe zwischen Clyde
und Forth; endlich die krystallinischen, als metamorphisch bezeichneten Schiefer von Donegal, den als unteres Silur erkannten Gesteins-
reihen von Kintire und dem südlichen schottischen Hochlande. Mit
Bezug auf diese letzteren ist jedenfalls der Schluss gestattet, dass
auch die krystallinischen Schiefer von Donegal und Derry, die auf
der Karte von Jukes als metamorphische Bildungen bezeichnet werden, zum Theil dem unteren Silur angehören dürften, wenn auch
eine so sichere Bestimmung derselben noch nicht möglich geworden
ist, wie es an der gegenüberliegenden Küste von Schottland der
Fall war.

Den beiden Zonen silurischer Gesteine und alt krystallinischer
Schiefer, auf die es uns hier besonders ankommt, der Zone, die wir
als die Donegal-Argyllshire Falte und die, welche wir als die Lagan-
Dumfrieshire Falte bezeichnen können, jedesmal einen irischen und
schottischen Namen combinirend, sind in übereinstimmender Weise
grössere Granitmassen eingelagert. In der ersteren Zone sind es
drüben in Irland die ausgedehnten Granitberge der Derryveagh und
der Glendowan Mts., die von der Gweebarra Bay an der Westküste
bis zur Mündung des Lough Swilly sich erstrecken. Diesen Graniten
entsprechen in Schottland die zahlreichen Granitpartien, die vom
Firth of Lorn bis nach Kinnaird Head hinüber sich aneinander reihen
und im Osten in Aberdeenshire die grösste Ausdehnung annehmen.
In der südlichen Zone sind es in Irland die Granite der Mourne Mts.,
in Schottland die von Kirkcudbright. Alle diese Granite erscheinen
in mehr oder weniger gestreckten, elliptischen Gebieten oder reihen
sich in einer Richtung aneinander, welche parallel ist der gemeinsamen Streichrichtung der grossen Gebirgsfalten. Es liegen die Granite
mit andern Worten auf Linien, die senkrecht stehen zu der Richtung des
seitlichen Druckes, der diese Falten gebogen. So ist das Vorhandensein
der Granitmassen an der Oberfläche vielleicht allein auf den Umstand zurückzuführen, dass bei der Zusammenpressung der alten silu-

rischen Schollen, welche die Granite bedeckten, und bei der ausserordentlichen Faltung und vollkommenen Zerknitterung derselben durch
Aufbrechen der Faltenwölbungen der unterliegende Granit das Tages-
licht erblickte. Durch eine gewaltige Erosion wurde er später mehr
und mehr aus dem umhüllenden Mantel herausgelöst und in aufrag-
genden Gipfeln blosgelegt. Nirgendwo kann auch hier der Granit als
der Träger der hebenden Kraft angesehen werden; mit den anderen
Gesteinen wurde er selbst geschoben und gehoben.

Diese ganze Betrachtung lässt sich dahin in wenigen Worten
zusammenfassen, dass eine nach Nordwesten gerichtete schiebende
Kraft, der ein südöstlich strebender Widerstand entgegentrat, eine
Auf- und Abwärtsbiegung der Oberfläche zur Folge hatte; die aufgebogenen Theile sind in den später nicht wieder von jüngeren Formationen bedeckten silurischen Zonen erhalten, während die Einbie-
gungen oder Einsenkungen in der Folge mehr oder weniger vollkommen dem ganzen Wechsel der sedimentären Formationen Platz
gaben, die sich in zweimaliger Wiederholung vom Süden Irland's bis
an die Nordostspitze Schottland's, ziemlich gleichmässig in ihrem
Baue, zwischen die aufragenden silurischen Falten einschieben. So
können wir uns leicht ein diese Verhältnisse für beide Königreiche
gemeinsam charakterisirendes Wellenprofil entwerfen, dessen eine
Hälfte etwa uns das auf S. 202 gegebene Profil darstellt.

Aus diesen Entwicklungen bahnt sich denn auch das Verständniss des Gebirgsbaues von Arran an. Mitten durch die Insel hindurch geht die Grenze zwischen der alten hohen Falte, die wir als
die Donegal-Argyllshirefalte bezeichnet haben und dem gesunkenen
Gebiete, welches die sedimentären Formationen zwischen Clyde und
Forth aufgenommen hat. Ein mächtiges Massiv von Granit ist im
nördlichen Theile von Arran aus den zerknitterten Schiefern des
Silur's, die es daher wie ein Mantel umlagern, hervorgetreten. Daher
ist die Stellung des Granitmassivs im nördlichen Theile der Insel
nicht „anormal“ und hat mit der Form der Insel nichts zu thun.
Daher ist der Granit nicht eine: „mineral axis“[1], eine Bezeichnung,
mit der ich keinen rechten Begriff zu verbinden vermag, sondern er

[1] Bryce, l. c. S. 6.

ist nur der aufragende Theil der Falte, die gleichmässig über ganz
Schottland bis zu dessen Ostküste sich hinzieht. So ist denn auch der
südliche Theil von Arran ganz so gebaut, wie die gegenüberliegenden
Gebiete von Renfrewshire, es folgen hier von Nord nach Süd die
Schichten des Old Red und der Kohlenformation ganz so, wie wir
sie zwischen Lough Katrine und den Campsie Fells verfolgen können.
Die Linie, welche als die Grenzlinie zwischen dem hohen und dem
gesunkenen Theile von Arran gezogen werden kann, nimmt ihren
Anfang drüben am Mull of Kintyre, geht gerade nach dem Jorsa-
glen und von hier, im Bogen etwas nördlich umbiegend, bis zum Cock
of Arran und setzt von da gerade nach Rothesay hinüber, welches
ebenfalls auf der Grenze zwischen den silurischen Schiefern und den
jüngeren sedimentären Formationen, hier des Old Red, gelegen ist.
Von hier verläuft die Grenzlinie in nordöstlicher Richtung fast grad-
linig quer durch ganz Schottland bis zur Bay von Stonehaven.

Dass in der That die Struktur von Arran und die Stellung
seiner Granite so aufzufassen ist, das lässt sich vielleicht dadurch noch
am evidentesten darthun, dass man eine der Granitmassen, welche
dem südlichen Rande dieser silurischen Zone nahe liegt, mit ihrer
Umgebung inselartig herauslöst; dann muss uns das eine Insel liefern,
die dem Baue von Arran conform ist. Nördlich von Comrie liegt
der 3048' hohe Ben Chonzie, ein granitischer Gipfel. Wenn wir um ihn
eine nach Süden bis in das Gebiet des Old Red hineingreifende
Ellipse beschreiben und uns diese als eine Insel denken, so würde
sie ganz genau den Bau von Arran zeigen; wie dieses einen hohen
nördlichen, granitischen, von Silur umgebenen Theil und im Süden
die sedimentäre Basis des Old Red mit aufliegenden Eruptivgesteinen.
Die Lage von Comrie auf der Grenze gegen das südliche Senkungsgebiet hin findet noch dadurch eine besondere Bedeutung, dass dessen
Umgebung von zahlreichen und schnell sich wiederholenden Erder-
schütterungen betroffen wird, welche die Fortdauer der Bewegungen
in der Erdrinde auf dieser Linie auch in unsern Tagen dokumentiren[1]).

Sonach ist die Mannigfaltigkeit der geologischen Verhältnisse
von Arran keine Eigenartigkeit, wie das bisheran in den Schilderun-

[1] Vergl. The Line between Highlands and Lowlands (anonym) Nature XII.
pp. 93. 94.

gen immer hervorgehoben wird; wenn aber die Mannigfaltigkeit eine
Folge der über die Mitte von Arran hinüberstreichenden Grenze
zwischen gehobenem und gesunkenem Lande ist, so darf sie also nicht
als die Folge der eigenthümlichen abnormalen Stellung des Granit-
nucleus gelten[1]). Es entspricht nicht im Entferntesten der Annahme,
zu der uns das geognostische Studium dieser Insel zwingt, von dem
Hervorbrechen eines mächtigen Körpers von eruptiven Gesteinen,
wie es hier die Granite sein sollen, längs der Linie der Junction
älterer Schiefer, ihren Bau herleiten zu wollen.

Es wiederholen sich eben auf Arran die Verhältnisse genau
so, wie sie längs der Grenze von Senkungsgebieten auch in anderen
Gegenden erkannt wurden. Daher auch längs der Grenzlinie die
steile und z. Th. übergekippte Stellung der sedimentären Schichten,
wie sie im Norden Arran's wahrzunehmen; daher auch die grosse
Menge jüngerer eruptiver Gesteine, welche das Senkungsgebiet von
Arran geradezu durchschwärmen.

Arran ist als meerumspültes Verbindungsglied zwischen Schottland und Irland gewissermassen stehen geblieben, um uns den Beweis
zu liefern, dass zwischen diesen Ländern geologisch kein branden-
der Kanal sich trennend einschiebt. Und wie es so am besten den
geologischen Zusammenhang der gegenüberliegenden Ufer des Patrick-
kanales dokumentirt, so können andererseits auch die Einzelheiten
seines Baues nur dann verstanden werden, wenn man die Insel nicht
als einzelnes, selbstständiges Glied herausgreift, sondern wenn man
sie als ein integrirendes Stück des ganzen geologischen Baues von
Nordbritannien auffasst.

Was Arran zumeist bei den Geologen bekannt und berühmt gemacht hat, sind seine Gänge und Pechsteine: diese vulkanischen Gläser,
in denen die wunderbarsten Bildungen der Schlackengläser unserer
Hochöfen in einer Weise vorgebildet sind, dass man diesen Analogien,
wie sie sich leider selten in solcher Vollkommenheit in Gesteinen wiederholen, unmöglich ihre petrogenetische Bedeutung absprechen kann. Aus
vielen Schilderungen sind die herrlichen farrenkrautähnlichen Wedel,
blumenkohlartigen Büschel und zierlichen, den Schneesternen gleichenden

1) Bryce, S. 7.

Gruppirungen bekannt, in denen die embryonalen Krystallnädelchen
des Augites in diesen Pechsteinen sich aggregirt haben [1]). Auch das
geognostische Vorkommen dieser Pechsteine ist von hohem Interesse;
diesem galt vorzüglich unsere Excursion auf Arran. Die besten
Vorkommen des Pechsteines, der überall in engem örtlichem Verbande mit Quarzporphyr und hornsteinartigem dichtem Felsite erscheint, liegen an der Ostküste von Arran, unweit des schon erwähnten Clachland Point und an der Westküste südlich von Tormore, am
Drumadoom Point. Ausserdem erscheint er in Gängen an dem Ufer
unweit Brodick. Dem ersten dieser Punkte, der von Brodick aus bequem in 2—3 Stunden zu besuchen ist, wandten wir uns zu. Man
verbindet damit zweckmässig eine Wanderung über die von Gängen
durchkreuzte Küste, indem man über diese hin oder zurückgeht.

Unmittelbar gegenüber der Landebrücke der Dampfschiffe,
neben dem Garten des Hôtels führt der Weg über Bänke eines grobkörnigen Conglomerates aufwärts, das dem Old Red zugehört, und
steigt bald auf die erste, mit steilem Absturze nach der See hin
niedergehende Terrasse herauf. Man wandert immer noch auf den
Schichten des oberen Old Red. Ueberall liegen gewaltige Blöcke
eines feinkörnigen Granites umher, die von dem Ploverfield herabkom-
men, dem Rücken, welcher die Scheide bildet zwischen den Thälern
Glen Cloy und Glen Shirag, die sich in der Brodick Bay vereinigen.

Während die Granite der nördlichen Gebirge von Arran
grösstentheils grobkörnige Varietäten sind, erscheinen die feinkörnigen
Varietäten ausserhalb des eigentlichen Granitgebietes nur an zwei
Punkten, dem Ploverfield und dem Craig-Dhu, westlich davon. In
beiden Fällen spricht das geognostische Vorkommen nicht gegen die
Annahme, dass es gangförmige Massen sind, und dass damit die feinkörnige Ausbildung des Granites zusammenhängt. Ueberall im nördlichen Granitmassiv tritt eine feinkörnige Ausbildung der Granite
gleichfalls dort ein, wo der Granit im unmittelbaren Contakte mit
andern Gesteinen der sedimentären Reihe erscheint [2]).

1) Zuerst beschrieben und abgebildet durch Zirkel: Z. d. d. geol. Ges. 1871.
Bd. 23, S. 42. Dann auch durch Allport (Geol. Magaz. 1872. Jan.) und Vogelsang.
Arch. neerland. VII.

2) Bryce, l. c. S. 12 u. a. a.·O.

Wenn man das Thal des Glen Cloy, an der Wendung der Strasse
nach links sich rechts wendend, überschreitet, erreicht man bald die
schöne Porphyrkuppe des Windmill-Hügel, dessen Gipfel von allen
Theilen der Küste bei Brodick gesehen auffallend hervorragt. Die
Stirn des nach Osten gekehrten Abhanges ist aus einer Gruppe wohlgebildeter Säulen desselben Quarzporphyrs gebildet, den wir nachher im
Verbande mit den Pechsteinen am Dun Dhu wieder finden werden. Der
Porphyr umschliesst zahlreiche Brocken von Sandstein, darunter Massen
von 10—12′ Durchmesser. Die den Porphyr umgebenden Gesteine sind
Sandsteine, die der unteren Kohlenformation angehören, westwärts
erscheint sehr bald auch der Granit des Ploverfield, ohne dass jedoch
irgend ein wirklicher Zusammenhang des Porphyrs mit diesem hätte
erkannt werden können [1]).

Im Thale von Glen Cloy liegt auch das alte Schloss von
Kilmichael, der Sitz der Familie Fullarton, die zugleich Eigenthümer
von Whitefarland ist, das an der Nordwestküste liegt; die einzigen
Theile der Insel, die nicht dem Herzog von Hamilton gehören.

Wir wenden uns von hier wieder über das Glen Cloy zurück
und schreiten in gerader Linie auf die Terrasse los, welche als eine
ziemlich breite Stufe hier zwischen die Küste und den aufragenden
Rücken des Dun Dhu sich einschiebt. Dun Dhu ist der nördlichste
Punkt eines langgezogenen Rückens, der in einem weiten Bogen nach
N.-O. geöffnet auf der Sandsteinterrasse aufgesetzt scheint, welche
die fruchtbaren Wiesen und Felder der Gehöfte von Corriegills trägt.
Der höchste Gipfel dieses Rückens ist die Dun-Fion-Kuppe; das nach
O. im Bogen in das Meer vorspringende und mit steilem Absturze
in dasselbe niedergehende Ende dieses Rückens ist der Clachland
Point. Die durchschnittliche Höhe beträgt etwa 6—700′.

Die Dun-Fion-Kuppe oder das Fort des Fingal trägt auf ihrem
höchsten Gipfel einen der elliptischen, niedrigen Ringwälle, die auch
auf Arran mehrfach gefunden wurden. Auch an diesem Walle will
man Spuren einer Verglasung bemerkt haben. So spricht sich denn
im Namen des Ortes die Erinnerung daran aus, dass in grauer Vor-
zeit Fingal's Helden hier aus fester Feuerwarte über's Meer die Aus-
'lug hielten.

1) Bryce, S. 153.

Das ist die eine der Stätten, an der die classischen Pechsteine von Arran am besten zu sehen sind.

Wenn man längs der Gehänge des Dun Dhu hinter den Gehöften von Corriegills aufwärts nach dem Dun-Fion emporsteigt, so überschreitet man eine ganze Folge von Gesteinen, deren Profil schon Bryce[1], allerdings etwas sehr schematisch, gegeben hat. Zu unterst liegen Conglomerate und Sandsteine des oberen Old Red. Die höchstgelegenen Theile dieser Sandsteine scheinen auf den ersten Blick durch conform eingeschaltete Bänke von Quarzporphyr und Pechstein getrennt, so dass von unten nach oben, wie es das Profil von Bryce darstellt, folgende, fast horizontale Bänke über einander liegen: Sandstein, Quarzporphyr, Sandstein, Pechstein, Sandstein, Pechstein, Sandstein, und zu oberst ein basaltähnlicher Trapp. So möchte man in der That glauben, einen aus Sandsteinen und Pechsteinen bestehenden, regelmässigen Schichtenbau vor sich zu haben. In Wirklichkeit aber ist das nicht der Fall; denn das Einfallen der Sandsteine und der Eruptivgesteine ist nicht ein gemeinsames, sondern fast ein entgegengesetztes. Die Sandsteine zeigen sowohl unterhalb der Gehöfte von Corriegills, als auch höher oben am Fusspfade nach Lamlash ein nordwestliches Einfallen, während die Pechsteinbänke ersichtlich nach Südwesten einsinken. So deuten sich denn auch die Erscheinungen dieses Profiles von Dun Dhu etwas einfacher. Drei parallel von N.-W. nach S.-O. streichende Gänge, von nahezu gleichem, flachem, südwestlichem Einfallen, durchsetzen hier die Sandsteinschichten des oberen Old Red. Der am meisten nach N.-W. gelegene. Gang ist der Quarzporphyr, der in seinem weiteren Verlaufe, in einer theilweise vortrefflich säulenförmigen Absonderung die aufragende Kuppe des Dun Dhu bildet. Gerade hier spricht sich die Gangnatur dieser Porphyrmassen am unverkennbarsten aus; denn die Pfeiler liegen fast horizontal und stehen senkrecht auf der Streichrichtung, so dass sie in dieser Stellung einen aufragenden Wall bilden. Das Gestein, welches auch Zirkel[2] schon beschrieben

1) l. c. S. 60.

2) Zirkel, Skizzen von der Westküste Schottland's. Zeitschr. d. d. geol. Ges. XXIII. 1871. S. 42.

hat, zeigt in einer graugelben, matten, thonigen Grundmasse weisse, z. Th. verwitterte Krystalle von Orthoklas und zahlreiche, meist recht scharf ausgebildete, rauchgraue Dihexaëder von Quarz. Durch das Zurücktreten dieser Einsprenglinge zeigen sich stellenweise Uebergänge in dichten Felsit, der sogar manchmal einen hornsteinartigen Habitus annimmt. Schon Zirkel hat darauf aufmerksam gemacht, dass die manchmal sanidinartige Beschaffenheit der Orthoklase und die Gestalt der Quarze eine Annäherung dieser Porphyre an die Trachyte zeigt[1]). In der That gleichen manche Stücke dieses Quarzporphyrs, besonders wenn etwas verwittert, ganz auffallend dem Quarzsanidintrachyt vom Tardree Mt. in Irland, den wir auf S. 167 besprochen haben. Zu den Pechsteinen stehen diese Quarzporphyre wie chemisch und petrographisch, so auch hier in ihrem nachbarlichen Vorkommen geologisch in engster Beziehung.

Die beiden Pechsteingänge, von ungefähr gleicher Mächtigkeit von 13 — 14′, lassen sich ziemlich weit über die Abhänge abwärts verfolgen. Auffallend tritt an dem Gesteine, dessen Aussehen und Beschaffenheit als bekannt gelten muss, eine sehr deutliche, parallele, oft schieferähnliche Absonderung hervor, die es schwer macht, von dem spröden Materiale gute Handstücke zu gewinnen. Jedoch ist diese dünnplattige Absonderung nicht an allen Stellen gleich. Ueber den südlicheren Pechsteingang abwärts steigend, lässt er sich, allerdings nicht ohne Unterbrechungen, wo ihn die Vegetationsdecke den Augen entzieht, bis an die Küste hinunter verfolgen. Denn es kann kaum zweifelhaft sein, dass der 12′ mächtige Pechsteingang, den man an der Küste unweit des berühmten erratischen Granitblockes, des sogenannten „Corriegills boulder" deutlich aufwärts durch den Sandstein nach dem Dun-Fion emporsteigen sieht, als die Fortsetzung eines der oberen Pechsteingänge gelten muss. Als Decke über den von diesen Gangmassen durchschnittenen Sandsteinen liegt eine mächtige Bank des basaltähnlichen Trappgesteines und bildet den oberen Theil des der Küste zugewendeten Absturzes des Clachland Point. Der Fusspfad nach Lamlash durchschneidet diese Decke gerade dort, wo er über den Sattel biegt.

---

1) Zirkel, mikrosk. Beschaffenheit d. Gest. etc. S. 375 Anmerkung.

Von dieser Stelle aus hat man einen prächtigen Blick auf die vorliegende Bay von Lamlash, zu der auch die Schichten der Sandsteine mit der aufliegenden Trappdecke sich niedersenken. Eine mächtige Pyramide, bis zu der Höhe von 1030' aus dem Meere aufsteigend, liegt die Holy Isle vor dem Halbkreise dieser lieblichen Bucht. Sie dient dem schönen Küstenbilde, das hier vor uns sich aufthut, zu ganz eigenartiger Dekoration.

Die ganze Basis der Holy Isle besteht aus rothem Sandsteine, dessen Klippen man, durch ihre Farbe weithin sichtbar, bis fast nach Ardrossan hinüber erkennen kann. Ihr Gipfel aber besteht aus hellgrauem, dichtem Felsite, der ebenfalls an einigen Stellen, wo die üppige Pflanzendecke den Durchblick gestattet, mit säulenförmig gegliederten, steilen Abstürzen sichtbar wird. Der mächtige Stiel, mit dem diese Kuppe durch den Sandstein hindurchgreift, soll hier gut erschlossen sein; zahlreiche Gänge verschiedenartiger Eruptivgesteine durchschwärmen auch das Gebiet dieser Insel[1]).

Wenn man nun von der oberen Sandsteinterrasse von Corriegills abwärts bis zu den Conglomeratschichten niedersteigt, welche die eigentlichen Küstenbänke bilden und über diese weg immer zwischen der Brandung und der gewaltigen Stufe der in den charakteristischen Formen der Sandsteine ausgemeisselten Terrassenwände nach Brodick zurückgeht, so hat man vortrefflich Gelegenheit, von der fast unzählbaren Menge von Gängen sich eine Vorstellung zu machen, welche hier allenthalben die Schichten des Old Red durchkreuzen. Auf die kurze, nur etwa 4½ englische Meilen lange Strecke von Clachland Point bis zu dem Invercloy Hôtel in der Bay von Brodick kann man ihrer über 60 zählen, grösstentheils grünsteinartige und basaltähnliche Gesteine, deren mikroskopische Untersuchung wohl erst ihre petrographischen Verschiedenheiten ergeben dürfte. Aber dazwischen erscheinen auch zum Theil sehr mächtige Gänge von Quarzporphyr und dichtem Felsit, sowie die schon erwähnten Pechsteine. An den Abstürzen der Terrasse sieht man die Gänge wie Schlote emporsteigen, an der horizontalen Uferbank bilden sie meist geradlinig verlaufende mächtige Furchen oder mauerähnliche Aufragungen,

1) Bryce, l. c. S. 119.

je nachdem ihre Gesteinsmasse leichter oder schwerer verwittert, als die einschliessenden Schichten des Old Red. Weithin sieht man die Gänge in die Fluthzone hineinreichen und zur Zeit der Ebbe hat man denn auch hier ein von den Wellen auf's sorgsamste präparirtes geologisches Schaustück ohne Gleichen vor sich. Aber dennoch ist auch dieser Reichthum an Gängen nicht etwas Arran Eigenartiges, es ist nur die Wiederholung der Verhältnisse, die drüben in Irland bei Belfast, in Schottland längs der Ufer des Clyde von uns wahrgenommen wurden; nur die bessere Präparation lässt auf Arran das Bild grossartiger erscheinen.

Nicht minder interessant als diese südwärts gerichtete Wanderung ist eine Excursion von dem Brodick Hôtel aus nach Norden, über das prächtige Schloss des Herzogs von Hamilton hin nach der Corrieküste.

Brodick Castle, am Ausgange des mit wirklich grossartigem Gebirgshintergrunde in die wilden Granitfelsen des Goatfell und Cior Mhor hineinsteigenden Glen Rosa gelegen, erhebt sich auf einem etwa 125' hohen, in prächtigen Parkanlagen terrassirten Vorsprunge der Küste inmitten einer unvergleichlichen Vegetation. Das jetzige neue Schloss steht auf der Stelle einer alten, schon zu Anfang des 14. Jahrhunderts erwähnten Veste[1]. Schon seit 1474 besitzt es die Familie der Hamiltons.

Noch ehe man die Schlossterrasse erreicht, hat man schon wieder eine ganze Reihe von Gängen überschritten, unter denen besonders ein Pechsteingang nahe am Schulhause von Brodick erwähnt sein mag, der möglicher Weise als eine Fortsetzung der Gänge von Corriegills gelten kann[2]. Aber das besondere Interesse einer Wanderung weiter nördlich längs dieser Küste knüpft sich doch vor Allem an das Auftreten einer reichen Folge von Schichten der Kohlenformation und der diesen eingeschalteten sogenannten vulkanischen Aschen. Besonders nördlich der sogenannten Fallen Rocks, eines alten, gewaltigen Bergsturzes aus Blöcken des Old Red an der Lagantuin Bay, sind diese Schichten durch die Untersuchungen der

---

1) Reid's, History of the county of Bute. Glasgow 1864.
2) Bryce, l. c. 104.

Herren Wünsch und Thomson aus Glasgow genauer bekannt geworden. Von der Lagantuin Bay an bis zu dem nördlichen Ende von
Arran, dem Cock of Arran, an dem wieder rothe, früher für Buntsandstein angesehene Klippen aufragen, liegt eine Schichtenfolge, die
sich aus abwechselnden Bänken von Kalksteinen, kalkreichen Sandsteinen, Schiefern, schmalen Kohlenflötzen, sogenannten Aschenschichten und verschieden beschaffenen Breccien und Conglomeraten zu-
sammensetzt, und in denen die Fossilien verschiedener Etagen der
Kohlenformation gefunden wurden. Die Aschenschichten, die wir ihrer
petrografischen Beschaffenheit nach wohl lieber als diabasische Tuffe
bezeichnen möchten, liegen überall den Sandsteinen und Schiefern
dieser Schichtenfolge conform eingeschaltet und sind zum Theil ausgezeichnet durch zahlreiche in ihnen enthaltene Pflanzen- und auch
Fischreste. Einer der besten Punkte zu ihrem Studium liegt etwas
südlich des Ortes Lagan, in dessen Umgebungen grosse Schieferbrüche
offen stehen. Es ist der Punkt, dem vorzugsweise die schöne Entdeckung des Herrn E. Wünsch Interesse verliehen hat[1]). Hier fand
er im Jahre 1865 in solchen grünsteinartigen Aschenschichten, um
seinen eigenen Ausdruck beizubehalten, zahlreiche Stämme und Aeste
von Bäumen, deren genauere botanische Bestimmung und Beschreibung
später auch durch Mr. Binney von Manchester geschah[2]). Die Schichten, abwechselnd sandige Schiefer, dünne Kohlenschmitzen und
peperinartige Tuffe befinden sich in einer von 39 — 60° geneigten
Stellung; die Stämme, deren hier etwa 12 — 14 gefunden wurden,
stehen senkrecht auf den Schichtenfugen und wurzeln in den sandigen
Schieferlagen, mehrfache Baumreihen übereinander. Die Aeste und
Blätter sind ganz vortrefflich erhalten; wir sahen die schönsten der
hier aufgefundenen Exemplare in der Sammlung des Herrn Wünch
in Glasgow. Es sind Sigillaria, Lepidodendron, Halonia, Sphenopteris
u. a. Farren u. a. m. bestimmt worden. Eine neue Art von Lepidodendron hat dem Entdecker zu Ehren den Namen L. Wünschianus
erhalten. Jedenfalls ist das schöne Profil, das sich hier an der Küste

---

[1] Wünsch, Transact. of geol. Soc. Glasgow Vol. II. 1865. p. 97; vergl. auch
Bryce, l. c. S. 125.

[2] Transact. Palaeont. Soc. 1870.

bietet, eine vortreffliche Illustration zu dem Wechsel der geologischen
Vorgänge, die diese Schichten bildeten: „Langsam hüllten die vulkanischen Aschen die in niedrigem Sumpflande wachsenden Pflanzen ein" [1]).

Solche Vorgänge wiederholten sich durch die ganze unge-
messene Zeit der Kohlenformation; denn der Wechsel von Sandsteinen und Kalksteinen mit zum Theil durchaus charakteristischen und
ausgezeichneten Fossilien dieser Formation, und solcher eingeschalteter, vulkanischer Aschen lässt sich, wie schon gesagt, von der Lagantuin Bay bis zum Cock of Arran verfolgen, so dass sich hiernach die
Mächtigkeit der Kohlenformation auf Arran, grösstentheils der unteren
Etage zugehörig, auf weit über 6000' berechnen lässt.

Für den Zusammenhang und die wirkliche Stellung der zahlreichen einzelnen Schichten aber, die längs der Nordostküste von
Arran bekannt sind, muss noch manche Aufklärung gegeben werden.
Hierbei wird es von ganz besonderer Bedeutung sein, die Möglichkeit
überkippter Schichtenstellung im Auge zu behalten, die nach den von
uns entwickelten Ansichten über den allgemeinen Gebirgsbau von
Arran durchaus wahrscheinlich wird. So sind ja wohl schon die rothen
Sandsteine des Cock of Arran, die man früher für New Red, Buntsandstein hielt, da sie den Schichten der Kohlenformation aufzulagern
scheinen, als wirklicher Old Red erkannt worden und finden sich als
solcher auf Geikie's neuer Karte von Schottland angegeben. Damit
erhalten wir denn an dieser Stelle schon ein deutliches Beispiel dieser
scheinbar verwendeten Schichtenfolge; denn die diese rothen Sandsteine unterteufenden Schichten sind durch fossile Reste gerade sehr
bestimmt als unterer Kohlenkalk charakterisirt.

So bietet die Westküste von Arran, an der uns nur solche
kurze Umschau vergönnt war, wie gewiss die ganze Insel, noch ein
reiches Feld geognostischer Arbeit und Erforschung.

Als uns der prächtige Schraubendampfer Arbutus, der eine
Zahl von vielen Hundert Gästen des Meeting der British Association
nach Arran gebracht hatte, und den wir zur Rückfahrt benutzten, in
herrlicher Abendbeleuchtung, die uns die seltsamen Formen der Paps

---

1) Wünsch, l. c. 98.

of Jura in purpurnem Glanze in der Ferne zeigte, dem Clyde wieder
zuführte, und als unser Blick zum letztenmale auf dem lieblichen
Eilande ruhte, das sich allmälig in nächtlichen Nebelschleiern verhüllte,
da drängte sich mit unseren Wünschen der Abschiedsgruss auf die
Lippen: „Auf Wiedersehn! man möchte nicht zum letztenmal auf
Arran gewesen sein!"

NAMEN-REGISTER.

- - - - - -

S. 76 Zeile 14 von unten lies: Stringocephalenkalke.